Qualitätswissen

Springer-Verlag Berlin Heidelberg GmbH

Dieter Specht • Konrad Berger • Karl Scheithauer

Qualitätslernen

Ein Leitfaden für die Arbeitssystemgestaltung

Mit 61 Abbildungen

Springer

Dieter Specht
Prof. Dr.-Ing. habil

Brandenburgische Technische Universität Cottbus
Lehrstuhl für Produktionswirtschaft
Karl-Marx-Straße 17, 03044 Cottbus

Konrad Berger
Dr. paed. habil

Fraunhofer-Institut für Produktionsanlagen
Abt. Arbeitswirtschaft, Gruppe Betriebliche Bildung
Pascalstr. 8–9, 10587 Berlin

Karl Scheithauer
Dipl.-Pol.

Technische Universität Berlin, Institut für
Werkzeugmaschinen und Fabrikbetrieb
Pascalstr. 8–9, 10587 Berlin (inzw. ausgeschieden)

Additional material to this book can be downloaded from http://extras.springer.com.

Die Deutsche Bibliothek - CIP-Einheitsaufnahme
Specht, Dieter: Qualitätslernen: ein Leitfaden für die Arbeitssystemgestaltung / Dieter Specht;
Konrad Berger; Karl Scheithauer
Berlin; Heidelberg; New York; Barcelona; Budapest; Hongkong; London; Mailand; Paris; Santa Clara;
Singapur; Tokio: Springer, 1997
ISBN 978-3-642-64411-5   ISBN 978-3-642-60451-5 (eBook)
DOI 10.1007/978-3-642-60451-5

NE: Berger, Konrad; Scheithauer, Karl:

Einbandgestaltung: Künkel + Lopka, Ilvesheim
Herstellung: Klaus-Peter Hellweg, Stuttgart
Satz: Datenkonvertierung durch Klaus-Peter Hellweg, Stuttgart
SPIN: 10538958   7/3020 - 5 4 3 2 1 0 - Gedruckt auf säurefreiem Papier

Inhaltsverzeichnis

A Abkürzungsverzeichnis

A	Wahrscheinlichkeit des Auftretens (Bewertungskriterium der FMEA)
B	Bedeutung (Auswirkungen) auf den Kunden (Bewertungskriterium der FMEA)
BANF	Bestellanforderung
BAZ	Bearbeitungszentrum
BDE	Betriebsdatenerfassung
CNC	Computerized Numerical Control
cp, cpk	Indizes zur Bestimmung der Prozeßfähigkeit
DGQ	Deutsche Gesellschaft für Qualität
DIN	Deutsches Institut für Normung
DNC	Distributed Numerical Control
E	Wahrscheinlichkeit der Entdeckung (Bewertungskriterium der FMEA)
EDV	Elektronische Datenverarbeitung
EN	Europäische (European) Norm
FMEA	Fehlermöglichkeits- und -einflußanalyse
I.O.	In Ordnung
ISO	International Standardization Organization
KLB	Kunden-Lieferanten-Beziehung
KMU	Kleine und mittelständische Unternehmen
KVP	Kontinuierlicher Verbesserungsprozeß
NC	Numerical Control
N.I.O.	Nicht in Ordnung
P-FMEA	Prozeß-Fehlermöglichkeits- und -einflußanalyse
QM	Qualitätsmanagement
QMS	Qualitätsmanagementsystem
REFA	Verband für Arbeitsstudien und Betriebsorganisation
RPZ	Risikoprioritätszahl
SAP	SAP AG
SPC	Statistic Process Control
SPR	Statistische Prozeßregelung
TA	Tätigkeitsbegleitende Arbeitsanweisung
TQM	Total Quality Management
VE.	Vorgangselemente
VS.	Vorgangsstufe
7M	Sieben Werkzeuge zur Qualitätskontrolle

Einleitung

Die Notwendigkeit, umfassende Konzepte des Qualitätsmanagements einzuführen, ist – vor dem Hintergrund der Internationalisierung des Wettbewerbs – insbesondere für kleine und mittelständische Unternehmen (KMU) in der Bundesrepublik Deutschland von existentieller Bedeutung. Da es gerade dieser Zielgruppe häufig an geeigneten Organisations- und Personalentwicklungsansätzen fehlt, um solch komplexe Veränderungen zu realisieren, ist der Qualifizierungsbedarf besonders hoch.

Die vorliegende Publikation sollten vor allem diese Unternehmen als Handlungsanleitung nutzen, um durch Qualitätslernen in Arbeitssystemen den internen Transfer von Qualitätswissen gezielt zu gestalten.

Die Handlungsanleitung erlaubt es Ihnen, den Qualifizierungsbedarf Ihrer Mitarbeiter bei der Einführung und kontinuierlichen Weiterentwicklung eines modernen Qualitätsmanagementsystems (QMS) zu analysieren, zu planen und dynamisch zu realisieren. Sie tragen so zur erfolgreichen Umsetzung eines umfassenden Qualitätsmanagements als Strategie zur ganzheitlichen Unternehmensentwicklung bei.

Durch arbeitssystembezogenes Qualitätslernen erhöhen Sie nicht nur die Qualifikationen Ihrer Mitarbeiter im Sinne einer gesteigerten Prozeßfähigkeit, sondern Sie fördern auch das mit der Qualitätspolitik Ihres Unternehmens übereinstimmende Verhalten.

Die Handlungsanleitung ist das Ergebnis der Pilotumsetzung „Arbeitssystembezogenes Qualitätslernen"[1], die im Rahmen der Forschergruppe 8 „Konzepte der Umsetzung von Qualitätswissen" im Programm Qualitätssicherung 1992–1996 des Bundesministeriums für Bildung, Wis-

Qualitätsmanagement und Qualitätslernen

Nutzen der Handlungsanleitung

Qualitätsbewußtes Verhalten durch Qualitätslernen fördern

Pilotumsetzung „Arbeitssystembezogenes Qualitätslernen"

senschaft, Forschung und Technologie durchgeführt wurde. Die Pilotumsetzung wurde am Institut für Werkzeugmaschinen und Fabrikbetrieb der TU Berlin sowie am Fraunhofer-Institut für Produktionsanlagen und Konstruktionstechnik gemeinsam mit drei kleinen, mittelständischen Unternehmen vorbereitet, realisiert und ausgewertet.

1. Teil: Qualitätslernen in Arbeitssystemen gestalten

Im ersten Teil der Handlungsanleitung wird die allgemeine Vorgehensweise für die Gestaltung von Qualitätslernen in Arbeitssystemen dargestellt. Die interne Vermittlung von Qualitätswissen setzt am Arbeitssystem an, weil in ihm die Arbeitsabläufe und ihre Verkettungen mit den zugehörigen Arbeitsaufträgen, Ein- und Ausgaben sowie den Mitarbeitern in ihrer Komplexität verdeutlicht und dargestellt werden können. Die meisten Mitarbeiter sind in komplexen Systemen tätig, haben aber nur einen begrenzten Handlungsspielraum. Indem Sie diesen Spielraum durch Qualitätslernen erweitern, helfen Sie Ihren Mitarbeitern, ihre Arbeitsaufgaben noch besser auszuführen.

2. Teil: Fallstudien zum Qualitätslernen

Im zweiten Teil finden Sie Fallstudien aus den Unternehmen, die an der Pilotumsetzung „Arbeitssystemsbezogenes Qualitätslernen" erfolgreich teilgenommen haben. Aus den Ergebnissen der Pilotumsetzung wurde die allgemeine Vorgehensweise zur Gestaltung von arbeitssystembezogenem Qualitätslernen abgeleitet. Es sind KMU der Elektroindustrie/Elektronik, Automobilindustrie und des Maschinenbaus, die verschiedene Fertigungskomplexitäten aufweisen. Sie unterscheiden sich zudem dadurch, ob sie zum Zeitpunkt der Untersuchung bereits ein Qualitätsmanagementsystem nach DIN EN ISO 9000 ff. eingeführt hatten oder erst mit der Einführung befaßt waren.

Die Pilotumsetzung wurde in diesen Unternehmen in drei verschiedenen Typen von Arbeitssystemen durchgeführt. Deshalb beziehen sich die Fallstudien im zweiten Teil auf die Erprobung der Vorgehensweise

Zielgruppen arbeitssystembezogenen Qualitätslernens

- in der manuellen Komplettmontage eines elektromechanischen Zeitrelais,
- in einem teilautomatisierten Arbeitssystem mit einem CNC-Bearbeitungszentrum und
- bei der Gestaltung von Kunden-Lieferanten-Beziehungen als Wertschöpfungspartnerschaft.

Die Pilotumsetzung konzentrierte sich in Übereinstimmung mit dem Rahmenkonzept für alle Pilotumsetzun-
gen der Forschergruppe 8 auf Mitarbeiter der ausführenden Ebene. Davon ausgehend bezog sie schrittweise
Führungskräfte bzw. Mitarbeiter der mittleren Hierarchie-
ebene in den Lernprozeß ein. Inhaltliche Schwerpunkte
des Qualitätslernens sind deshalb die Vermittlung von
Qualitätswissen als ein wesentliches Element der Fachkompetenzen und von didaktisch-methodischen Kompetenzen, die für die Gestaltung von Lehr- und Lernprozessen unverzichtbar sind. In dem Zusammenhang werden
integrativ soziale Kompetenzen berücksichtigt. Die
Fallstudien zeigen, wie die Ziele, Inhalte, Methoden
sowie Lehr- und Lernmittel der allgemeinen Verfahrens-
weise für unternehmensinternen Transfer von Qualitätswissen den Besonderheiten der Arbeitssysteme in den
drei Unternehmen angepaßt werden, um der jeweils unterschiedlichen Tätigkeits- bzw. Ablauflogik zu entsprechen.

Die Ergebnisse der Pilotumsetzung zeigen, daß das didaktisch-methodische Konzept arbeitssystembezogenen
Qualitätslernens aufgrund seiner Flexibilität in vielen
weiteren, ähnlichen und unterschiedlichen Arbeitssystemen erfolgreich angewendet werden kann, wenn es ihren
Besonderheiten kreativ angepaßt wird.

Im dritten Teil der Handlungsanleitung, der als Glos- | 3. Teil: Glossar zum
sar gestaltet wurde, werden notwendige theoretische und | Qualitätslernen
methodische Grundlagen herausgearbeitet, damit Sie
- arbeitssystembezogenes Qualitätslernen gezielt für
  die Veränderung Ihres Unternehmens nutzen und
- die damit verbundenen Multiplikations- bzw.
  Synergieeffekte für die Einführung bzw. Weiterentwicklung Ihres modernen Qualitätsmanagementsystems erschließen können.

Die allgemeine Vorgehensweise zur Gestaltung von ar- | Piktogramme führen durch
beitssystembezogenem Qualitätslernen ist in fünf Schritte | die Fallstudien
gegliedert, die Sie in den Fallstudien des zweiten Teils wie-
derfinden. Diese Schritte sind zu Ihrer Orientierung mit
Piktogrammen gekennzeichnet:

- 　Vorbereitung,

- 　Analyse,

- 　Erfassung,

- 　Aufarbeitung,

- 　Qualitätslernen und Lernerfolgskontrolle.

Das ⌷-Symbol verweist Sie auf Kopiervorlagen, die sich auf dem beigefügten Datenträger befinden.

Diese Gestaltung hilft Ihnen, die vielfältigen Möglichkeiten der Handlungsanleitung konsequent für die erfolgreiche Umsetzung und Weiterentwicklung des Qualitätsmanagementsystems in Ihrem Unternehmen zu nutzen. Für die Lösung auftretender Fragen und Probleme stehen wir Ihnen gern zur Verfügung. Ihre Erfahrungen bei der Umsetzung interessieren uns sehr. Sie erreichen uns am Fraunhofer-Institut für Produktionsanlagen und Konstruktionstechnik, Abteilung Arbeitswirtschaft, Gruppe Betriebliche Bildung, Pascalstraße 8–9, 10587 Berlin.

Die Autoren danken sehr herzlich allen Mitarbeitern, Betriebsräten und Geschäftsführungen der Unternehmen, die, ohne Mühen zu scheuen, mit Rat und Tat zum erfolgreichen Gelingen der Pilotumsetzung beigetragen haben. Ebenso herzlich danken wir unseren studentischen Mitarbeitern, cand. ing. Hans-Heiner Bruns, cand. ing. Stefan Kollowa und cand. MA Tjard Kopka, für die konstruktive Mitwirkung an der Pilotumsetzung und an der Vorbereitung dieser Publikation.

[1] Das Vorhaben wurde vom Projektträger des BMBF für Fertigungstechnik und Qualitätssicherung am Forschungszentrum Karlsruhe im Rahmen des „Programms Qualitätssicherung", Förderkennzeichen 02QF80063, gefördert.

1 Arbeitssystembezogenes Qualitätslernen – Vorgehensweise

Ziel des arbeitssystembezogenen Qualitätslernens ist es, das für die Einführung und Weiterentwicklung des Qualitätsmanagementsystems notwendige Qualitätswissen in den Arbeitsprozessen Ihres Unternehmens unter Einbeziehung aller Mitarbeiter gezielt zur Wirkung zu bringen.

Qualitätswissen im Unternehmen aktivieren, vermitteln, umsetzen

Der Begriff Qualitätslernen bezeichnet lediglich die besondere inhaltliche Ausrichtung des Lernens. Er integriert und entfaltet zugleich, über die von den Arbeitsaufgaben geforderten fachlichen Qualifikationen hinaus, didaktisch-methodische und soziale Kompetenzen. Qualitätslernen ist wie Lernen überhaupt eine Fähigkeit, über die der einzelne Mitarbeiter individuell verfügt und die bei jedem unterschiedlich ausgeprägt ist. Durch Qualitätslernen wird das Wissen erworben, das Ihre Mitarbeiter benötigen, um Arbeitsaufgaben anforderungsgerecht zu realisieren. Darüber hinaus ist dieses Wissen die Grundlage für qualitätsbewußtes Verhalten in Übereinstimmung mit der Qualitätspolitik Ihres Unternehmens.

Integrativer Kompetenzerwerb durch Qualitätslernen

Um die Anforderungen zu erkennen, folgt arbeitssystembezogenes Qualitätslernen Gesetzen und Regeln, die der inneren Logik des Vollzugs der Arbeitsaufgaben zugrunde liegen. Arbeitsaufgaben werden immer in konkreten, genau zu definierenden Arbeitssystemen ausgeführt. Die Vorgehensweise des Qualitätslernens stellt die Betrachtung der inneren Logik von Arbeitssystemen in den Mittelpunkt und nutzt sie als tätigkeitsorientierte Aneignungslogik des Lernens.

Qualitätslernen im Arbeitssystem gestalten

Das hat den Vorzug, daß das Qualitätslernen sich auf alle Abläufe in diesem System als Teil des gesamten Arbeitsprozesses bezieht. Dadurch wird die Prozeßorientierung modernen Qualitätsmanagements aufgenommen und arbeitssystembezogen durch Qualitätslernen umgesetzt. Das Qualitätslernen als innerbetrieblicher Transfer von Qualitätswissen wird so zu einem spezifischen Anliegen des Qualitäts- als Prozeßmanagement.

Sie können sich mit Hilfe der vorliegenden Vorgehensweise die innere Logik in den konkreten Arbeitssystemen Ihres Unternehmens erschließen und zielgerichtet für arbeitssystembezogenes Qualitätslernen nutzen. Gehen Sie dazu in folgenden Schritten vor:

Qualitätslernen
Vorgehensweise

- Vorbereitung,

- Analyse,

- Erfassung,

-  Aufarbeitung,

- Qualitätslernen und Lernerfolgskontrolle.

1.1   Vorbereitung

In Ihrem Unternehmen gibt es vermutlich, wie in anderen Firmen auch, Arbeitssysteme mit besonders hohem Fehlleistungsaufwand in Gestalt von Nacharbeit und Ausschuß oder anderen Qualitätsproblemen.

Arbeitssysteme
mit Qualitätsproblemen
auswählen

Wählen Sie derartige Arbeitssysteme für das Qualitätslernen aus. Definieren Sie diese Probleme eindeutig. Häufig sind die Probleme durch Kontrollverfahren zwar genau zu quantifizieren, jedoch bestehen über ihre Ursachen meist nur Vermutungen.

Qualifikationsdefizite als
Ursachen für
Qualitätsprobleme

Wenn Sie Anhaltspunkte dafür haben, daß mögliche Ursachen eher im Bereich von Qualifikationsdefiziten als z.B. in der Logistik oder Arbeitsorganisation liegen, dann folgen Sie der dargestellten Vorgehensweise. Sie können sie nutzen, um

- akute Defizite zu beheben, die typischerweise beim

Zusammenwirken von Mitarbeitern und Betriebs-
mitteln auftreten;

- präventiv dem Verlust von Know-how vorzubeugen,
wenn Mitarbeiter aus Ihrem Unternehmen ausscheiden oder intern umgesetzt werden.

Wenn Sie sich über die Qualitätsprobleme in den von
Ihnen ausgewählten Arbeitssystemen klargeworden sind,
dann tragen Sie alle Fertigungsunterlagen und Dokumente zusammen, denen Sie Informationen zu diesem Arbeitssystem entnehmen können. Das können z. B. Verfah-
rens-, Arbeits- und Prüfanweisungen, Qualitätspläne,
Regelkarten, SAP-Dokumente, technische Zeichnungen
sein. Dazu gehören nicht nur Qualitätsdokumente im
engeren Sinne, sondern auch Bestellunterlagen und Ma-
schinendokumentationen.

1.2 Analyse

Sie analysieren den Ist-Zustand des Arbeitssystems auf
der Grundlage der gesammelten und gesichteten Dokumente (*Bild 1.1*). Gehen Sie so vor, daß Sie sich zunächst
Klarheit über die Strukturen der Abläufe im Arbeitssystem und danach über ihre Inhalte verschaffen. Diese bestehen in der Art und Weise, in der der Mitarbeiter die
Arbeitsaufgabe im System ausführt.

So können Sie im Ergebnis der Analyse die Qualitätsprobleme in den Abläufen lokalisieren und zu den Ursachen vordringen.

Danach prüfen Sie, ob die vorhandenen Qualifikationen (▤) der Mitarbeiter zur Lösung der Qualitätsprobleme im Arbeitssystem ausreichen. Ist das nicht der Fall,
dann bestimmen Sie, bezogen auf die Abläufe im System,
den Qualifizierungsbedarf jedes einzelnen Mitarbeiters.

Vorhandene Qualifikationen
erfassen

1.2.1 Strukturierung des Arbeitsablaufs

Die genaue Strukturierung des Arbeitsablaufs ist eine un-
abdingbare Voraussetzung für erfolgreiches Qualitätslernen in einem Arbeitssystem (▤).

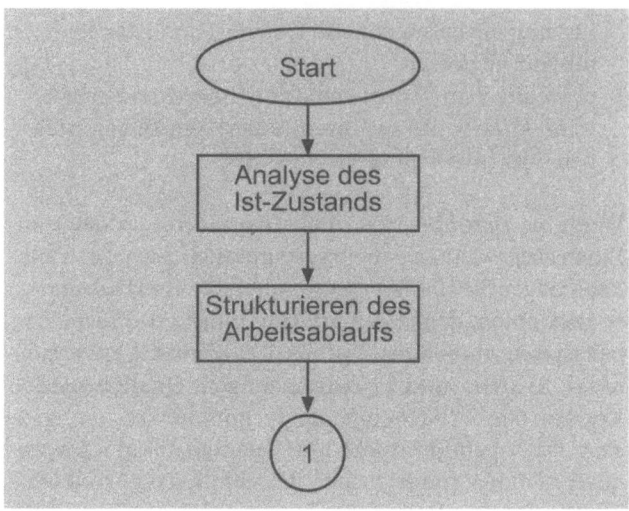

Bild 1.1   Vorgehensweise 1

Arbeitsablauf im Arbeits-
system strukturieren

Sie strukturieren nun die Arbeitsabläufe in dem von Ihnen ausgewählten Arbeitssystem auf der Grundlage der REFA-Methode zur Analyse des Arbeitsablaufs. Klammern Sie den Zeitaspekt aus, weil das Ziel der Untersuchung nicht die Zeitaufnahme ist.

Mittels dieser Methode beschreiben Sie den Arbeitsablauf im System – wo, wann und womit die Eingabe gemäß der Arbeitsaufgabe verändert wird. Verschaffen Sie sich ein Bild davon, wo im Arbeitssystem der Ablauf beginnt und endet. Sie unterteilen dann den Gesamtablauf in Abschnitte.

Bezeichnen Sie den jeweils kleinsten Abschnitt eines Ablaufs als Vorgangselement, wenn er sinnvoll inhaltlich nicht weiter aufgegliedert werden kann. Unterscheiden Sie bei Vorgangselementen zwischen Bewegungs- und Prozeßelementen (*Bild 1.2*).

Bewegungselemente sind Handlungen, die von den Mitarbeitern ausgeführt werden, wie z.B. das Greifen eines Bauteils oder das Montieren einer Hülse auf einen Bolzen. Tätigkeiten wie Prüfen, Vergleichen, Entscheiden usw. ordnen Sie ebenfalls den Bewegungselementen zu.

Prozeßelemente bezeichnen dagegen Vorgänge an Maschinen, wie z.B. den Hub einer Presse.

Anschließend fassen Sie Vorgangselemente, die eine in sich geschlossene Abfolge bilden, zu einer Vorgangsstufe

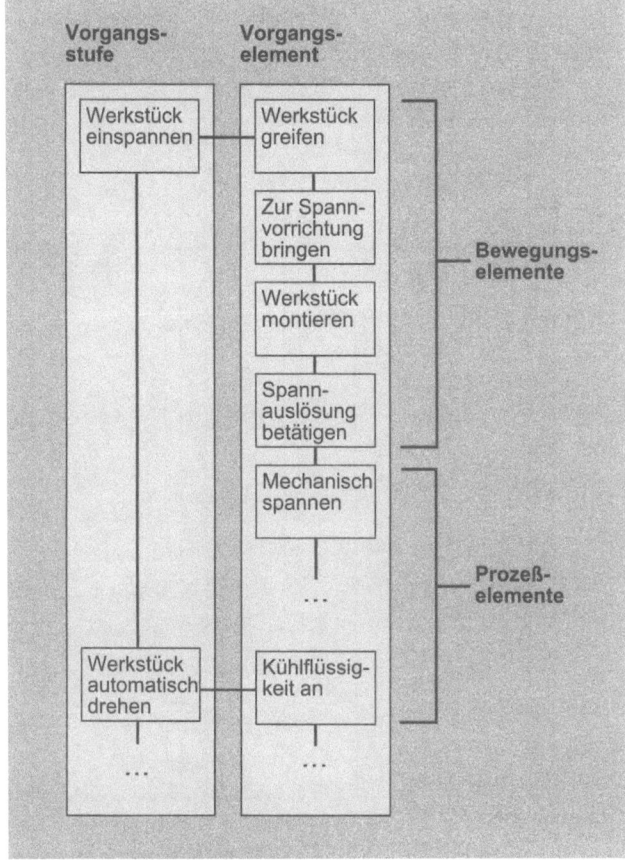

Bild 1.2   Ablaufstruktur mit Vorgangsstufen und
Vorgangselementen

zusammen. Analog fassen Sie mehrere Vorgangsstufen zu
einem Vorgang bzw. zu einem Teilvorgang zusammen.

Dabei definieren Sie Vorgänge, die sich bei der Ausführung des Arbeitsauftrags in Abhängigkeit vom Auf-
tragsumfang mehrmals wiederholen, als eine Ablaufstufe. Wiederum können mehrere Ablaufstufen auch als
Teilablauf zusammengefaßt werden. Ein Gesamtablauf
(*Bild 1.3*) umfaßt dann alle die für die Erfüllung einer Arbeitsaufgabe notwendigen Teilabläufe.

Wenn Sie den Gesamtablauf im ausgewählten Arbeitssystem auf diese Weise untersuchen, dann können Sie
nicht nur die verschiedenen Strukturen erkennen und beschreiben, sondern ihnen auch die dabei verwendeten

Vorgangselemente zu
Vorgangsstufen zusammen-
fassen

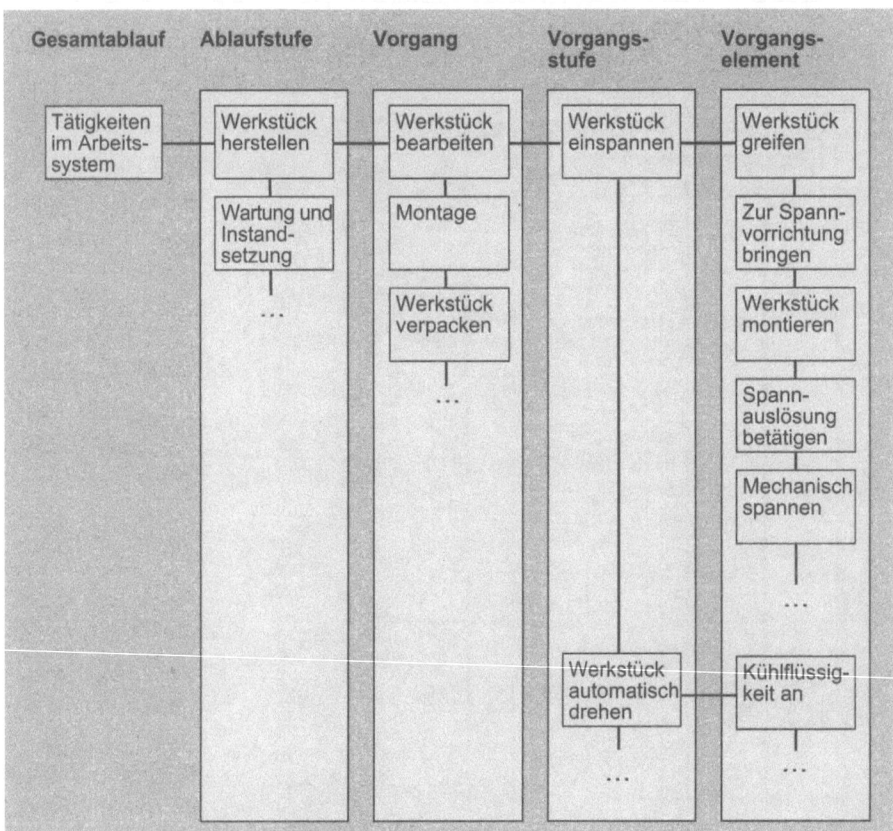

Bild 1.3   Strukturen eines Gesamtablaufs

Ablaufstrukturen für
verschiedene
Systemzustände erfassen

Arbeits- bzw. Betriebsmittel, die wirksamen Rahmenbedingungen usw. zuordnen.

Grenzen Sie Arbeitshandlungen für unterschiedliche
Systemzustände, z.B. im störungsfreien Betrieb, bei Störungen, für die Störfallbeseitigung, und für Umfeldaufgaben voneinander ab. Für die Strukturen dieser Abläufe
in den unterschiedlichen Systemzuständen definieren Sie
dann wiederum Vorgangselemente, Vorgangsstufen usw.

Wenn Sie das Arbeitssystem so detailliert strukturieren, dann können Sie die Qualitätsprobleme in den Abläufen des Arbeitssystems und seines Umfelds identifizieren.

1.2.2 Erfassung der Ablaufinhalte

Beschreiben Sie die Inhalte des Arbeitsablaufs (*Bild 1.4*) durch die Verfahren, die dabei zur Anwendung kommen, wie z.B. Trennen, Fügen, Umformen. Gehen Sie in der Reihenfolge nach der Art und Weise vor, in der die Vorgangselemente der verschiedenen Stufen ausgeführt werden.

Vorgangsstufen inhaltlich erfassen

Beachten Sie, daß viele Mitarbeiter nicht nur mit der Ausführung einer Arbeitsaufgabe beschäftigt sind, sondern parallel dazu weitere, u.a. im Zusammenhang mit Systemstörungen oder im Umfeld des Arbeitssystems stehende wahrnehmen.

Bei der Erfassung der Ablaufinhalte hat es sich bewährt, verschiedene Methoden der empirischen Sozialforschung, z.B. die Beobachtung, die Befragung, das Beobachtungs-

Methoden der Sozialforschung anwenden

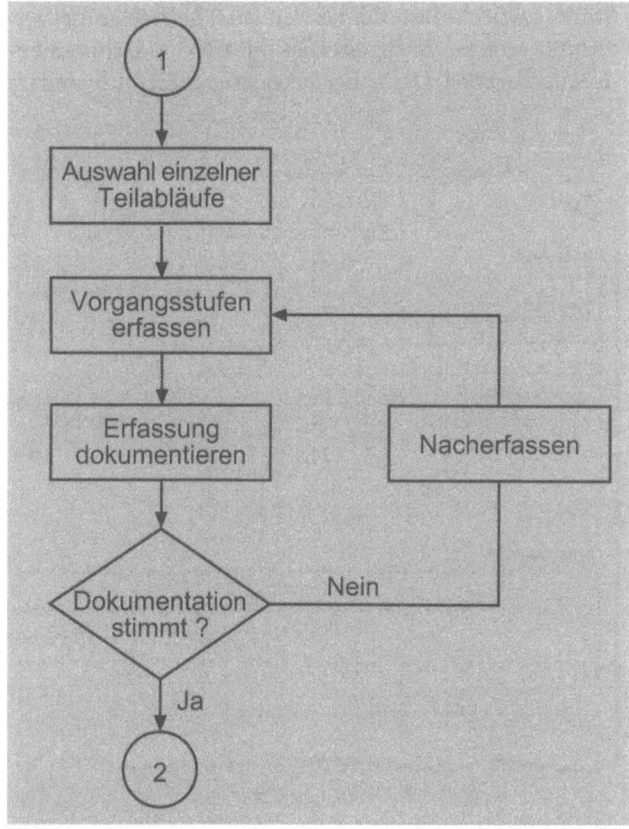

Bild 1.4   Vorgehensweise 2

Fehler, Fehlermöglichkeiten erfassen

interview oder die Methode des lauten Denkens bzw. des kommentierten Arbeitens anzuwenden.

Zur Unterstützung der Erfassung wurde ein spezielles Formular (*Bild 1.5;* ⊡) entwickelt, in das Sie alle Details Ihrer Beobachtungen und die Kommentare der Mitarbeiter aufnehmen.

Dabei sollten Sie besonders sorgfältig sein, wenn Sie eine fehlerhafte Ausführung von Vorgangselementen beobachten oder durch Kommentare Ihrer Mitarbeiter auf Fehlermöglichkeiten aufmerksam werden. Das sind wichtige Informationen, die Sie durch die Prozeß-FMEA zur folgenden Aufarbeitung des Qualitätswissens präzisieren und vertiefen müssen.

Das Formular sollten Sie für die Untersuchung von Qualitätsproblemen in dem von Ihnen ausgewählten Arbeitssystem verändern. Natürlich können Sie auf die Stück- sowie die Liste der verwendeten Betriebsmittel verzichten, wenn z.B. Großserien mit CNC-Maschinen bearbeitet werden. Dafür berücksichtigen Sie bitte andere

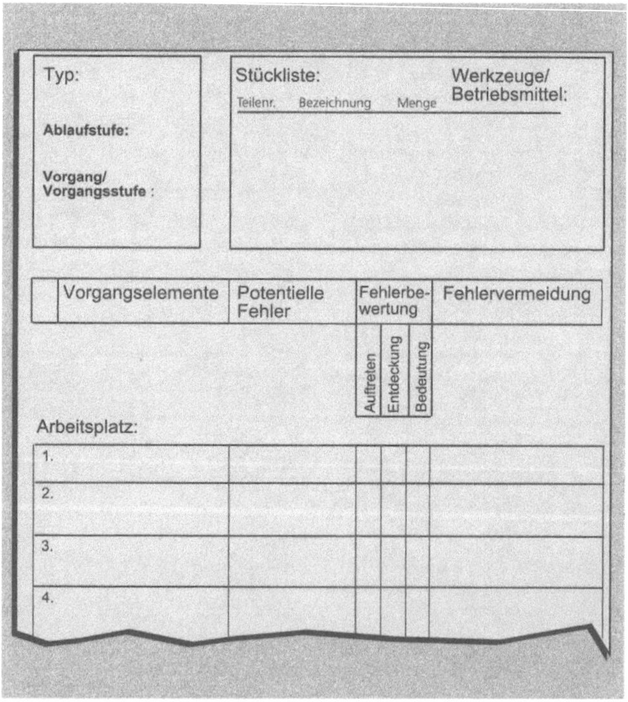

Bild 1.5   Erfassungsformular

Informationen, die für dieses Arbeitssystem bedeutsam oder charakteristisch sind.

Wiederholen Sie die Erfassung mehrfach, um sicherzustellen, daß Sie alle für die Ausführung der Vorgangsstufen bzw. -elemente wesentlichen Informationen festgehalten haben.

1.2.3 Soll-Zustand des Arbeitssystems

Stellen Sie fest, inwieweit die Ausführung des von Ihnen erfaßten Arbeitsablaufs mit den Festlegungen in den Fertigungsunterlagen übereinstimmt, die Sie für das Arbeitssystem bereits gesammelt und einer ersten Sichtung unterzogen haben, z.B. Arbeitsauftrag, Verfahrens-, Arbeits- und Prüfanweisungen usw.

Gesammelte Fertigungsunterlagen auswerten

Die Dokumente beschreiben und regeln die Anforderungen, die an Arbeitsausführung, -verfahren oder Produkte gestellt werden müssen. Sie dokumentieren damit den für das Arbeitssystem gültigen Soll-Zustand. Prüfen Sie aus der Sicht der Qualitätspolitik Ihres Unternehmens, ob dieser Soll-Zustand für das ausgewählte Arbeitssystem noch aufrechterhalten werden kann oder neu definiert werden muß. Sollten Sie bereits über ein Qualitätsmanagementsystem nach DIN EN ISO 9000 ff. oder nach einem anderen internationalen Standard verfügen, und Sie wollen den Soll-Zustand neu bestimmen, dann sollten Sie mit der inhaltlichen Überarbeitung von Verfahrensanweisungen und weiterer Qualitätsdokumente entsprechend den Anforderungen der Norm bzw. des Standards beginnen.

Veränderungen von Qualifikationen berücksichtigen

Beachten Sie bitte, daß sich Veränderungen nicht allein auf die Ablauf- und Aufbauorganisation beziehen können, sondern integrativ fachliche, soziale und Qualifikationen des Lehrens und Lernens, jedoch auch solche Faktoren wie das Problemlösungs- und Konfliktverhalten der im Arbeitssystem tätigen Mitarbeiter berücksichtigt werden müssen. Diese Faktoren sollten Sie besonders betrachten, weil das Ziel des arbeitssystembezogenen Qualitätslernens die integrative Vermittlung und Aneignung von fachlichen, sozialen und von didaktisch-methodischen Kompetenzen ist. Auf dieser Grundlage wird Qualitätslernen zu einem festen Bestandteil des Arbeitsprozesses in dem ausgewählten Arbeitssystem.

1.2.4   Vergleich von Ist- und Soll-Zustand

Handlungsbedarf bestimmen,
Maßnahmen festlegen

Der Vergleich zwischen dem erfaßten Ist-Zustand und dem für das Arbeitssystem definierten Soll-Zustand zeigt Ihnen den Handlungsbedarf, den Sie bei der Lösung der Qualitätsprobleme durch Lernen zu bewältigen haben. Bei der Bewertung der Abweichungen beachten Sie bitte, daß nicht allein deren Umfang ausschlaggebend ist. Kleine Ursachen bzw. Abweichungen haben oft große Wirkungen. In der Umkehrung ist die Aussage ebenso gültig! Wenn Sie feststellen, daß die Ursachen aus Qualifikationsdefiziten abgeleitet werden können, die durch bisher geplante Qualifizierungsmaßnahmen nicht gelöst werden konnten, dann folgen Sie bitte weiter der dargestellten Vorgehensweise.

1.3   Aufarbeitung des Qualitätswissens

Wissen qualitätsgerecht für
Lehren und Lernen
aufarbeiten

Arbeiten Sie nun die festgestellten Abweichungen mit Hilfe von spezifischen Methoden des Qualitätsmanagements und nach den didaktisch-methodischen Regeln des Lehrens und Lernens auf. Sie gelten ebenfalls für das arbeitssystembezogene Qualitätslernen. Beide Gesichtspunkte, die Methoden des Qualitätsmanagements und die didaktischen Methoden, werden auf diese Weise organisch verbunden zur Wirkung gebracht. Wenn Sie so vorgehen, dann können Sie das im Arbeitssystem bzw. in Ihrem Unternehmen meist sehr verstreut vorhandene Wissen zu Fehlermöglichkeiten und zu ihrer Vermeidung zusammenführen, aktivieren und zu Qualitätswissen transferieren. Ziel von arbeitssystembezogenem Qualitätslernen sind die Vermittlung und Aneignung von Wissen, wie man Fehlern bewußt vorbeugen kann und wie sie planmäßig vermieden werden können, um die Prozeßfähigkeit im System zu stabilisieren oder zu erhöhen.

1.3.1   Schrittweise Durchführung der Prozeß-FMEA

Weil alle Arbeitssysteme Abläufe aufweisen, liegt es nahe, aus der Vielzahl spezifischer Methoden des Qualitätsma-

nagements die Prozeß-FMEA auszuwählen, um Fehler als
tatsächliche oder mögliche Abweichungen bei der Ausführung der einzelnen Vorgangselemente zu erkennen
und zu bewerten.

Die Prozeß-FMEA (Fehlermöglichkeits- und -einfluß-
analyse), ursprünglich aus der Sicht der Prozeßplanung
angewendet, ist als Methode außerordentlich anpassungs-
fähig. Sie kann daher nicht nur für geplante, sondern auch
auf „lebende" Abläufe in sehr verschiedenartigen Arbeitssystemen bezogen und für die Zwecke des Qualitätslernens genutzt werden. Beachten Sie, daß die arbeitssystembezogene Anwendung auch die spezifische Anpassung der
Methode an die Abläufe und Besonderheiten des jeweiligen Arbeitssystems erfordert. Beispiele für die Anwendung einer modifizierten Prozeß-FMEA finden Sie in den
Fallstudien des 2. Teils der Handlungsanleitung. Die Stu-
dien verdeutlichen, daß die Anwendung dieser Methode
voraussetzt, daß in den Arbeitssystemen Qualitätswissen
zur Gestaltung der Abläufe und Fehlervermeidung
verborgen ist. Um es zu aktivieren, wird die Methode entsprechend den Bedingungen des jeweiligen Arbeitssystems modifiziert. Wenn Qualitätswissen im Arbeitssystem allerdings noch nicht vorhanden ist und erst
erworben werden muß, sollten Sie auf die Anwendung
dieser Methode verzichten.

Nehmen Sie nun alle Erfassungsformulare zur Hand,
in denen Sie die Abläufe des ausgewählten Arbeitssystems
mit den einzelnen Vorgangselementen dokumentiert haben. Auf dieser Grundlage untersuchen Sie jedes Element
systematisch auf Fehler, die bei der Ausführung auftreten können, aber nicht auftreten müssen. Einige Fehlermöglichkeiten kennen Sie schon, weil Sie von Ihnen bei
der Erfassung beobachtet oder durch Kommentare von
Mitarbeitern darauf hingewiesen wurden. Diese Informationen haben Sie im Erfassungsformular sorgsam dem jeweiligen Vorgangselement zugeordnet.

Damit Sie nun durch die Prozeß-FMEA tatsächlich alle
möglichen Fehler aufdecken, die bei der Ausführung jedes Vorgangselementes auftreten können, sollten Sie die
entsprechenden Wissensträger in Ihrem Unternehmen
ansprechen. Diese Experten finden Sie nicht nur unter den
Mitarbeitern, die in dem ausgewählten Arbeitssystem tätig sind, sondern auch in anderen Bereichen bzw. Funk-

*Prozeß-FMEA für Arbeits-
system modifizieren*

*FMEA-Team bilden –
Qualitätswissen zusammen-
führen*

tionen Ihres Unternehmens. Führen Sie die Experten zusammen und bilden Sie gemeinsam ein FMEA-Team. Die betriebliche Praxis zeigt, daß die Einführung der FMEA-Methode und die Bildung des FMEA-Teams am besten mit Unterstützung der obersten Leitung erfolgen.

Arbeitsorganisation und Teambildung

Die Teambildung bietet sich für Unternehmen an, in denen alle Mitarbeiter in einer Schicht oder höchstens verteilt auf zwei aufeinanderfolgende Schichten tätig sind. Die Pause zwischen den Schichten können Sie dann für Teambesprechungen nutzen. Benennen Sie für die Besprechungen des Teams einen Moderator.

Die Teambildung ist bei Firmen mit verteilten Fertigungsstätten oder zur Gestaltung von Kunden-Lieferanten-Beziehungen besonders sinnvoll, jedoch auch schwierig zu realisieren. Brechen Sie die häufig nur durch indirekte, stark vermittelte Kommunikation gepflegte Zusammenarbeit mit Lieferanten oder Kunden durch die Bildung eines zeitweiligen Projektteams auf. Überwinden Sie alle räumlichen, zeitlichen und personenbezogenen Probleme, die sich Ihnen in den Weg stellen. Sollten Sie den Weg dennoch nicht beschreiten können, dann bietet es sich an, eine Prozeß-FMEA als Expertenbefragung durchzuführen.

FMEA-Schulung vorbereiten, durchführen

Prüfen Sie vor der Durchführung der Prozeß-FMEA, ob alle Experten die Vorteile, den Nutzen, die Grenzen und die Bedingungen der Anwendung dieser Methode kennen. Wenn das nicht der Fall ist, so bereiten Sie eine FMEA-Schulung vor und führen Sie diese im Team der Experten durch. Beispiele für ein mögliches Vorgehen finden Sie in den Fallstudien und im Glossar. Die Schulung des Teams ist eine Form des kooperativen arbeitssystembezogenen Qualitätslernens, des unternehmensinternen Transfers von Qualitätswissen. Schulungsmaterial, das in den Unternehmen der Pilotumsetzung verwendet wurde, finden Sie ebenfalls in der Handlungsanleitung (*Anhang 4.1*).

Prozeß-FMEA schrittweise durchführen

Bei der Durchführung der Prozeß-FMEA gehen Sie im Team am besten schrittweise (*Bild 1.6*) vor.

Bevor Sie im Team mit der FMEA-Anwendung beginnen, stellen Sie alle dafür notwendigen Unterlagen, z.B. Bauteile, Muster, technische Zeichnungen und die Fertigungsunterlagen bereit, die sie zu dem von Ihnen ausgewählten

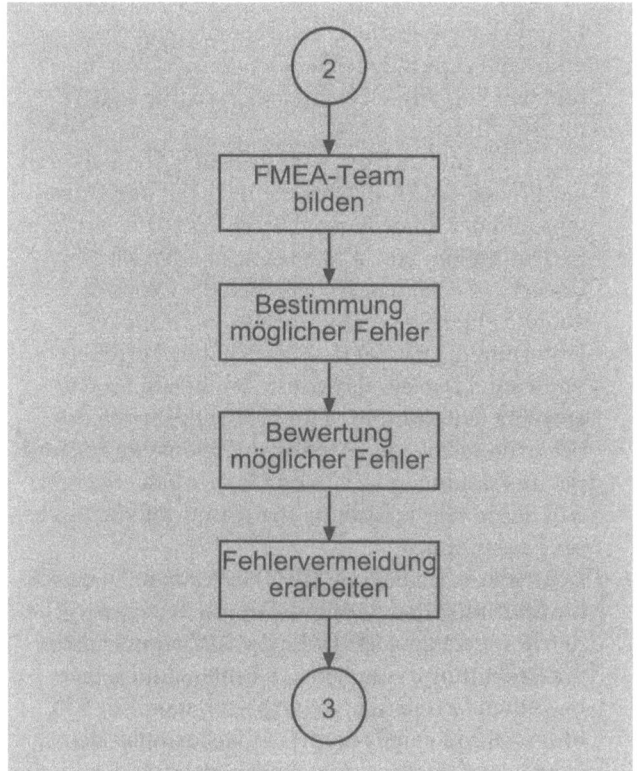

Bild 1.6   Vorgehensweise 3

Arbeitssystem gesammelt, gesichtet und für den Vergleich von Ist- und Soll-Zustand des Arbeitssystems herangezogen haben. Für die Diskussion von Fehlermöglichkeiten, ihre Analyse und Bewertung durch die Expertenrunde ist das folgende Vorgehen zu empfehlen:

FMEA-Unterlagen bereitstellen

1. Kurze Erläuterung des Inhalts der Vorgangsstufe und ihrer verschiedenen Vorgangselemente, die als nächste behandelt werden soll. Das ist deshalb wichtig, weil alle Teammitglieder spezielles Wissen zu den Abläufen im Arbeitssystem haben, jedoch nicht alle unmittelbar in ihm tätig sind.

Inhalte erläutern

2. Die während der Erfassung beobachteten und dokumentierten sowie weitere Fehlermöglichkeiten werden von den Experten ausführlich diskutiert. Dabei können die bereitgestellten Bauteile, Muster usw. untersucht werden, um widersprüchliche Expertenmeinungen und -urteile auszuräumen.

Fehlermöglichkeiten diskutieren

Eventuell werden die in den Formularen bereits erfaßten Fehlermöglichkeiten präzisiert, korrigiert und den Vorgangselementen dieser Stufe weitere hinzugefügt.

Fehlermöglichkeiten bewerten

3. Jede Fehlermöglichkeit wird nach den drei Kriterien der Prozeß-FMEA - Wahrscheinlichkeit des Auftretens und der Entdeckung des Fehlers sowie seine Bedeutung für bzw. Auswirkung auf den Kunden - bewertet. Nacheinander vergeben die Experten anhand einer Bewertungstabelle (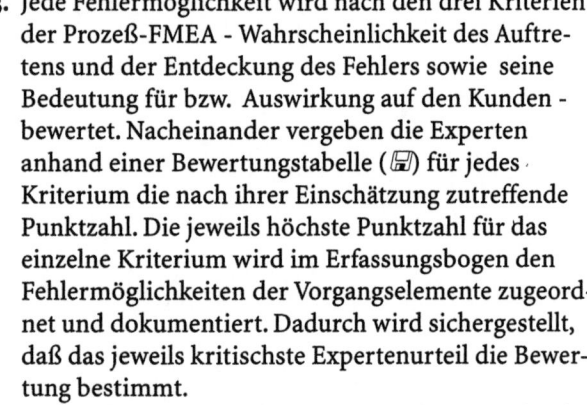) für jedes Kriterium die nach ihrer Einschätzung zutreffende Punktzahl. Die jeweils höchste Punktzahl für das einzelne Kriterium wird im Erfassungsbogen den Fehlermöglichkeiten der Vorgangselemente zugeordnet und dokumentiert. Dadurch wird sichergestellt, daß das jeweils kritischste Expertenurteil die Bewertung bestimmt.

Risikoprioritätszahl berechnen

4. Die Risikoprioritätszahl (RPZ) berechnen Sie durch die Multiplikation der für die drei Kriterien vergebenen Punktzahlen. Die Höhe der RPZ kennzeichnet die Bedeutung des möglichen Fehlers und seiner bewußten Vermeidung im Arbeitssystem. Die RPZ ordnen Sie ebenfalls im Erfassungsformular der jeweiligen Stufe bzw. dem einzelnen Vorgangselement zu.

Fehlerkritische Vorgangsstufen auswählen

5. Wählen Sie nun im Team aus der Dokumentation Fehlermöglichkeiten mit einer RPZ über einer bestimmten Höhe aus. Sie bestimmen so die Vorgangsstufen und -elemente, die in dem ausgewählten Arbeitssystem besonders wichtig für die Erfüllung gestellter Anforderungen sind. Es gibt keine allgemeingültigen Regeln für die Festlegung der Auswahlgrenze. Beachten Sie bitte: Je niedriger die Grenze gesetzt ist, umso mehr Fehlermöglichkeiten werden erfaßt; je höher Sie die Grenze ziehen, umso exemplarischer konzentriert sich dann das arbeitssystembezogene Qualitätslernen inhaltlich auf die Vermeidung entscheidender, wichtiger Fehler im Arbeitssystem.

Fehlervermeidungswissen ermitteln

6. Ermitteln Sie nun im Team für die ausgewählten Vorgangsstufen und -elemente das Wissen der Experten zur Fehlervermeidung. Das ist nicht ganz so einfach, denn es handelt sich häufig um Erfah-

rungswissen. Dieses Wissen wurde von den Teammitgliedern zumeist in jahrelanger Tätigkeit erworben und entzieht sich häufig den Möglichkeiten der
sprachlichen Wiedergabe. Dokumentieren Sie das
Fehlervermeidungswissen ebenfalls im Erfassungsbogen.

Fehlervermeidungswissen dokumentieren

Wiederholen Sie die Schritte so lange, bis die festgestellten Fehlermöglichkeiten aller Vorgangsstufen abgearbeitet sind.

Nunmehr verfügen Sie über eine komplette Dokumentation der Abläufe in dem von Ihnen ausgewählten Arbeitssystem und in dessen Umfeld, der Möglichkeiten und
der Bewertung der Fehler, die dabei auftreten können,
sowie des Wissens, wie man ihnen zielführend und bewußt entgegenwirken kann. Das ist ein sehr kostbarer
Schatz, den Sie in Ihrem Unternehmen geborgen haben.
Sie sollten ihn sorgsam hüten und pflegen.

1.3.2 Didaktisch-methodische Aufarbeitung

Damit das Fehlervermeidungswissen für arbeitssystembezogenes Qualitätslernen nutzbar wird, muß es zunächst
nach den Regeln des Lehrens und Lernens aufgearbeitet
werden. Die Leitfragen helfen Ihnen, ein didaktisch-methodisches Konzept zu entwickeln, damit das Qualitätslernen in dem von Ihnen ausgewählten Arbeitssystem
zielgerichtet organisiert werden kann:

**Fehlervermeidungs-
wissen didaktisch-
methodisch aufarbeiten**

LEITFRAGEN	DIMENSIONEN
Wozu wird gelernt?	Ziele
Wer lernt?	Zielgruppen
Was wird gelernt?	Inhalte
Wie wird gelernt?	Methoden
Wo wird gelernt?	Lernorte
Mit welchen Mitteln wird gelernt?	Medien

Beantworten Sie bitte diese Fragen in der genannten Rei-
henfolge für das ausgewählte Arbeitssystem. Beispiele, wie
Sie dabei vorgehen können, und weitere Hinweise finden
Sie in den Fallstudien des 2. Teils und im Glossar der
Handlungsanleitung.

Konzept für Qualitätslernen entwickeln

Die Ziele des Qualitätslernens leiten Sie aus den Qualitätsproblemen ab, die Sie zur Auswahl des Arbeitssystems veranlaßt haben.

Zielgruppe sind nicht nur die unmittelbar im Arbeitssystem tätigen Mitarbeiter, sondern z.B. auch die Experten des FMEA-Teams. Besonders wichtig ist es, daß Sie bei der Festlegung der Lernziele, -inhalte und -methoden die Besonderheiten dieser Zielgruppen berücksichtigen.

Die Lerninhalte haben Sie aus der Analyse der Systemabläufe und aus der Prozeß-FMEA durch die Festlegung von Fehlermöglichkeiten sowie des Wissens zur Fehlervermeidung gewonnen.

Nachdem Sie auch die Lehr- und Lernmethoden und den Lernort ausgehend von den Besonderheiten des Arbeitssystems festgelegt haben, wenden Sie sich der Gestaltung von Lernmedien zu.

Sie können im Prinzip alle bekannten Lernmedien von A wie Arbeitsblatt bis Z wie Zeichnung für das Qualitätslernen im Arbeitssystem nutzen, wenn Sie auch dabei dessen Besonderheiten beachten. Sie resultieren u.a. aus der Systemspezifik, aus den charakteristischen Merkmalen Ihrer Zielgruppe und der Tätigkeitslogik im Arbeitssystem.

Arbeitsblätter als Lehr- und Lernmedien

Wenn in einem Arbeitssystem, das wird in den Fallstudien des 2. Teils sichtbar, beispielsweise der Einsatz von Videos oder Filmen nicht möglich ist, dann sollten Sie für die Zwecke des Qualitätslernens auf didaktisch-methodisch gestaltete Arbeitsblätter als Lernmedien zurückgreifen.

Derartige Arbeitsblätter haben den Vorzug, daß sie wie das Buch die Verbindung zwischen verbalen Hinweisen und grafischen Elementen herstellen und bestehen lassen, ohne daß es, wie z.B. bei einem Video, vieler Wiederholungen bedarf.

Wenden Sie sich nun den Vorgangsstufen mit ihren Elementen zu, die Sie gemeinsam mit dem FMEA-Team nach der Höhe der RPZ für das Qualitätslernen ausgewählt haben, und arbeiten Sie das ermittelte Fehlervermeidungswissen auf (*Bild 1.7*).

Vorgehensweise bei der Gestaltung eines Arbeitsblattes:
1. Weisen Sie in der Kopfzeile eindeutig nachvollziehbar die Einordnung der dargestellten Elemente einer

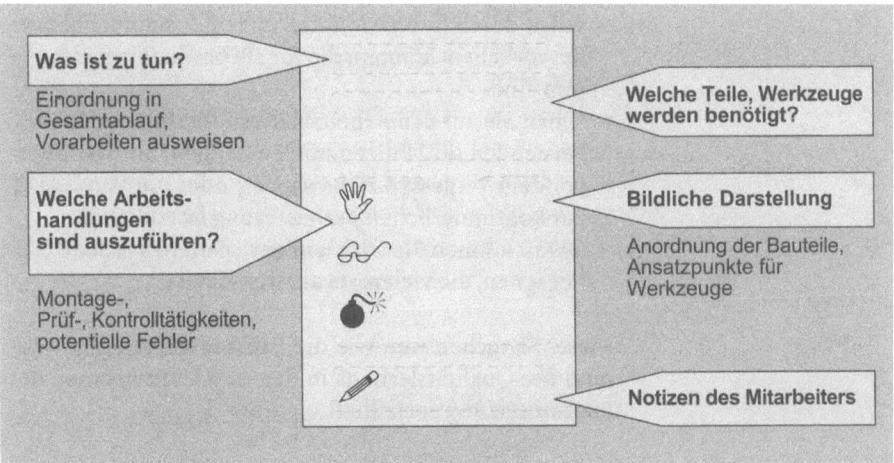

Bild 1.7   Gestaltungselemente eines Arbeitsblattes

Vorgangsstufe in den Gesamtablauf aus. Das ist wichtig, damit sich der Lernende orientieren und bestimmen kann, welche Vorgangsstufen vorausgegangen sind und welche noch folgen werden.

Didaktisch-methodische Gestaltung der Arbeitsblätter

2. Heben Sie in jeweils getrennten Listen die Teile (Stückliste) und Arbeits- bzw. Betriebsmittel oder andere für das Arbeitssystem bedeutsame Informationen hervor, die notwendig sind, um die Elemente dieser Vorgangsstufe anforderungsgerecht auszuführen.

3. Stellen Sie das Wissen zur Fehlervermeidung auf dem Arbeitsblatt in der Reihenfolge dar, in der sich die Elemente in den Ablauf der Vorgangsstufe einordnen. Formulieren Sie kurz, knapp, eindeutig und auffordernd die Hinweise zur Fehlervermeidung.
Ordnen Sie den Hinweisen Piktogramme zu, die den Mitarbeitern helfen, die einzelnen Elemente einer Vorgangsstufe und ihre verschiedenen Inhalte eindeutig voneinander zu unterscheiden.

4. Veranschaulichen Sie ergänzend dazu auf dem Arbeitsblatt die Hinweise durch grafische Elemente (Zeichnungen, Skizzen usw.). Sie lenken damit die Aufmerksamkeit der Ausführenden u.a. auf Ansatzpunkte für Werkzeuge, auf die Anordnung von Teilen, auf Prüfmerkmale oder andere wichtige Merkmale. Gestalten Sie die Grafiken so, daß die Lernenden

selbst durch farbige Markierungen Zusammenhänge hervorheben können, die für sie besonders bedeutsam sind.

5. Sehen Sie auf den Arbeitsblättern Raum vor, den die Lernenden für Notizen nutzen können, um Wichtiges vor dem Vergessen zu bewahren oder um Vorschläge zur kontinuierlichen Verbesserung festzuhalten. Damit können Sie wirksam der „Zettelwirtschaft" begegnen, die vielerorts anzutreffen ist.

Dieses Vorgehen war, wie die Fallstudien belegen, während des Qualitätslernens in den drei Unternehmen der Pilotumsetzung vorteilhaft.

Gestaltungselemente beibehalten

Selbstverständlich sollten Sie es an die Besonderheiten des Arbeitssystems anpassen, das Sie ausgewählt haben. Achten Sie darauf, daß jedes Arbeitsblatt ($\boxed{\;}$) den gleichen oder einen ähnlichen Aufbau hat. Der Wiedererkennungseffekt ist für die Lernenden höher. Sie können sich leichter orientieren und auf die Arbeitsaufgabe konzentrieren.

Die im FMEA-Team festgelegte Grenze für die Auswahl der Vorgangsstufen wirkt sich jetzt auf die Anzahl der Arbeitsblätter aus, die zu gestalten sind. Sie sollten sich jedoch bei den Überlegungen zur Anzahl der Arbeitsblätter nicht ausschließlich davon leiten lassen.

Lernziele und -medien

Denken Sie in diesem Zusammenhang nochmals über die Ziele des Qualitätslernens nach. Wollen Sie die Blätter als „Gedächtnisstütze" nutzen, um im Arbeitssystem bereits vorhandene Qualifikationen zu aktivieren, dann können einige wenige ausreichend sein. Verfolgen Sie jedoch die Zielsetzung, Mitarbeiter durch Qualitätslernen für die Ausführung eines kompletten Arbeitsablaufs zu qualifizieren, dann muß eine entsprechend höhere Anzahl von Blättern erarbeitet werden.

Bedenken Sie jedoch auch, daß sich Qualitätslernen im Arbeitsprozeß nicht verselbständigen darf. Bitte schränken Sie deshalb den Umfang des zu vermittelnden Qualitätswissens sinnvoll und pragmatisch ein.

Arbeitsblätter überprüfen

Überprüfen Sie als nächstes die Entwürfe der Arbeitsblätter (*Bild 1.8*). Das können Sie wiederum gemeinsam mit den Experten des FMEA-Teams tun oder andere erfahrene Mitarbeiter aus Ihrem Unternehmen dafür heranziehen. Bitten Sie diese, insbesondere zu prüfen, ob

- die Abläufe richtig dargestellt sind,
- die Wissensinhalte korrekt sind,
- die Aussagen gezielt auf die Vermeidung von Fehlern orientieren und
- die gesamte Darstellung zielgruppengerecht ist.

Überarbeiten Sie anschließend nach den Hinweisen die Arbeitsblätter gemeinsam mit den Experten.

Mit dieser Korrekturschleife schließen Sie die didaktisch-methodische Aufarbeitung ab, durch die Sie Fehlervermeidungswissen zu Qualitätswissen transferiert haben.

Wenn Sie die Arbeitsblätter in der beschriebenen Weise gestalten, dann verfügen Sie jetzt über Lernmedien, die die Logik der Abläufe im Arbeitssystem für das nachfolgende Qualitätslernen als Aneignungslogik erschließen.

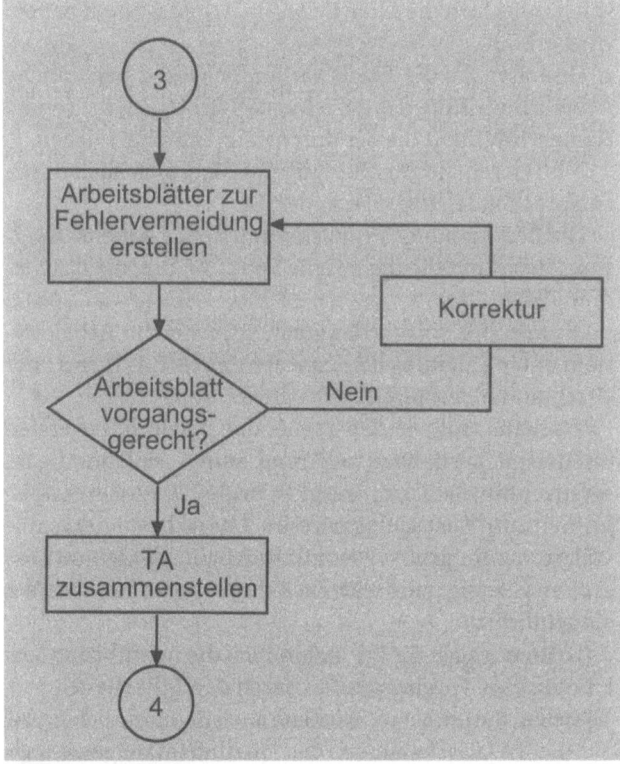

Bild 1.8 Vorgehen 4

Arbeitsblätter zur
Tätigkeitsbegleitenden
Arbeitsanweisung (TA)
zusammenfassen

Fassen Sie die Arbeitsblätter zu einer Tätigkeitsbegleitenden Arbeitsanweisung (TA) für das individuelle und kooperative Qualitätslernen im ausgewählten Arbeitssystem (*Anhang 4.2-4.4*) zusammen:

Ordnen Sie die Arbeitsblätter in der Reihenfolge, in der die dargestellten Vorgangsstufen im Gesamtablauf von den Lernenden ausgeführt werden müssen.

Sie können sich dabei sowohl am festgestellten Gesamtablauf als auch an verschiedenen Zuständen des Arbeitssystems, z.B. störungsfreier, gestörter Ablauf, Störfallbeseitigung, Umfeldaufgaben usw. orientieren.

Ablaufstrukturen in die TA
einfügen

Fügen Sie in der TA jedem Arbeitsblatt eine Darstellung der Ablaufstrukturen hinzu. Sie zeigen die Abläufe, die der jeweiligen Vorgangsstufe vorausgehen und die ihr folgen. Dadurch können Mitarbeiter die Vorgangsstufen mit den fehlerkritischen Elementen jederzeit in den Gesamtablauf einordnen oder daraus ableiten. Die Transparenz komplexer Ablaufstrukturen und des Handlungsspielraums, den die Mitarbeiter im Arbeitssystem haben, wird erhöht.

Gestalten Sie die TA als verbindliche und persönliche Arbeitsanweisung des einzelnen Mitarbeiters, die seinen Namen trägt und die Sie ihm persönlich überreichen.

Motivieren Sie zur Nutzung des Mediums auch durch entsprechende Hinweise in der TA.

Funktionen der TA

Die Bezeichnung „Tätigkeitsbegleitende Arbeitsanweisung" weist auf die mehrfache Funktion hin, die das Medium hat.

Zum ersten soll sie das Qualitätslernen im Arbeitssystem unter Anleitung der Experten des FMEA-Teams oder durch andere erfahrene Mitarbeiter unterstützen.

Zweitens soll sie den Lernenden, nach dieser ersten intensiven Lernphase, während seiner selbständigen, eigenverantwortlichen Tätigkeit begleiten und ihm Gelegenheit zum Nachschlagen geben. Das ist besonders sinnvoll, wenn ein großes Produktspektrum in kleinen Losgrößen gefertigt wird oder im Arbeitssystem job-rotation eingeführt ist.

Drittens regelt die TA verbindlich die Ausführung fehlerkritischer Vorgangsstufen durch den Mitarbeiter.

TA als Qualitätsdokument
ausweisen

Stellen Sie die Verbindlichkeit auch dadurch sicher, daß Sie die TA als Dokument des Qualitätsmanagementsystems ausweisen und in das Verfahren zur Lenkung der

Dokumente einbeziehen. Die TA muß dann dem festgelegten Änderungsdienst unterworfen sein.

Allerdings ist damit ein bestimmter Pflegeaufwand verbunden. Sie sollten regelmäßig die Notizen der Mitarbeiter auswerten und zugleich ein Verfahren zur Überarbeitung der Arbeitsblätter festlegen. Indem Sie das tun, stärken Sie den Bezug des Mitarbeiters zu seinen Arbeitsaufgaben, zu den Abläufen im Arbeitssystem und sein qualitätsrelevantes Verhalten, weil seine Hinweise ernstgenommen werden.

TA pflegen

Das Verfahren zur Überarbeitung wird ebenfalls benötigt, um die Blätter bzw. die TA den Veränderungen durch Produkt- und Prozeßinnovationen anzupassen. Beziehen Sie die Mitarbeiter, deren Hinweise Sie befolgen, und die Experten sowie weitere Mitarbeiter in die Überarbeitung nach den „Hinweisen zur Gestaltung von Arbeitsblättern" ein, die Sie am Ende der TA (*Anhang 4.2–4.4*) finden. Auf diesem Weg integrieren Sie Qualitätslernen organisch in den Gesamtablauf des von Ihnen ausgewählten Arbeitssystems, und es wird darüber hinaus zu einem festen Bestandteil der Arbeitsprozesse in Ihrem Unternehmen.

1.4 Qualitätslernen und Lernerfolgskontrolle

Mit der TA verfügen Sie nunmehr über einen Lehrplan für das individuelle und kooperative Qualitätslernen, der der Logik des Ablaufs im Arbeitssystem folgt. Berücksichtigen Sie jedoch, daß die TA kein Ersatz, sondern Unterstützung für das Qualitätslernen unter Anleitung der Team-Experten und weiterer erfahrener Mitarbeiter ist.

TA als Lehrplan des Qualitätslernens

Dieser Lehrplan ist in allen drei Phasen, in denen Sie arbeitssystembezogenes Qualitätslernen organisieren – in der Vorbereitungsphase für die Experten und weitere erfahrene Mitarbeiter, in der Unterstützungsphase sowie in der Begleitungsphase – wirksam.

Phasen des Qualitätslernens

1.4.1 Vorbereitung der Experten

Um den Lernerfolg zu sichern, bereiten Sie zunächst mit den Experten aus dem FMEA-Team und weiteren Mitar-

Experten auf Qualitätslernen vorbereiten

beitern, die über betriebliche Schulungserfahrungen verfügen, das arbeitssystembezogene Qualitätslernen sorgfältig vor.

Bevor Sie die Ziele, das Konzept und die verschiedenen Phasen des geplanten Qualitätslernens erläutern, geben Sie diesen Mitarbeitern zunächst die Gelegenheit, Fragen zu stellen. Sie sollten nicht übersehen, daß nicht alle von Ihnen jetzt für die Unterstützungsphase ausgewählten Mitarbeiter an der Prozeß-FMEA beteiligt waren. Danach sollten Sie sich insbesondere folgenden Punkten zuwenden:

Schulungsinhalte

- Erläutern Sie in dieser speziellen Schulung, daß die Arbeitsblätter bzw. die TA die Qualitätsunterweisung nicht ersetzen, sondern nur unterstützen können.
- Stellen Sie klar, daß sich das arbeitssystembezogene Qualitätslernen auf bestimmte Inhalte und Teilabläufe im ausgewählten Arbeitssystem bezieht, die durch das Urteil der Experten in Verbindung mit der Prozeß-FMEA festgelegt wurden.
- Ziel ist es, genau das Wissen zu vermitteln und anzueignen, das notwendig ist, um die durch Qualifikationsdefizite hervorgerufenen Qualitätsprobleme im Arbeitssystem zu lösen.
- Verweisen Sie darauf, daß die Lernenden auf die Unterstützung durch Experten und weitere erfahrene Mitarbeiter angewiesen sind. Die TA kann und soll sie nicht ersetzen.
- Erklären Sie die Benutzung, den Charakter der TA als Lern(werk)zeug und den Nutzen, den sie als Hilfsmittel zur Fertigung qualitativ hochwertiger Produkte bzw. zur Sicherung einer hohen Prozeßfähigkeit bei richtiger Verwendung hat.
- Heben Sie die Möglichkeiten hervor, die der Mitarbeiter zur Nutzung der TA bzw. der Arbeitsblätter hat.

1.4.2 Qualitätslernen in der Unterstützungsphase

TA im Arbeitssystem einführen

Im Anschluß an die Vorbereitungsphase (*Bild 1.9*) werden die Arbeitsblätter bzw. die TA von den Experten und weiteren Mitarbeitern in die Arbeitssysteme eingeführt, den dort tätigen Mitarbeitern erläutert und überreicht.

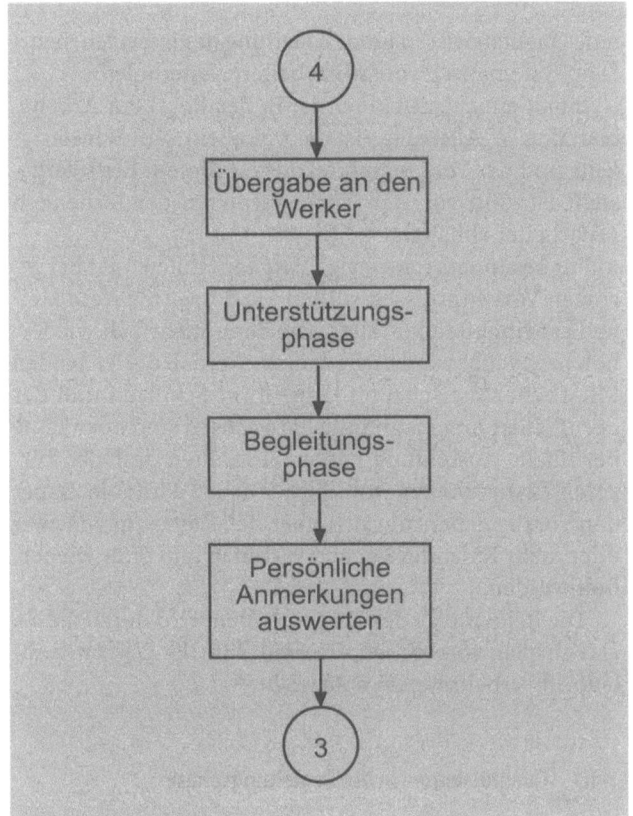

Bild 1.9   Vorgehen 5

Der Lernprozeß gestaltet sich so, daß ein Experte als Unterweisender mit einem oder mehreren lernenden Mitarbeitern zusammenarbeitet. Der Experte nutzt die TA als Grundlage, um das Qualitätswissen für jene Vorgangselemente zu vermitteln, die für die Prozeßfähigkeit entscheidend sind.

Unterweisung durch die Experten

Die lernenden Mitarbeiter realisieren die verschiedenen Elemente einer Vorgangsstufe und überprüfen dabei anhand der TA, ob ihre Ausführung mit dem dargestellten Qualitätswissen und den verpflichtend vorgegebenen Abläufen übereinstimmt.

Vorgangsstufen nach TA ausführen, überprüfen

Abweichungen sind dabei meist weniger bei der Reihenfolge von Vorgangselementen als vielmehr bei ihrer korrekten Verrichtung zu beobachten. In diesen Fällen lassen Sie das für die richtige Ausführung in der TA enthal-

Korrekturen durch systematisches Wiederholen

tene Qualitätswissen unter Anleitung des Experten mehrfach, systematisch vom Mitarbeiter wiederholen.

Qualitätswissen in Lerneinheiten gliedern

Inhalt einer Lerneinheit ist in der Regel ein Arbeitsblatt der TA. Allerdings ist das vor allem vom Schwierigkeitsgrad der Vorgangsstufe, die auf diesem Blatt dargestellt ist, und von den Vorkenntnissen der lernenden Mitarbeiter abhängig.

Für besonders schwierige Vorgangsstufen oder bei geringen Vorkenntnissen sollten Sie besser mehrere kleine Lerneinheiten gestalten, die dann mehrfach wiederholt bzw. geübt werden. Bedenken Sie, daß die lernenden Mitarbeiter meist schon lange ihrer Schulzeit und der beruflichen Erstausbildung entwachsen sind oder keine berufliche Ausbildung haben. Sie sollten deshalb kürzeren Lerneinheiten von jeweils 15–20 Minuten Dauer den Vorzug geben, die sich über den Zeitraum von zwei oder mehr Kalenderwochen verteilen und öfter wiederholt werden.

Die Reihenfolge der Lerneinheiten wird durch die TA als Lehrplan vorgegeben, die wiederum der Logik des Ablaufs im Arbeitssystem entspricht.

1.4.3 Qualitätslernen in der Begleitungsphase

Selbständiges Qualitätslernen

Mit der zunehmenden Sicherheit bei der Ausführung solcher Vorgangselemente zieht sich der Experte aus dem Lernprozeß schrittweise zurück. Die TA begleitet nunmehr den Mitarbeiter ständig bei seiner eigenverantwortlichen, selbständigen Tätigkeit im Arbeitssystem.

Treten dabei besondere Problemlagen auf, können sie vom Mitarbeiter individuell durch Nachschlagen in der TA oder durch die zeitweilige Konsultation des Experten gelöst werden.

Auf diese Weise organisieren Sie in den drei Phasen arbeitssystembezogenen Qualitätslernens den Wissenserwerb in verschiedenen Lerneinheiten sowie als Einführung, Vermittlung, Übung bzw. Wiederholung und als selbständiges kontinuierliches Lernen im Arbeitsprozeß.

Schulungsmethoden

Schulungsmethoden des gemeinsamen erarbeitenden Lernens überwiegen in der Unterstützungsphase, während die Methoden des selbständigen Lernens stärker in der Begleitungsphase wirksam sind.

Selbständiges individuelles und kooperatives Lernen
bereitet viel Freude, weil die Lernenden die Anerkennung
und das Vertrauen in ihre Leistungsfähigkeit spüren, ohne
daß sie in die Lage des Schülers zurückversetzt werden.
Es motiviert zum weiteren Wissenserwerb. Fördern Sie
deshalb das selbständige Qualitätslernen Ihrer Mitarbeiter.

Dieses methodische Herangehen wurde in der Pilot-   Methodenauswahl
umsetzung gewählt, weil die lernenden Mitarbeiter be-
reits über grundlegendes Qualitätswissen zu den Abläufen in den drei Arbeitssystemen verfügten.

Wenn Sie allerdings feststellen, daß das nicht der Fall
ist, sollten Sie stärker auf Methoden des darbietenden
Lernens zugreifen und sie in Kombination mit denen
des selbständigen Lernens einsetzen.

Phasen bewußten, intensiven Qualitätslernens sind
nicht nur dann in Arbeitssystemen notwendig, wenn
Qualifikationsdefizite zu spürbaren Qualitätsproblemen
führen. Sie sind auch dann erforderlich, wenn sich Produkte, Verfahren und Abläufe sowie die Zusammensetzung der Mitarbeiter im Arbeitssystem grundlegend
verändern. Individuelles und kooperatives Qualitätslernen sollte deshalb ständiger Bestandteil des Arbeitsprozesses im Unternehmen sein.

1.4.4 Lernerfolgskontrolle

Durch die Kontrolle des Erfolgs von arbeitssystembezogenem Qualitätslernen können Sie entscheiden, wie häufig intensive Lernphasen eingeleitet bzw. wiederholt werden müssen. Zugleich können Sie feststellen, ob das
Verfahren für das ausgewählte Arbeitssystem geeignet ist
und korrekt umgesetzt wurde.

Bestimmen Sie nun auf der Grundlage geeigneter In-   Informationen zur
formationen bzw. statistischer Prozeßdaten den Ist-Zu-   Lernerfolgskontrolle
stand im Arbeitssystem nach den intensiven Phasen des   bereitstellen
Qualitätslernens. Diese Informationen gewinnen Sie u.a.
durch die kontinuierliche Auswertung von Kundenreklamationen, Ergebnissen der Zwischen- bzw. Endprüfung,
BDE- und SPR-Daten, Fehlersammel- und Qualitätsregelkarten sowie anhand weiterer Dokumente, die Aufschluß
über den Fehlleistungsaufwand geben können. Sie erfas-

sen damit zunächst einmal Veränderungen, die sich im wesentlichen auf die Prozeßfähigkeit beziehen.

Aufschluß über die Entfaltung sozialer und didaktisch-methodischer Kompetenzen der Mitarbeiter im Arbeitssystem können Sie u.a. durch Befragungen, Beobachtungen, Teilnahme an Gruppengesprächen, Qualitätszirkeln sowie durch Berücksichtigung anderer Indikatoren (Krankenstand usw.) erhalten.

Ist- und Soll-Zustand erneut vergleichen

Vergleichen Sie alle diese Informationen erneut mit dem nach der Analyse des Arbeitssystems definierten Soll-Zustand. Der Lernerfolg spiegelt sich im Grad der erreichten Übereinstimmung von Ist- und Soll-Zustand wider.

Bitte beachten Sie bei der Bewertung, ob es in den Phasen des Qualitätslernens im Arbeitssystem gravierende Veränderungen oder Faktoren im Bedingungsgefüge gab, die sich fördernd oder hemmend auf den Lernerfolg ausgewirkt haben.

Neue Lernphasen planen

Wenn Sie mit dem Erfolg des Qualitätslernens zufrieden sind, dann bestimmen Sie die Zeiträume für weitere intensive Lernphasen, um ihn aufrechtzuerhalten, zu vertiefen und auf andere Arbeitssysteme auszuweiten.

Befriedigt Sie der erreichte Lernerfolg noch nicht, so prüfen Sie Ursachen, die in unterschiedlichen Bereichen liegen können:

Fragen zur Verbesserung des Lernerfolgs

- Werden die im Arbeitssystem aufgetretenen Qualitätsprobleme wirklich durch Qualifikationsdefizite hervorgerufen?
- Wurden die Qualitätsprobleme scharf genug analysiert?
- Sind die Abläufe im Arbeitssystem richtig geplant?
- Wurden die Abläufe exakt strukturiert, analysiert und erfaßt?
- Wurde das Team für die Prozeß-FMEA fachgerecht zusammengesetzt und in die Methodenanwendung eingeführt?
- Wurden die fehlerkritischen Vorgangselemente sachgerecht bestimmt, bewertet und erfaßt?
- Wurde wirklich das Wissen zur Vermeidung grundlegender Fehler in Qualitätswissen transferiert?
- Wird das Qualitätswissen durch Arbeitsblätter und TA zielgruppengerecht aufgearbeitet und dargestellt?
- Wurden die Experten und die lernenden Mitarbeiter gründlich in die TA eingeführt?

- Fördern die im Arbeitssystem und im Umfeld vorhandenen sozialen u.a. Rahmenbedingungen den Lernerfolg ausreichend?

Sollten Sie trotz des unbefriedigenden Lernerfolgs nach gründlicher Prüfung alle Fragen eindeutig mit „Ja" beantworten können, dann sind die vorhandenen Qualifikationsdefizite nur durch die fachsystematische Vermittlung und Aneignung von Qualitätswissen zu überwinden. Werten Sie den Erfolg arbeitssystembezogenen Qualitätslernens auf jeden Fall, auch dann, wenn er Sie zunächst nicht befriedigt hat, mit allen Beteiligten, vor allem mit den Mitarbeitern im Arbeitssystem, mit der Geschäftsführung unter Einbeziehung der Betriebsräte aus. Legen Sie in diesem Kreis gemeinsam Maßnahmen fest, die zur kontinuierlichen Verbesserung des Qualitätslernens und damit zum Unternehmenserfolg beitragen.

Lernerfolg bewerten, Verbesserungsmaßnahmen einleiten

2 Fallstudien zur Pilotumsetzung

2.1 Unternehmen der Pilotumsetzung

2.1.1 RELEC GmbH

Die RELEC GmbH – ein 1937 gegründetes Familienunternehmen – beschäftigt ca. 350 Mitarbeiter und erzielte in den letzten fünf Jahren einen durchschnittlichen Umsatz von ca. 75 Mio DM p. a. Produziert werden elektromechanische und elektronische Zeit-, Schalt-, Meß-, Überwachungsrelais, speicherprogrammierbare CNC-Steuerungen sowie weitere Apparaturen zur Automatisierung. Das Unternehmen führte zeitgleich zur Pilotumsetzung ein Qualitätsmanagement-System nach DIN EN ISO 9001 ein. Es wurde Ende 1995 erfolgreich zertifiziert.

Elektrotechnik, Elektronik

2.1.2 MOTKomponenten GmbH

Die MOTKomponenten GmbH ist ein mittelständisches Unternehmen, das als Zulieferer der Automobilindustrie Motorkomponenten in Großserien fertigt. Das Unternehmen ist zunehmend bestrebt, sich als externer Systemlieferant am Markt zu etablieren. Diese Zielsetzung und die gleichzeitig sich gravierend verändernden Absatzmärkte erfordern eine ganzheitlich orientierte Organisationsentwicklung. Deshalb hat sich die Geschäftsführung u.a. zur Einführung eines Qualitätsmanagementsystems nach DIN EN ISO 9001 entschlossen. Die Einführung wurde im Dezember 1994 mit der Zertifizierung erfolgreich abgeschlossen.

Zulieferer der Automobilindustrie

Die Fertigungstiefe ist gering. Dadurch ist das Unternehmen vom Beschaffungsmarkt stark abhängig. Unzureichende Termintreue bei der Belieferung mit Rohteilen,

schwankende Werkstoffeigenschaften sowie Toleranzab-
weichungen bei diesen Teilen führen häufig, bei gleich-
zeitigem Abbau kostenintensiver Puffer, zu eigenen Liefer-
schwierigkeiten. Die Geschäftsführung ist bemüht, diese
Probleme auch durch die Profilierung von Produktberei-
chen und durch die Dezentralisierung von betrieblichen
Funktionen wie Einkauf, Bereitstellungslogistik, Vertrieb,
Arbeitsvorbereitung und Qualitätswesen zu lösen.

2.1.3 Maschinenbau GmbH

Maschinenbau,
Industriearmaturen

Die Maschinenbau GmbH hat 98 Mitarbeiter. Das Unternehmen ist auf dem weltweiten Markt von Armaturen für
industrielle Rohrleitungen (Öl, Gas, Wasser, Abwasser)
tätig. Sie werden in Kleinserien bei geringem Automati-
sierungsgrad und mit abnehmender Fertigungstiefe hergestellt. Um im internationalen Wettbewerb zu bestehen,
wird eine Differenzierungsstrategie verfolgt. Kundenspezifische Armaturen werden variantenreich gefertigt, allerdings mit einem hohen Entwicklungs- und Konstruk-
tionsaufwand. Diese Armaturen haben einen Anteil von
etwas mehr als 40 Prozent am Produktspektrum. Die ver-
bleibenden ca. 60 Prozent sind Standardausführungen.

Die Mitarbeiter sind überwiegend hochmotiviert, fachlich sehr gut ausgebildet und im Zweischichtbetrieb tätig. Ihr Qualitätsbewußtsein ist differenziert ausgeprägt.
Das Unternehmen hat spezielle Führungsinstrumentari-
en zur Fehlerprävention entwickelt und wurde im Mai 1993
nach DIN EN ISO 9001 zertifiziert.

2.2 Vorbereitung der Pilotumsetzung

2.2.1 RELEC: Produktbereich elektromechanische Zeitrelais

Zeitrelais in Kleinserien,
hohe Fertigungstiefe

Im Bereich elektromechanische Zeitrelais der RELEC
GmbH werden die Produkte traditionell von Hand in großer Variantenvielfalt und hoher Fertigungstiefe als Kleinserien und Einzelstücke montiert. Die Mehrzahl der Relais hat die Produktionsreife etwa Mitte der 60er bzw.

Anfang der 70er Jahre erreicht. Produktinnovationen fanden wegen der rasanten Entwicklung im elektronischen Bereich kaum noch statt. Deshalb wurden auch die Montageprozesse, abgesehen von marginalen Modifikationen durch konstruktiv veränderte Zulieferteile, beibehalten. Besondere Kundenspezifikationen sind kaum Anlaß für Änderungen am Produkt.

Die Geschäftsführung geht davon aus, daß die gesamte Palette elektromechanischer Zeitrelais, insgesamt 231 Varianten, noch lange am Markt Bestand haben wird, obwohl die Stückzahlen ständig sinken. Die Mitarbeiter im Bereich sind schon sehr lange im Unternehmen tätig, viele werden bald das Pensionsalter erreichen und ausscheiden. Die meisten wurden für die Relaismontage angelernt. Viele weitere Montagetricks und -kniffe haben sie in der Arbeitstätigkeit erworben und als Erfahrungswissen zu jedem Relaistyp verinnerlicht. Dieses Wissen ist nach Einschätzung des Qualitätsmanagement-Beauftragten Basis für die hohe Prozeßfähigkeit im gesamten Produktbereich. Der Fehlleistungsaufwand wird, gemessen an Kundenreklamationen, für ein Jahr in pro mille ausgewiesen.

Erfahrungswissen – Basis der Relaismontage

2.2.2 RELEC: Transferproblem – Arbeitssystem KX 13

Aus der geschilderten Konstellation können sich für die Personalsituation im Bereich problematische Entwicklungen ergeben (*Bild 2.1*).

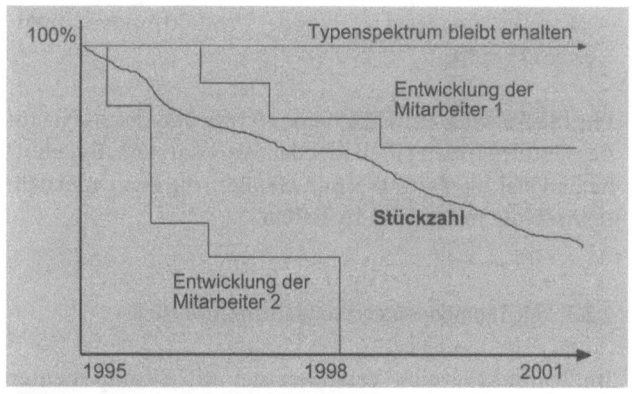

Szenario Auftrags- und Personalentwicklung

Bild 2.1 Mechanische Zeitrelaisszenario

- Die Zahl der kundigen Mitarbeiter bleibt höher als benötigt, weil die Stückzahlen schneller als erwartet sinken.
- Die Zahl der kundigen Mitarbeiter nimmt schneller ab als erwartet.

Transfer von Erfahrungswissen

Das Unternehmen erleidet durch natürliche Fluktuation den Verlust des Erfahrungswissens und damit seiner Fähigkeit, selbst kleinste Stückzahlen elektromechanischer Zeitrelais kundengerecht zu fertigen. Das kann nur vermieden werden, wenn das Erfahrungswissen erfaßt und nach Ausscheiden der gegenwärtigen Mitarbeiter durch arbeitssystembezogenes Qualitätslernen vermittelt wird, damit die Relaismontage auf hohem Prozeßniveau weitergeführt werden kann.

Auswahlentscheidung: Komplettmontage KX 13

Für die Pilotumsetzung wurde auf Vorschlag der Geschäftsführung das Arbeitssystem der manuellen Komplettmontage des Relais KX 13 ausgewählt. Dafür waren folgende Gründe ausschlaggebend:

- Nur zwei der im Arbeitssystem tätigen Mitarbeiter beherrschen die fehlerfreie Komplettmontage des KX 13.
- Im Vergleich zu anderen Relais stellt die Montage dieses Typs besonders hohe Anforderungen an Wissen und Können der Mitarbeiter.
- Die Abstände zwischen den Montageaufträgen nehmen zu, sodaß die dafür erforderlichen Kenntnisse und Fertigkeiten nach und nach vergessen, d. h. „verlernt" werden.
- Die im Arbeitssystem vorhandenen Fertigungsunterlagen werden wegen fehlender Produktinnovationen wenig gepflegt.

Für die Auswahl mitentscheidend war, daß das Relais für das Unternehmen einen ideellen Wert darstellt. Es gehört zu den elektromechanischen Geräten, die den Unternehmenserfolg mitbegründet haben.

2.2.3 MOTKomponenten: Produktbereich Versteller

Gruppen-, Schichtarbeit

Im Produktbereich Versteller der MOTKomponenten GmbH waren zum Zeitpunkt der Pilotumsetzung insgesamt 87 Mitarbeiter, davon zwölf im indirekten Bereich, beschäftigt. Die Mitarbeiter des direkten Bereichs sind in drei teilautonomen Gruppen und im Dreischichtrhythmus tätig. Parallel produzieren sie die Teile des Verstellers – Flanschwelle, Kettenrad, Stellkolben – in einer sehr anlagenintensiven, durch CNC-Werkzeugmaschinen und flexible Fertigungssysteme hochautomatisierten Fertigung. Die Teile werden in der Montage zum Versteller zusammengebaut.

Hochautomatisierte Großserienfertigung

Den Gruppen sind ortsfeste Fertigungssysteme als Arbeitssysteme zugewiesen. Dies entspricht der Fertigung nach dem Flußprinzip. Obwohl die Produktion innerhalb der Gruppen möglichst genau aufeinander abgestimmt wird, kann nicht von einem zeitlich gebundenen Ablauf gesprochen werden, weil Ablaufschwankungen aus Puffern kompensiert werden. Deshalb gilt auch innerhalb der Gruppen das zeitlich ungebundene Flußprinzip.

Qualitätsprobleme spiegeln sich im Fehlleistungsaufwand wider, der bezogen auf Nacharbeit und Ausschuß sehr hoch ist. Deshalb wurden im Produktbereich nicht nur die bekannten Qualitätszirkel eingeführt, sondern auch spezielle Führungsinstrumente des Qualitätsmanagements entwickelt, zu denen u.a. Zielvereinbarungen mit den Gruppen zum Fehlleistungsaufwand und wöchentliche Qualitätsrundgänge gehören. Allerdings werden diese Instrumente noch zu häufig genutzt, um Produktqualität als Ausdruck von Prozeßfähigkeit im nachhinein zu „erkontrollieren".

Fehlleistungsaufwand durch Qualitätsprobleme

2.2.4 MOTKomponenten: Transferproblem – Arbeitssystem Nockenfräsen-BAZ

Für das arbeitssystembezogene Qualitätslernen in der Pilotumsetzung wurde von den Mitarbeitern des Produktbereichs in Übereinstimmung mit Geschäftsführung und Betriebsrat das Arbeitssystem Nockenfräsen-BAZ der Gruppe Kettenrad ausgewählt. Das BAZ wird über drei Schichten zum Fräsen der Anschlagnocken als Innenverzahnung des Kettenrades genutzt.

Auswahlentscheidung: Nockenfräsen-BAZ

Die der Gruppe zugewiesenen Fertigungsaufgaben werden von ihren 25 Mitarbeitern, verteilt über drei Schichten, durch die Integration von Fertigungssteue-

rungs-, Rüst-, Überwachungs- und in kleinerem Umfang
auch Instandhaltungsfunktionen realisiert.

Die Ablauforganisation nach dem Flußprinzip schafft
störungskritische Engpaßsysteme für das Entgraten und
Räumen. Die dadurch bedingten Programmrückstände
können nur durch Überstunden ausgeglichen werden.

Im Arbeitssystem Nockenfräsen-BAZ äußerten sich
Qualitätsprobleme zunächst, wie im gesamten Produktbereich, in der Höhe des Fehlleistungsaufwands durch
Nacharbeit und Arbeitsausschuß. Der für das BAZ ausge-
wiesene Fehlleistungsaufwand übersteigt die Vorgaben
– von maximal 5% Nacharbeit und 1% Arbeitsausschuß –
in der mit der Gruppe abgeschlossenen Zielvereinbarung

Prozeßfähigkeit nicht bei weitem. Protokolle der SPR-Meßvorrichtung belegen,
gewährleistet daß die Prozeßfähigkeit über ein Vierteljahr für die Merkmale Höhe 47,5 mm, Parallelität und Winkelstellung 90°
der Anschlagnocken des Kettenrades nicht und für die
Winkelstellung 120° nur instabil im Grenzbereich erreicht
wurde. Die Prozeßfähigkeit, die in cp- und cpk-Werten
dargestellt wird, wurde in dieser Zeit nur für die 15° Nok-
kenwinkel erreicht (*Bild 2.2*).

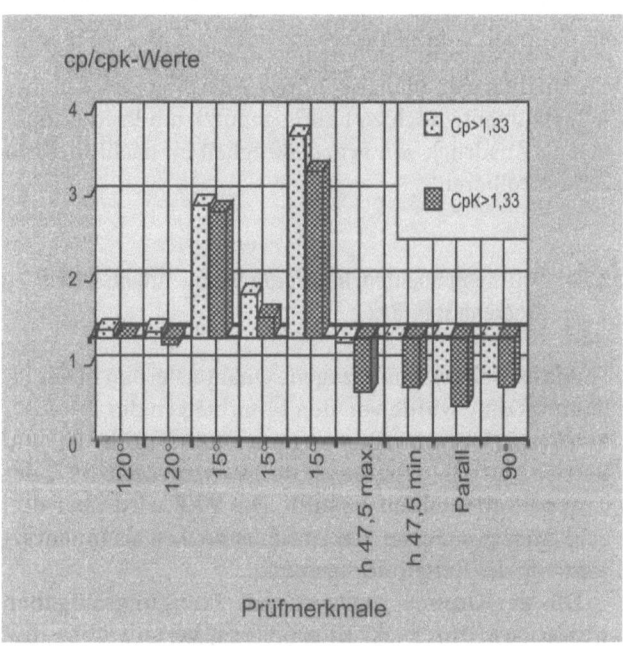

Bild 2.2   Prozeßfähigkeit im Arbeitssystem Nockenfräsen – BAZ

Weitere Qualitätsprobleme äußerten sich darin, daß sowohl eindeutig als Nacharbeit gekennzeichnete als auch
ungekennzeichnete fehlerhafte Kettenräder häufig nicht
sofort durch die Maschinenbediener im Arbeitssystem,
sondern erst bei der Montage des Verstellers dem Fertigungsprozeß entzogen werden.

Fehlerhafte Teile durchlaufen
Fertigung

Es liegt die Vermutung nahe, daß dieses Problem nicht
nur erhöhter Arbeitsintensität, sondern auch dem unbewußten oder bewußten Fehlverhalten von Bedienern zuzuordnen ist. Allerdings fehlten eindeutige Vorgaben, mit
welchen Merkmalen und Merkmalsausprägungen ein Kettenrad seine Funktion im Versteller noch zur Zufriedenheit des Kunden erfüllen kann oder als Nacharbeit bzw.
Ausschuß dem Fertigungsprozeß unbedingt entzogen
werden muß. Hinzu kommt, daß viele Bediener keine oder
keine klaren Vorstellungen von der Funktion eines Verstellers im Motor haben und damit auch Fehlerfolgen nicht
genügend abschätzen können.

Unbewußtes, bewußtes
Fehlverhalten als Ursache

2.2.5 Maschinenbau: Wertschöpfungsprobleme

Die Fertigungsbereiche sind nach dem Verrichtungsprin-
zip (Werkstattfertigung) gestaltet, d. h. die Bearbeitung
der Einzelteile und Komponenten für die Armaturen
erfolgt in der Regel getrennt nach Bearbeitungsverfah-
ren in den dafür vorgesehenen Werkstätten. Der Maschi-
nenpark besteht zu ungefähr 70 Prozent aus CNC-Werkzeugmaschinen, wodurch die Fertigungseinrichtungen
flexibel eingesetzt werden können. Die mechanische Bearbeitung kann mit einer Genauigkeit von bis zu 5/1000
mm erfolgen. Kundenspezifikationen verlangen in der
Regel Genauigkeiten bis zu 1/100 mm.

Flexible Fertigung, hohe
Genauigkeiten

Aufgrund des differenzierten Produktspektrums wird
die Beherrschung der Komplexität immer schwieriger. Der
Eigenfertigungsanteil wird daher, bei noch stärkerer Konzentration auf Kernkompetenzen, weiter reduziert. Sie
beziehen sich auf die Oberflächenbearbeitung, bei Komponenten, die eines besonderen Know-how-Schutzes be-
dürfen, und auf die Endmontage.

Die abnehmende Fertigungstiefe führt das Unternehmen in eine zunehmend größere Abhängigkeit von externen Zulieferern. Das betrifft insbesondere das Beschaf-

Abnehmende Fertigungstiefe
– höhere Abhängigkeit
von Zulieferern

fungssegment der mechanischen Bearbeitung mit seiner Variantenvielfalt. Zahlreiche Einzelaufträge mit geringen Bestellvolumina werden an externe Lieferanten vergeben. Durch diese Auftragsgestaltung entstehen bei Lieferanten in der Regel kostenintensive Einzelteil- bzw. Kleinserienfertigungen. Der hohe Fehleranteil der Zulieferprodukte hat für die Maschinenbau GmbH eine enorme Erhöhung der Durchlaufzeiten zur Folge. Sie beeinträchtigen, zusammen mit dem Verfall der Weltmarktpreise für Industriearmaturen, der in den letzten Jahren zwischen 20 und 50 Prozent lag, die Wertschöpfung nachhaltig.

2.2.6   Maschinenbau: Transferproblem – Arbeitssystem KLB

Die Kunden-Lieferanten-Beziehungen (KLB) der Maschinenbau GmbH sind auf unterschiedlichen Niveaustufen ausgeprägt. Zum Teil bestehen mit Lieferanten sehr intensive Formen der Zusammenarbeit. Komplette elektrotechnische Systeme, aber z.B. auch Gußteile werden von Zulieferern bezogen, mit denen Kooperations- bzw. Rahmenverträge bestehen.

Abgrenzung, Konkurrenz
zwischen Lieferanten
und Kunden

Zugleich unterhält die Maschinenbau GmbH, vor allem im Beschaffungssegment der mechanischen Bearbeitung, Geschäftsbeziehungen, die immer noch dem traditionellen Abgrenzungs- und Konkurrenzverhalten zwischen Kunden und Lieferanten gleichen. Da sie durch die bisher übliche Auftragsgestaltung gegenüber diesen Zulieferern keine marktbeherrschende Stellung aufbauen kann, versucht die Maschinenbau GmbH, durch geschickte Preisverhandlungen kurzfristige Einkaufspreiserfolge zu erzielen. Eine relativ große Anzahl von Lieferanten in diesem Segment ermöglicht den schnellen Wechsel, wenn derartige Erfolge nicht absehbar sind.

In der Maschinenbau GmbH setzte der Prozeß des Umdenkens zunächst sehr langsam ein. Er beschleunigte sich und wurde in dem Maß intensiver, in dem die Erkenntnis wuchs, daß dieser Zustand für das Unternehmen als Kunde und seine externen Lieferanten gleichermaßen unhaltbar und unbefriedigend ist.

Nicht nur die durch Nacharbeiten an Zulieferteilen verursachten hohen Durchlaufzeiten beeinträchtigen die

Wertschöpfung. Geschwächt werden auch weitere Wett-
bewerbspositionen der Maschinenbau GmbH, wenn sie
die Wünsche von Endabnehmern nicht auftragsgerecht
erfüllen kann. Eine interne Analyse ergab, daß Zulieferungen im mechanischen Beschaffungssegment zu über-
durchschnittlich vielen Fehlermeldungen in der Maschinenbau GmbH führen. Die Fehler werden zu etwa 80
Prozent im Wareneingang festgestellt. Die anderen 20 Prozent werden jedoch erst in der Endmontage bei der zerstörungsfreien Werkstoffprüfung der Armaturen entdeckt.

Für die Lieferanten sind fehlerhaft gelieferte Produkte
ebenfalls mit erheblichen Nachteilen behaftet. Entweder
müssen sie umfangreiche Nacharbeiten ausführen oder
Ersatzlieferungen erbringen, die auch ihre Wertschöpfung
einschränken.

In der Maschinenbau GmbH reifte die Erkenntnis, daß
die Gestaltung von Beziehungen zu Lieferanten im Sinne
einer Wertschöpfungspartnerschaft ein Ausweg aus der
komplizierten Situation sein könnte. Da die Gestaltung
dieser Partnerschaft mit erheblichem Qualifizierungsbedarf bei den Beteiligten verbunden ist, wurde das
Arbeitssystem KLB für die Pilotumsetzung ausgewählt.
Arbeitssystembezogenes unternehmensübergreifendes
Qualitätslernen soll, ergänzend zu anderen Methoden der
Qualitätssicherung, z.B. Lieferantenaudits, dazu beitragen, den Wertschöpfungspartnern dafür benötigte Kompetenzen zu vermitteln. Nach Abstimmung zwischen
Geschäftsführung und Qualitätswesen, Einkauf sowie Ent-
wicklung/Konstruktion der Maschinenbau GmbH wur-
den für die Pilotumsetzung drei Lieferanten aus dem
mechanischen Beschaffungssegment ausgewählt. Der
Auswahl wurden folgende Kriterien zugrunde gelegt:
- Anzahl der Fehlermeldungen im Analysezeitraum,
- Bezug von Produkten, deren Fehler erst bei der
  Endmontage festzustellen sind,
- geringe Bestellvolumina der Maschinenbau GmbH,
- regionale Nähe der Lieferanten,
- Absicht der Maschinenbau GmbH, die Zusammenarbeit mittelfristig weiterzuführen.

Wertschöpfungsverluste
durch hohe Durchlaufzeiten

Auswahlentscheidung:
KLB als Wertschöpfungs-
partnerschaft

2.3   Analyse der Arbeitssysteme

 ### 2.3.1   RELEC: Arbeitssystem KX 13

Analyse des Arbeitssystems
KX 13

Durch die Analyse des Ist-Zustandes werden das Arbeitssystem KX 13 auf der Grundlage des Arbeitssystembegriffs definiert, seine Beziehungen zu anderen Systemen ermittelt sowie die in ihm bestehenden Bedingungen, Probleme und Problemursachen untersucht. Danach sind die Ziele, Inhalte und Rahmenbedingungen arbeitssystembezogenen Qualitätslernens genauer zu bestimmen.

Die Analyse des Arbeitssystems KX 13 wurde in mehreren Schritten durchgeführt:

- Beschreibung des Arbeitssystems,
- des Arbeitsauftrages,
- Grobgliederung des Montageprozesses,
- Ermittlung der Qualifikationen,
- Betrachtung vorhandener Fertigungsunterlagen und weiterer qualitätsrelevanter Faktoren.

Analysemethoden

Wichtigste Analysemethoden waren die Beobachtung, die mündliche Befragung und die Dokumentation der Analyseergebnisse. Mündlich befragt wurden die Mitarbeiter im Arbeitssystem KX 13, der Gruppenmeister, Führungskräfte im Produktbereich elektromechanische Zeitrelais sowie Mitarbeiter der Bereiche Qualitätswesen, Arbeitsvorbereitung, Reparatur, Konstruktion und der Betriebsrat.

Beschreibung des
Arbeitssystems

Im Arbeitssystem KX 13 als Teil des Produktbereichs elektromechanische Zeitrelais (*Bild 2.3*) befinden sich mehrere Montage- und Prüfplätze sowie Puffer für Kleinteile. Für die Disposition der Puffer sind die Mitarbeiter der Gruppe ebenfalls verantwortlich.

Die Montage wird an verschiedenen Arbeitsplätzen parallel durchgeführt. An einem Arbeitsplatz wird nicht nur montiert, sondern es werden auch die Relaiskontakte geschaltet und justiert. An weiteren Plätzen werden die Unterteile, die Gestelle der Relais gefertigt und die Leiterplatten bestückt. Zwei Arbeitsplätze sind für Zwischenprüfungen und die Hochspannungsprüfung vorgesehen. Ein weiterer ist für die Endmontage notwendig.

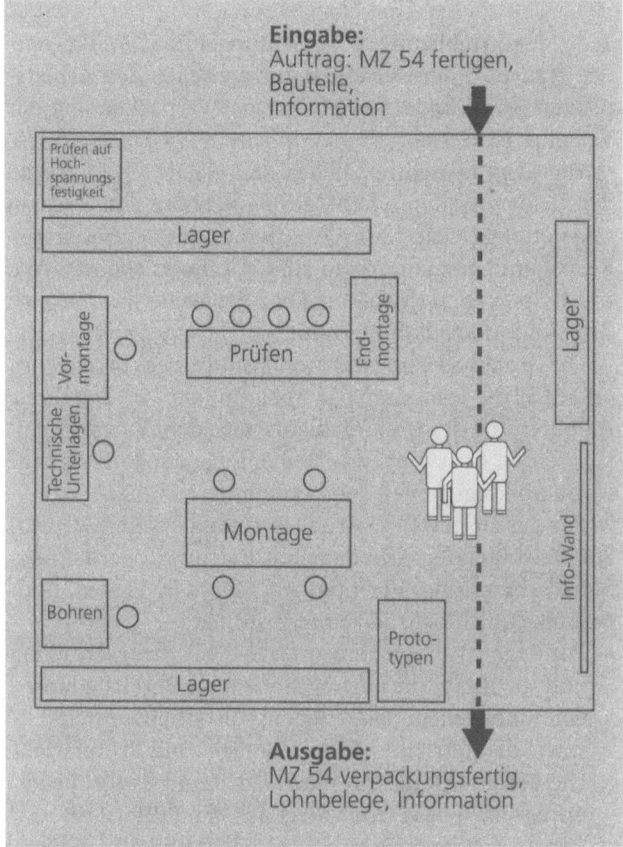

Bild 2.3 Arbeitssystem Komplettmontage KX 13

Der Arbeitsauftrag lautet: KX 13 komplett fertigen. Der Auftrag (Eingabe), die Losgröße schwankt zwischen 1 nd 500 Relais, besteht aus schriftlichen Unterlagen (Lohnschein, Fertigungsdokumente), aus denen die Mitarbeiter die Zeitvorgaben, die benötigten Montageteile sowie Arbeitssmittel entnehmen. Das Arbeitsergebnis (Ausgabe) sind die verpackungsfertigen Relais KX 13 und die von den Mitarbeitern ausgefüllten Lohnscheine. Die Aufträge wurden zu Beginn des Untersuchungszeitraums von einer Gruppe realisiert, die sich aus fünf Mitarbeitern (drei Stammitarbeiter, zwei Aushilfen) zusammensetzte. Die Aushilfen werden wegen der stark schwankenden Auftragslage und -umfänge aus anderen Arbeitssystemen des Produktbereichs zeitweilig „entliehen". Umfeldaufgaben sind die Bereitstellung der für die Montage benötigten

Arbeitsauftrag: KX 13 komplett fertigen

Teile, der Arbeitsmittel, Vorrichtungen und Werkzeuge, der Transport der Geräte zu und zwischen den Arbeitsplätzen sowie, bedarfsorientiert, das Verpacken und der Versand der Geräte.

Die Gruppe montiert neben dem Relais KX 13, das zu den elektromechanischen Zeitrelais gehört, eine Vielzahl anderer elektromechanischer Geräte, die neun weiteren Relaisfamilien zuzuordnen sind. Zu ihnen gehören u.a. Kipp-, Sperr- und Hilfsrelais. Die Mitarbeiter werden nach Zeit- und Akkordlohn bezahlt.

Grobgliederung des
Montageprozesses

Die Grobgliederung des Montageprozesses bereitet unmittelbar die Erfassung der Ablaufinhalte vor. Durch die Aufbereitung des Gesamtablaufs nach dem Vorrangprinzip werden die zwingende Reihenfolge der Teilvorgänge sowie Abhängigkeiten zwischen ihnen sichtbar.

Für das ausgewählte Arbeitssystem der RELEC GmbH konnte folgender Arbeitsablauf bestimmt werden: Arbeitsvorbereitung, Vormontage, Montage, Prüfen, Endmontage und Hochspannungsprüfung.

- Die *Arbeitsvorbereitung* umfaßt die Auftragserteilung und -prüfung, die auftragsabhängige Bereitstellung von Einzelteilen, Baugruppen, von Arbeitsmitteln sowie die Einrichtung der Montage- und Prüfplätze. Die Bereitstellung von Einzelteilen und Baugruppen erfolgt nach dem Holprinzip aus den Puffern im Arbeitssystem, vom zentralen Lager und als Direktbezug von anderen Abteilungen.

- Die *Vormontage* umfaßt die Vorfertigung von Einzelteilen (z.B. Aufbohren des Unterteils des Relais) und Baugruppen (u.a. Leiterplatte).

- Zentraler Vorgang ist die *Montage* selbst, die den Zusammenbau des Geräts aus Einzelteilen und Baugruppen sowie das Justieren der Kontakte einschließt. Die Montage erfolgt manuell unter Nutzung verschiedener Betriebsmittel, z.B. Bohrmaschinen, Pressen und Lötvorrichtungen, elektrischer Schraubendreher sowie von Prüf-/Meßmitteln.

- Das *Prüfen* beinhaltet die mechanische Prüfung als Sichtprüfung, z.B. Achsspiel, Verlegung der Drähte, Lötstellen, Kontakte. Als mechanische Prüfmittel werden Schieb- und Fühlerlehren verwendet. Die elektrische Prüfung, Anzug und Anlauf des Motors, Zeitmessung usw., erfolgt mit speziellen Funktions-

prüfgeräten. Bei erfahrungsgeleiteter Arbeit werden
Kontrolltätigkeiten besonders häufig unter Ausnut-
zung der menschlichen Sinne Sehen (z.B. Augen-
maß), Hören (z.B. „Schüttelprobe"), Tasten (z.B.
Fingerspitzengefühl) und Riechen (z.B. Löten)
durchgeführt.

- Die *Endmontage* beinhaltet die gebrauchs- und
versandfertige Komplettierung des Geräts.
- Die *Hochspannungsprüfung* dient dem Nachweis der
sicheren Trennung von Betriebs- und Schalt-
spannung.

Das KX 13 wurde im Analysezeitraum ausschließlich von
einem Gruppenmitarbeiter komplett montiert. Die anderen vier Mitarbeiter fertigen und montieren die dafür erforderlichen Einzelteile sowie Baugruppen. Diese vier sind
wiederum Experten für die Montage jeweils anderer Relaistypen, die neben dem KX 13 im System gefertigt werden. Durch die Arbeitsteilung nach Relaistypen sind die
Qualifikationen typbezogen auf jeweils einzelne Werker
verteilt. Das führt unter anderem dazu, daß

- mit der Auftragsbearbeitung nicht begonnen wurde
oder
- Fehler nicht unmittelbar behoben wurden,

weil das dafür notwendige Erfahrungswissen, z.B. wegen
zeitweiliger Abwesenheit eines Mitarbeiters, in der Gruppe
nicht aktuell verfügbar ist.

Die primären Qualifikationen für die Relaismontage
wurden durch Anlernen und Erfahrungslernen im Arbeitsprozeß erworben. Letzteres schließt das Lernen aus
Fehlern ein. Der Spielraum, den die Mitarbeiter bei der
Komplettmontage haben, ermöglicht es ihnen, Handlungen zu korrigieren oder zu wiederholen, bis das ge-
wünschte Ergebnis erreicht wird. Als weiterer fördernder
Faktor kommt hinzu, daß die Mitarbeiter durchgängig seit
weit mehr als zehn Jahren im Arbeitssystem u.a. mit der
Montage des KX 13 befaßt sind. Diese fördernden Faktoren entfalten die intensive selbstqualifizierende Wirkung
des Gesamtablaufs bzw. seiner Teilabläufe.

Sekundäre Qualifikationen, wie etwa das Lesen und
Verstehen technischer Zeichnungen, fehlen den im Arbeitssystem tätigen Stammitarbeitern und den zeitweiligen Aushilfen.

Marginalien:

Montage durch
Spezialisierung

Qualifikationen

Die im Arbeitssystem vorhandenen und notwendigen Qualifikationen für die Montage des KX 13 waren weder inhaltlich noch vom Umfang bestimmt und dokumentiert. Bei Produktionsengpässen werden die als Aushilfen eingesetzten Mitarbeiter durch den Stammitarbeiter der Gruppe punktuell angelernt, der die „Tricks und Kniffe" der Montage des KX 13 genau kennt.

Fertigungsunterlagen und weitere qualitätsrelevante Faktoren

Im Arbeitssystem sind die Fertigungsunterlagen, vor allem technische Zeichnungen, Arbeits- und Prüfanweisungen an den Arbeitsplätzen oder in unmittelbarer Nähe verfügbar. Sie dokumentieren das Produkt vor allem aus der Sicht von Entwicklung und Konstruktion. Die letzten Änderungen liegen wegen fehlender Produktinnovationen lange zurück. Die Unterlagen waren nicht vollständig. Geänderte Unterlagen werden nach Verfahrensanweisung vom Meister den Mitarbeitern der Gruppe übergeben und erläutert. Fehlende, aber benötigte Fertigungsdokumente werden auf dem „kurzen Dienstweg", d. h. unter Umgehung der geregelten Dokumentenverteilung besorgt.

Individuelle Handskizzen, Erfahrungsbücher

Weil technische Zeichnungen nicht gelesen und verstanden werden können, zeichnen die ständigen Mitarbeiter der Gruppe wesentliche Details, Besonderheiten, „Tricks und Kniffe" der Montage der verschiedenen Relais typenbezogen in Notizen mit Handskizzen oder in Erfahrungsbüchern auf. Darüber hinaus werden Modelle und prototypische Realisierungen von Montagedetails als gegenständliche Erinnerungshilfen erstellt. Das geschieht in erster Linie für Relais, die wie das KX 13 selten in Auftrag gegeben werden, weil die Gefahr des „Verlernens" sehr hoch ist. Bei den Typen, für die häufiger Aufträge vorliegen, erfolgt die Fertigung gänzlich ohne Rückgriff auf die offiziellen Fertigungsunterlagen, ausschließlich auf der Grundlage von Erfahrungswissen.

Qualität als Aufgabe des Qualitätswesens

Das Qualitätsmanagementsystem nach DIN EN ISO 9001 der RELEC GmbH war während der Ist-Zustandsanalyse im Aufbau begriffen. Das Qualitätsmanagement wurde zu diesem Zeitpunkt allgemein, weder im Arbeitssystem noch im Produktbereich, nicht als Aufgabe aller Mitarbeiter, sondern ausschließlich als Anliegen der Abteilung Qualitätswesen verstanden.

Arbeitsprozesse im Unternehmen wurden von den Mitarbeitern nicht als interne Kunden-Lieferanten-Beziehungen wahrgenommen. Das Arbeitssystem KX 13 wurde mit Nacharbeiten z.B. an Gehäusen belastet, die fehlerhaft aus der Spritzerei geliefert wurden. Bis zum Zeitpunkt der Analyse fanden kaum arbeitssystembezogene und -übergreifende Maßnahmen zur Fehlerbeseitigung statt, in die Mitarbeiter der Gruppe einbezogen waren.

Fehler, die im Arbeitsprozeß ohnehin selten auftreten, werden von den Mitarbeitern durch Selbstprüfung ermittelt und behoben, aber weder analysiert noch dokumentiert. Die Prüfwirksamkeit wurde allerdings auch nicht ermittelt.

Prüfergebnisse nicht dokumentiert und ausgewertet

Das Qualitätsbewußtsein der Gruppe ist allerdings stark ausgeprägt, obwohl es durch das Unternehmen nicht gefördert wurde.

Das wird u.a. durch die Tatsache belegt, daß in den letzten zwei Jahren nur zwei Kundenreklamationen für das KX 13 von der Reparaturabteilung registriert wurden.

Obwohl die Zufriedenheit von Kunden nicht mit Hilfe spezieller Methoden erhoben wurde, gingen die Gruppe und Führungskräfte im Produktbereich bzw. im Qualitätswesen davon aus, daß die Produktqualität durchweg hoch ist.

Hohe Kundenzufriedenheit?

2.3.2 RELEC: Ablaufinhalte im Arbeitssystem KX 13

Grundlage für die Erfassung der Ablaufinhalte ist die Strukturierung des Arbeitsablaufs. Die Vorrangstruktur, die aus der Grobstrukturierung des Gesamtablaufs (*Bild 2.4*) resultiert, wurde zunächst durch die Darstellung der Vorgangsstufen der Teilabläufe Vormontage, Montage, Prüfen, Endmontage und Hochspannungsprüfung und dann durch das Aufführen der Vorgangselemente jeder Vorgangsstufe innerhalb eines Teilablaufs erweitert.

Strukturierung des Gesamtablaufs Komplettmontage KX 13

Die Darstellung der Elemente, Stufen und Teilvorgänge in der Vorrangstruktur (*Bild 2.5*) entspricht ihrer tatsächlichen zeitlichen Abfolge im Arbeitssystem KX 13. Vorgangsstufen, die innerhalb eines Teilablaufs auf der gleichen Ebene angeordnet sind, werden ohne Hinzufügung von Teilen durchgeführt (z.B. das Justieren der Kontakte im Teilablauf Montage). Durch die Unterscheidung zwischen fortschreitend auszuführenden bzw. in Abhängigkeit von der Losgröße des Auftrages zu wiederholen-

Vorgangselemente, -stufen, Teilvorgänge

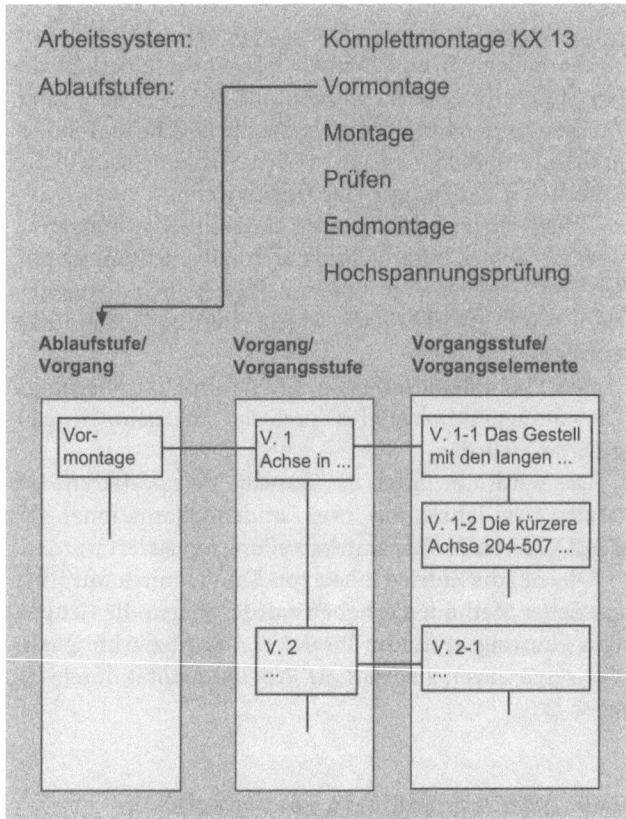

Bild 2.4 Ablaufstrukturen im Arbeitssystem KX 13

Vorrangstruktur – Abfolge, Abhängigkeiten, Häufigkeiten

den Vorgangsstufen und Teilabläufen werden in der Vorrangstruktur Häufigkeiten (Mengen bzw. Mengenteilungen) ausgewiesen. Damit ist die Vorrangstruktur der konzentrierte Ausdruck der Abfolge, Abhängigkeiten und Häufigkeiten der unterschiedlichen Teilstrukturen innerhalb des Gesamtablaufs der Montage des Relais KX 13.

Vorrangstruktur – „Fahrplan" für Erfassung

Die Erstellung der Vorrangstruktur war als „Fahrplan" un erläßliche Orientierungshilfe für die Erfassung und Dokumentation der Inhalte sämtlicher Elemente aller Vorgangsstufen und Teilabläufe innerhalb des gesamten Montageablaufs.

Für die Erarbeitung der Vorrangstruktur und die Erfassung der Ablaufinhalte wurde unter Beachtung der Besonderheiten des Erfahrungswissens folgendes Vorgehen entwickelt:

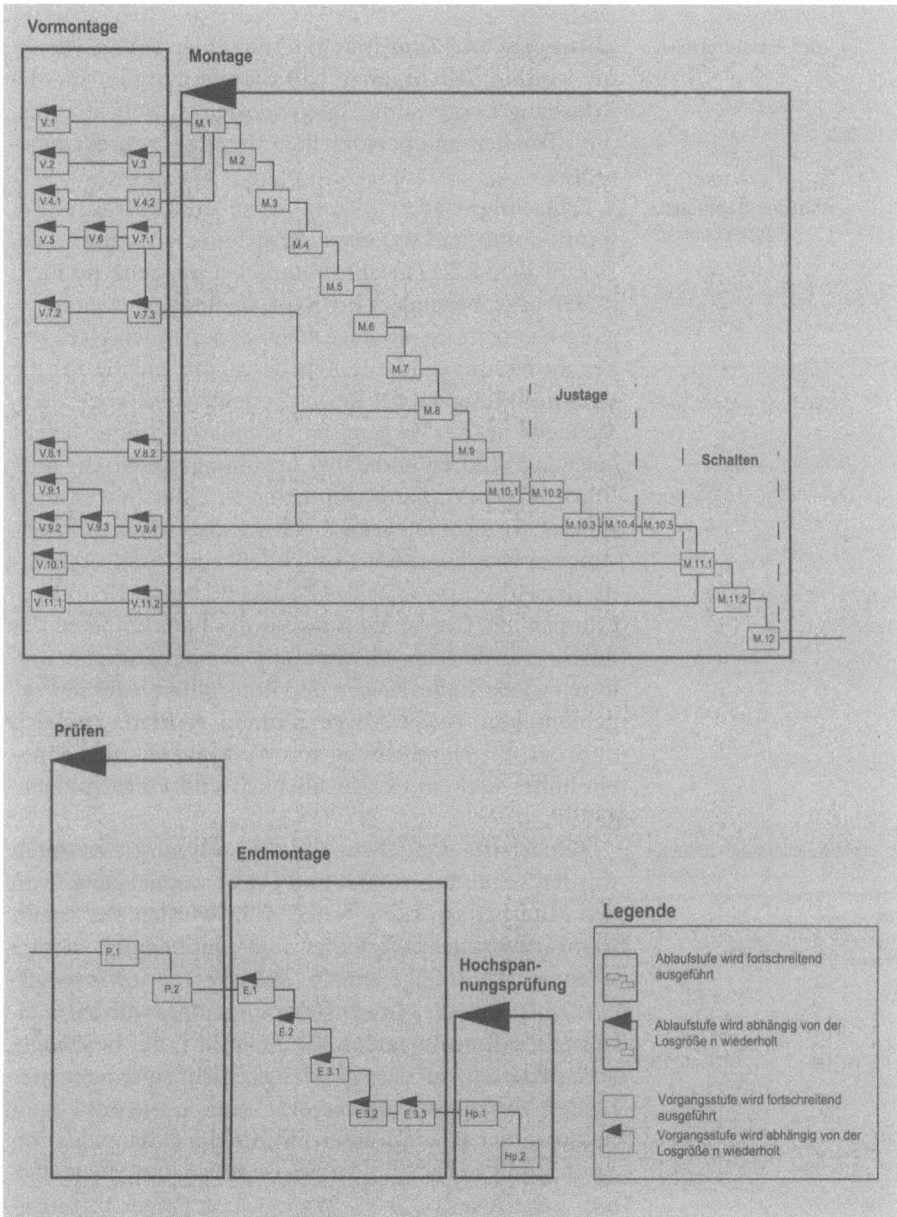

Bild 2.5   Vorrangstruktur-Komplettmontage KX 13

1. Vorbereitung: Sammeln und Sichten aller offiziellen Fertigungsunterlagen und der persönlichen Aufzeichnungen usw. als Grundlage der Erfassung.

Fertigungsunterlagen sammeln, sichten

…den Ablaufstrukturen zuordnen

2. Auswahl und Zuordnung: Anhand der Vorrangstruktur werden Teilvorgänge bzw. Vorgangsstufen für die Erfassung ausgewählt. Ihnen werden, soweit möglich, die offiziellen und persönlichen Unterlagen direkt zugeordnet.

Ablaufinhalte erfassen, dokumentieren

3. Erfassung: Der Erfassung liegen die Leitfragen, wo, wann, womit und wie etwas ausgeführt wird, zugrunde. Der mit dem KX 13 befaßte Mitarbeiter war zunächst nicht in der Lage, besonders kritische, qualitätsrelevante Vorgangselemente im Montageablauf zu benennen. Nach seiner Auffassung sind alle Arbeitsschritte wichtig für die Funktionsfähigkeit des Relais. Deshalb wurde er gebeten, die Elemente der Vorgangsstufen innerhalb eines Teilablaufs auszuführen und dabei zu kommentieren. Die Aus-

Kommentiertes Arbeiten

führung von Vorgangselementen in einer bestimmten Abfolge wird vor allem als Ausdruck angewandten Erfahrungswissens begriffen. Das schließt ein Grundverständnis der Funktionsweise des Relais und seiner Hauptbaugruppen ein. Nur so kann die für das Funktionieren des Relais erforderliche Abstimmung der Baugruppen, u.a. durch wiederholtes Biegen und Kontrollieren der Beweglichkeit von Teilen, vorgenommen werden. Zugleich erfordert die Handhabung von Werkzeugen und Lehren ein hohes Maß an Geschicklichkeit und Fingerspitzengefühl.

Fehler, Fehlermöglichkeiten erfassen

Fehlerhafte Ausführungen von Vorgangselementen wurden selten beobachtet und Fehlermöglichkeiten von den Mitarbeitern kaum benannt. Sie wurden nur erfaßt, wenn sie wirklich aufgetreten sind oder benannt werden konnten. Die Abfolge, Inhalte, aufgetretene sowie mögliche Fehler und die Mitarbeiterkommentare wurden in einem Erfassungsformular dokumentiert. Bei besonders komplizierten, nur schwer oder gar nicht zu kommentierenden Vorgangselementen bzw. -stufen, wie etwa beim Justieren der Relaiskontakte, wurde die Dokumentation durch gezieltes Nachfragen, Wiederholen und „Zeigenlassen" schrittweise vervollständigt. Das Fingerspitzengefühl, um die sich gegenseitig beeinflussenden Andruck-

Erfahrungswissen in den „Fingerspitzen"

kräfte der Kontakte aufeinander abzustimmen, kann nicht durch Worte wiedergegeben werden: „Das Justieren ist eine Kunst und nicht beschreibbar". So erkennen die Stammitarbeiter das korrekte Justieren am Klang der Kontakte, die sie mit einem Finger anschlagen.

Weiterhin wurde die Erfassung durch die Benennung und Veranschaulichung von Teilen, Teilepositionen, Bewegungsrichtungen aus technischen Zeichnungen oder durch Handskizzen präzisiert und ergänzt. Handskizzen wurden insbesondere auch dann angefertigt, wenn technische Zeichnungen in den Fertigungsunterlagen fehlten.

Viele Einzelteile, Baugruppen, Arbeitsplätze, -mittel und Werkzeuge (Montagelehren) wurden unklar und voneinander abweichend bezeichnet. In diesen Fällen wurden gemeinsam mit den Mitarbeitern einheitliche, funktionsorientierte Bezeichnungen festgelegt, die sich am Sprachgebrauch der Zielgruppe ausrichten. Diese Festlegungen wurden ebenfalls in die Dokumentation übernommen.

4. Aufarbeitung: Die Dokumentation der Ausführung der Vorgangselemente und -stufen wurde auf ihre Übereinstimmung mit Normen und Richtlinien (u.a. DIN, VDI, VDE, CE) verglichen, soweit sie für das Montagegeschehen bedeutsam waren. Abweichungen wurden nur in geringem Umfang festgestellt und ebenfalls in der Dokumentation festgehalten. Im Zuge der Aufarbeitung wurden weitere Skizzen und Zeichnungen hinzugefügt.

Ablaufdokumentation mit Normen vergleichen

5. Überprüfung: Die Vollständigkeit und Genauigkeit der gesamten Dokumentation, nicht nur einzelner Vorgangselemente und -stufen, wurden nochmals am tatsächlichen Ablauf im Arbeitssystem überprüft. Die vollständige, überprüfte Dokumentation wurde anschließend von den Stammitarbeitern der Gruppe erneut kontrolliert.

…überprüfen

Die Ablaufinhalte wurden mit den Methoden der Beobachtung erfaßt. Bei sehr schwer zu verbalisierenden Ausführungen wurden insbesondere die freie Befragung, teilnehmende Beobachtung, Aufforderung zum lauten Denken sowie das Beobachtungsinterview angewendet.

Erfassungsmethoden

Das Erfassungsformular (*Bild 2.6;*) besteht aus einem Doppelblatt DIN A4. In den Kopfzeilen der linken Seite werden der zu montierende Relaistyp, die Ablauf- und die jeweils zu erfassende Vorgangsstufe ausgewiesen. Außerdem sind in den Kopfzeilen Listen der benötigten Einzelteile, Baugruppen, Hilfsstoffe (Stückliste) sowie der notwendigen Arbeitsmittel und Werkzeuge angeordnet. In den Spalten dieser Seite werden zunächst die Inhalte

Gestaltung eines Erfassungsformulars

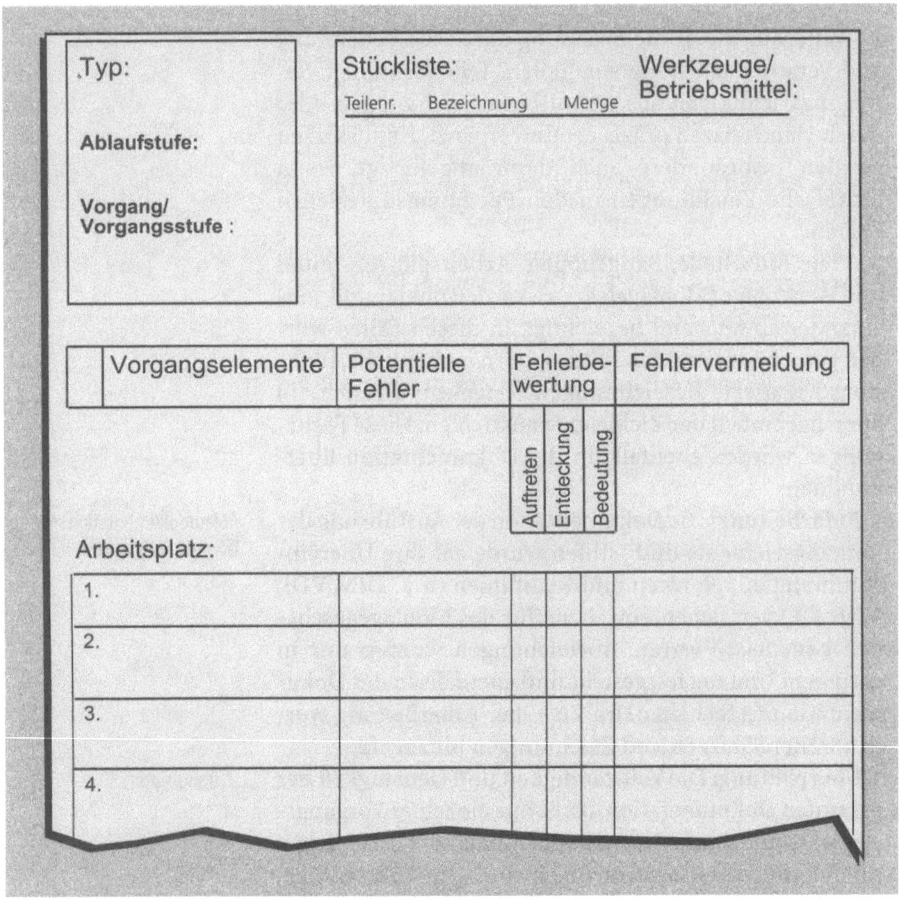

	Vorgangselemente	Potentielle Fehler	Fehlerbewertung			Fehlervermeidung
			Auftreten	Entdeckung	Bedeutung	

Typ:

Ablaufstufe:

Vorgang/ Vorgangsstufe :

Stückliste:
Teilenr.   Bezeichnung   Menge

Werkzeuge/ Betriebsmittel:

Arbeitsplatz:

1.

2.

3.

4.

Bild 2.6   Erfassungsformular

der Vorgangselemente in ihrer Abfolge, daneben Hinweise auf wirklich aufgetretene und mögliche Fehler sowie in der äußersten rechten Spalte Hinweise des Mitarbeiters zur Fehlervermeidung sowie weitere Kommentare eingetragen. Die drei Spalten (Auftreten, Entdeckung, Bedeutung) in der Rubrik Fehlerbewertung bereiten die Durchführung der Prozeß FMEA vor und bleiben während der Erfassung leer. Auf der rechten Seite des Doppelblattes können den Vorgangselementen Handskizzen und weitere graphische Informationen zugeordnet werden.

Typ: KX 13 Vs. V.4.1	Stückliste:			Werkzeuge/ Betriebsmittel:
	Teilenr.	Bezeichnung	Menge	
Ablaufstufe: Vormontage	204.71/C1	Magnet, vollst.	1	"Magnetmontagelehre"
	204-234	Leiste	1	
	S2155	Spule	1	
Vorgang/ Vorgangsstufe V.4.1: Spule und Magnet montieren	N0611	Schraube	2	Elektrischer Schrauben- dreher
	102-25/A1	Sicherungsblech	1	
	W8004010	Molykote BR 2		Pinsel
	N0601	Schraube	1	Biegewerkzeug

Vorgangselemente	Potentielle Fehler	Fehlerbe-wertung			Fehlervermeidung
		Auftreten	Entdeckung	Bedeutung	

Arbeitsplatz:

	Vorgangselemente	Potentielle Fehler	Auftreten	Entdeckung	Bedeutung	Fehlervermeidung
1.	Magnetmontagelehre bereitstellen					
2.	Sicherungsblech mit Achse (102.05) aus dem Magneten ziehen					
3.	Magnet mit den Bohrungen nach oben in die Lehre einsetzen					
4.	Leiste "Kontaktträger" auf den Magneten legen und mit 2 Schrauben (611er) fixieren					
5.	Sicherungsblech in die Spule einsetzen					
6.	Magnet mit Leiste in die Spule schieben					
7.	Mit Pinsel Molykote auf die Achse des Sicherungsblechs (102.05) auftragen					
8.	Anker (102.04) einsetzen und mit der Achse fixieren					
9.	Anker (102.04) einsetzen, mit der Achse fixieren und festschrauben (601)					
10.	Prüfen, ob sich der Anker leicht bewegt					

Bild 2.7   Dokumentation KX 13 – Elemente der Vorgangsstufe V.4.1

Nach der Erfassung verfügt die RELEC GmbH über eine umfassende, vollständige Dokumentation des Montageablaufs (*Bild 2.7*) für das Relais KX 13, die einschließlich der erstellten Vorrangstruktur bislang im Unternehmen nicht vorhanden war.

Diese Dokumentation dient nach der Bestimmung des Soll-Zustandes für das Arbeitssystem der Auswahl von fehlerkritischen Vorgangsstufen und -elementen als Inhalte arbeitssystembezogenen Qualitätslernens durch die Prozeß-FMEA.

2.3.3 MOT Komponenten: Arbeitssystem Nockenfräsen-BAZ

Elemente des Arbeitssystems
Nockenfräsen-BAZ

Das Arbeitssystem Nockenfräsen-BAZ (*Bild 2.8*) besteht aus einer als Bearbeitungszentrum (BAZ) ausgelegten CNC-Werkzeugmaschine, einer Meßvorrichtung zur Statistischen Prozeßregelung (SPR) und dem Handarbeitsplatz Entgraten.

Bearbeitungszentrum (BAZ)

Das BAZ hat zwei Werkstückpaletten, zwei Werkzeugmagazine, eine Späneentsorgungs- und eine Kühlwasserversorgungsanlage. Die Werkzeugmagazine verfügen über insgesamt 48 Rüstplätze, von denen nur zwei jeweils mit einem Schrupp- und einem Schlichtfräser besetzt sind. Die CNC-Steuerung ist eine Sinumerik Sprint 8M. Der Arbeitsbereich umfaßt die Verfahrwege x=630 mm, y=500 mm, z=550 mm und B=360/1°. Die CNC-Programme sind im Arbeitssystem vorhanden, weitere Bedienunterlagen können bei Bedarf abgerufen werden.

SPR-Meßvorrichtung

Die SPR-Meßvorrichtung besteht aus der Mesas-Meßwertaufnahme, der Bedientastatur und einem Bildschirm zur Meßwertdarstellung. Durch taktil arbeitende Sensoren wird die Geometrie der gefertigten Werkstücke mit neun Meßwerten erfaßt. Auf dem Bildschirm werden die Meßwerte automatisch als i.(in) O.(Ordnung) oder n.(nicht) i.(in) O.(Ordnung) interpretiert. Sie können monatlich zur Trendbetrachtung ausgedruckt werden. Für die SPR befinden sich im Arbeitssystem entsprechende Bedien- und Prüfunterlagen sowie Kalibrierteile.

Handarbeitsplatz Entgraten

Am Handarbeitsplatz wird jedes gefertigte Teil entgratet. Das Entgraten ist eine hauptzeitparallele Tätigkeit, die mit hohem körperlichen Aufwand und zeitlich intensiv ausgeführt wird. Spezielle Arbeitsunterlagen

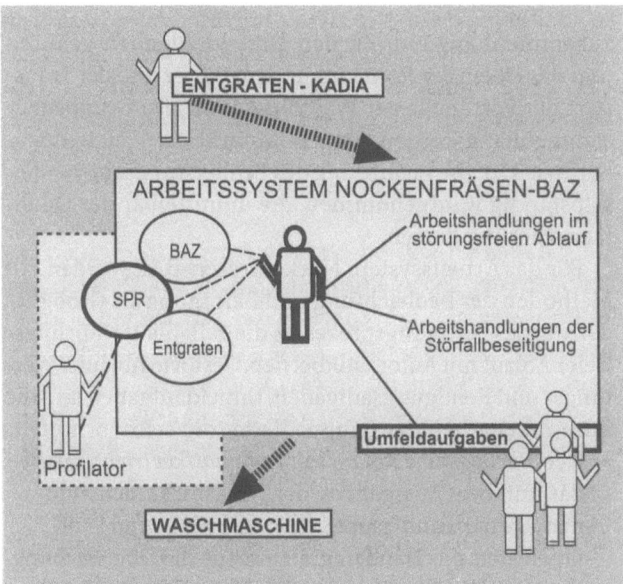

Bild 2.8 Arbeitssystem Nockenfräsen-BAZ

für das Handentgraten existieren nicht. Der Handarbeitsplatz wird darüber hinaus auch zum Werkzeugwechsel
genutzt.

Die Umfeldbeziehungen des Arbeitssystems sind durch
die vorgelagerte Bearbeitung der Außenverzahnung, die
räumliche Nähe (Lärmbelastung) zum und die gemeinsame Nutzung der SPR-Meßvorrichtung mit dem Profilator, durch den folgenden Waschvorgang und durch den
Arbeitszusammenhang der Gruppe Kettenrad charakterisiert. Wesentlich ist vor allem auch die starke Verknüp-
fung mit dem Profilator, an dem ebenfalls Anschlagnok-
ken von Kettenrädern ausgeklinkt werden. Die SPR muß
für die gemeinsame, aber wechselnde Benutzung durch
den BAZ- und den Bediener des Profilators immer um-
gestellt werden. Darüber hinaus ist im Arbeitssystem
Nockenfräsen-BAZ die Betriebsdatenerfassung (BDE) als
Instrument für ein umfassendes Qualitätsmanagement
wirksam.

Der Arbeitsauftrag besteht aus dem Fräsen der Anschlagnocken von Kettenrädern und schließt das Prüfen
zur Sicherung der Prozeßfähigkeit, das Entgraten der gefertigten Kettenräder sowie die Erfüllung weiterer Aufgaben im Umfeld des Arbeitssystems und im Gruppen-

Umfeldbeziehungen

Arbeitsauftrag

zusammenhang ein. Zu den Umfeldaufgaben gehören
u.a. das Holen der Rohteile aus dem Puffer und der Transport der Fertigteile zur Waschmaschine. Im Gruppenzu-
sammenhang werden von den Mitarbeitern auch Aufgaben, wie z.B. die Ermittlung des Fehlleistungsaufwandes,
selbständig wahrgenommen, die unmittelbar der Qualitätssicherung dienen.

**Grobgliederung der
Teilabläufe im Arbeitssystem
Nockenfräsen-BAZ**

Für das Arbeitssystem Nockenfräsen-BAZ wurden mit
Methoden der Beobachtung und Befragung als Grobgliederung des Fertigungsprozesses die Teilabläufe Störungsfreier Ablauf mit Automatikbetrieb, Gestörte Abläufe, War-
tungs- und Reinigungsaufgaben, Umfeldaufgaben und die
Zusammenarbeit der Gruppe Kettenrad selbst ermittelt.

- Der *Störungsfreie Ablauf mit Automatikbetrieb* umfaßt
  das Auf- bzw. Ausspannen der Werkstücke, den Automatikbetrieb und hauptzeitparallel Meß- und Prüf-
  tätigkeiten, das Handentgraten sowie die Überwachung
  des BAZ. Das Umrüsten des BAZ ist wegen der Großserienfertigung von untergeordneter Bedeutung.

- Der *Teilablauf Gestörte Abläufe* beinhaltet die
  Störfallidentifikation, die Störfallinterpretation, die
  Einleitung bzw. Durchführung von Maßnahmen zur
  Störfallbeseitigung und Werkzeugwechsel/-korrek-
  turen durch den Maschinenbediener.

- Der *Teilablauf Wartung und Reinigung* wird hauptzeitparallel zum störungsfreien Betrieb nach
  Wartungsplan durchgeführt.

- Die *Teilabläufe Umfeldaufgaben und Gruppenaktivitäten* werden parallel zum störungsfreien
  Ablauf im Arbeitssystem Nockenfräsen-BAZ und
  beim Schichtwechsel realisiert.

Für jeden Mitarbeiter der Gruppe wird die Arbeitsstruk-
turierung durch Arbeitsplatzwechsel (job rotation),
-erweiterung (job enlargement) und -anreicherung (job
enrichment) wirksam. Das erfordert von den Gruppen-
mitarbeitern nicht nur zusätzliche fachliche, sondern auch
spezifische Qualifikationen u.a. in den Kompetenzfeldern
Programmerfüllung, Qualitätsmanagement, Personalentwicklung und Selbstorganisation der Arbeit.

Qualifikationen

Die fachlichen Qualifikationen der Gruppe Kettenrad
können allgemein als gut bezeichnet werden. Mehr als
40% der Gruppenmitarbeiter sind als Facharbeiter aus-

gebildet. Sie beherrschen die CNC-Grundlagentechniken und verfügen über Kenntnisse der Pneumatik sowie Hydraulik. In der Regel beinhaltet die Ausbildung auch die Handhabung von Prüf- und Meßvorrichtungen sowie die Einhaltung von Form- und Lagetoleranzen. Technische Zeichnungen werden von ihnen gelesen und als Handlungsvorgaben verstanden. Die weiteren Mitarbeiter werden durch die Facharbeiter in der Gruppe angelernt und haben in dem Zusammenhang anwendungsorientiert elementare CNC-Kenntnisse erworben.

Nahezu alle Gruppenmitarbeiter können Grundtechniken der Statistischen Prozeßregelung anwenden und Daten in das BDE-System eingeben. Darüber hinaus sind drei Mitarbeiter zeitweise in der Instandsetzung tätig.

Sozialkompetenzen, z.B. Moderations-, Kommunikations-, Problemlösungstechniken sowie didaktisch-methodische Kompetenzen für arbeitssystembezogenes Lehren und Lernen sind in der Gruppe unterrepräsentiert. Beobachtungen des Anlernens zeigten, daß die Facharbeiter zwar über hervorragende fachliche Kompetenzen verfügen, jedoch mit der didaktisch-methodischen Gestaltung von Lehr- und Lernprozessen teilweise überfordert waren.

Außerordentlich ungüstig ist die Verteilung der vorhandenen Qualifikationen (*Bild 2.9*) über die drei Schichten. Durch sie wurden das Arbeitssystem Nockenfräsen-BAZ sowie zwei weitere für das Drehen und Schweißen als personalkritische Engpaßsysteme ausgewiesen. Die drei Systeme bleiben in mindestens einer Schicht hinter den Personalvorgaben der Geschäftsführung zurück, die für jede Schicht den Einsatz bzw. die Verfügbarkeit von drei qualifizierten Bedienern fordert. Das ist notwendig, um das Arbeitssystem Nockenfräsen-BAZ in allen drei Schichten, in Urlaubszeiten sowie bei krankheitsbedingten Personalengpässen gleichmäßig auszulasten und um job rotation sinnvoll zu gestalten.

Die vorhandenen Qualifikationen wurden durch eine Befragung der Gruppenmitarbeiter auf der Grundlage ihrer Selbsteinschätzung ermittelt. Die Mitarbeiter schätzen dabei nicht nur ein, über welche Qualifikationen sie überhaupt verfügen, sondern auch, bis zu welchem Grad sie bestimmte Fertigkeiten (sehr gut, gut, nicht vorhanden) ausgeprägt haben. Zugleich wurden auch die

Fachkompetenzen

Sozial-, didaktisch-methodische Kompetenzen

Verteilung der Qualifikationen

Methode zur Ermittlung von Qualifikationen

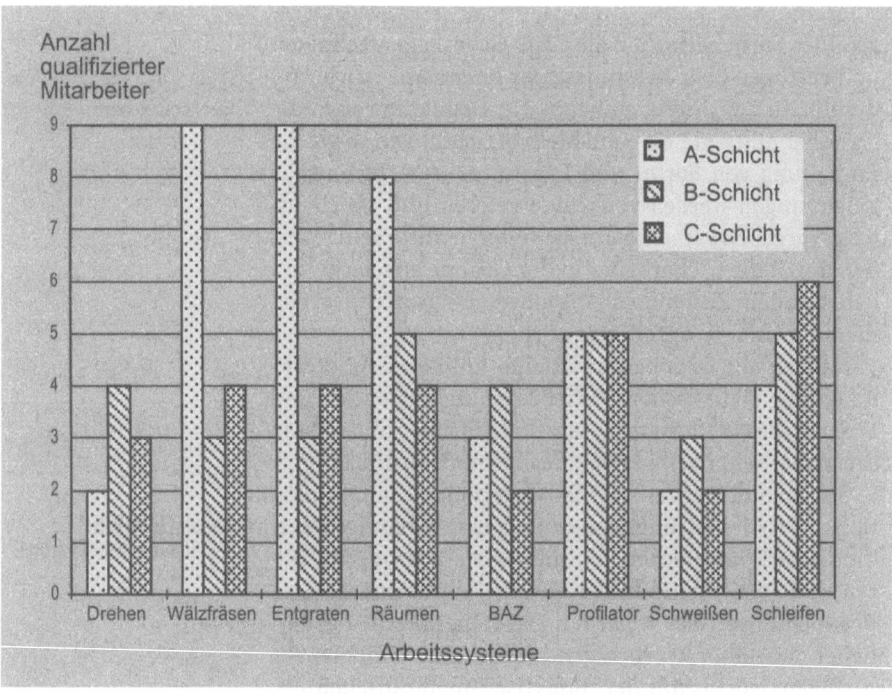

Bild 2.9   Qualifikationsverteilung in den Schichten der Gruppe Kettenrad

Qualifikationswünsche ermittelt. Sieben Mitarbeiter wünschten sich eine Erweiterung ihrer Sozial- und didaktisch-methodischen Kompetenzen, um Gruppenarbeit effektiver zu gestalten. Die Ergebnisse der Selbsteinschätzung wurden in einer eigens dafür und gemeinsam mit der MOTKomponenten GmbH entwickelten einfachen Qualifikationsmatrix (*Bild 2.10*;) den von der Geschäftsführung gemeinsam mit den Gruppenmitgliedern festgelegten Sollanforderungen gegenübergestellt. Die Ergebnisse wurden nur quantitativ ausgewertet.

Im Arbeitssystem Nockenfräsen-BAZ sind neben technischen Zeichnungen Prüfpläne und -anweisungen, insbesondere auch sogenannte Fehlerbilder als Fertigungsunterlagen vorhanden. Sie zeigen typische Fehler, die beim Fräsen der Anschlagnocken des Kettenrades – Winkelstellung, Risse, Grat und Spanbildung – auftreten können.

Die anlagenintensive Fertigung in der MOTKomponenten GmbH erfordert eine weitgehend optimierte zeitliche Auslastung der Betriebsmittel, so daß ein Rotationsschichtmodell mit Wochenrhythmus eingeführt wurde.

Fertigungsunterlagen und weitere qualitätsrelevante Faktoren

Anforderungen	Drehen			Drehen			Fräsen		
lfd. Nr. / Name	Soll	Fertig-keiten	Quali.gepl.	Soll	Fertig-keiten	Quali.gepl.	Soll	Fertig-keiten	Quali.gepl.
1. Mustermann	▨			▨			▨		
2. Musterfrau / Wunsch	▨			▨ Wunsch			▨		
3. Mustermann	▨			▨			▨		
4. Mustermann / Wunsch	▨			▨ Wunsch			▨		
5. Musterfrau	▨			▨			▨		
6. Mustermann / Wunsch	▨			▨ Wunsch			▨		
7. Mustermann	▨			▨			▨		
8.	▨			▨			▨		

Bild 2.10 Qualifikationsmatrix

Eine kontinuierliche Gruppenarbeit ist bei den über die Schichten verteilten Mitarbeitern nur begrenzt möglich, weil gemeinsame Schnittstellen fehlen. Besonders in der Nachtschicht zeigt sich die verstärkte Eigenverantwortlichkeit der Gruppe, weil betriebliche Ansprechpartner abwesend sind.

Im untersuchten Arbeitssystem sind die Motivation und die Arbeitszufriedenheit im gesamten Bereich und besonders in der Gruppe Kettenrad unterschiedlich bei den Mitarbeitern ausgeprägt.

Die Anreicherung der Arbeitsaufgaben hat zu neuen Freiräumen für die Mitarbeiter der Gruppe geführt. Allerdings werden diese Räume und die Motivationen von den Gruppenmitgliedern je nach vorhandenen Qualifikationen angenommen. Äußerst geringfügige Einkommensunterschiede in der Gruppe führen bereits zu zeitweiliger Unzufriedenheit.

Wegen des Schichtsystems, aber auch wegen der räumlichen Bedingungen kann sich die Kommunikation zwischen den Gruppenmitgliedern, die in mehreren Arbeitssystemen gleichzeitig tätig sind, nur schwer entfalten.

2.3.4　MOTKomponenten Ablaufinhalte im Arbeitssystem Nockenfräsen-BAZ

Erfassung der Ablaufinhalte

In den Teilabläufen Störungsfreier Ablauf, Störfallbeseitigung und Umfeldaufgaben/Gruppenarbeit des Arbeitssystems Nockenfräsen-BAZ wurden die Vorgangsstufen (*Bild 2.11*) mit ihren Elementen erfaßt.

Vorgangsstufen im Störungsfreien Ablauf

Im Störungsfreien Ablauf als Teilablauf wurden die Vorgangsstufen Werkstücke Auf- und Ausspannen, Automatikbetrieb, Messen und Prüfen, Handentgraten, Umrüsten, Überwachen des Automatikbetriebs, Wartungs- und Reinigungsarbeiten (*Bild 2.12*) erfaßt. Die Elemente der Vorgangsstufe Überwachen wurden nicht im einzelnen, sonder als integrierte Inhalte anderer Teilabläufe erfaßt.

...Aufspannen

Beim Aufspannen ist insbesondere auf saubere Fügeflächen zu achten, um Beschädigungen an den Werkstücken zu vermeiden. Beschädigungen können auch durch die unsachgemäße Handhabung der Spannelemente her-

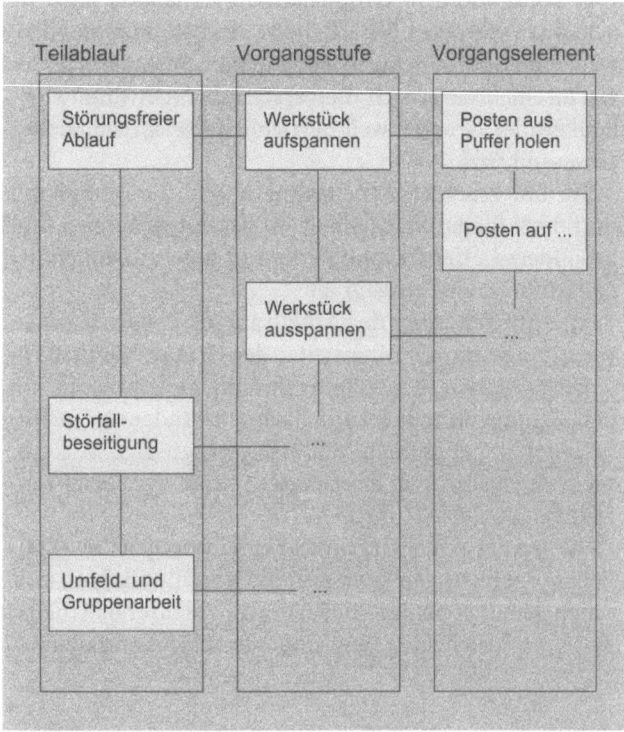

Bild 2.11　Ablaufstrukturen im Arbeitssystem Nockenfräsen-BAZ

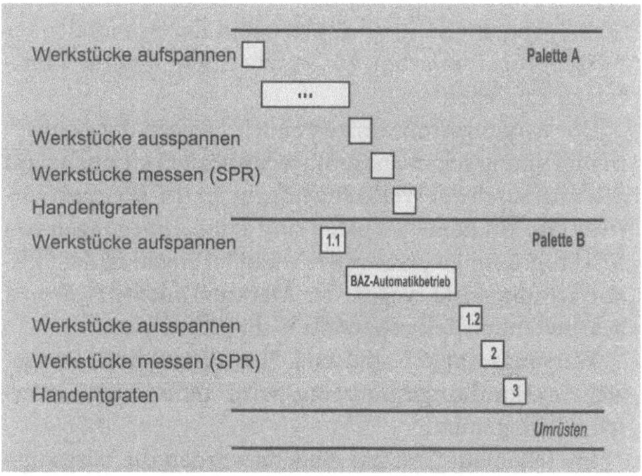

Bild 2.12 Vorgangsstufen im Störungsfreien Ablauf

vorgerufen werden. Die Palette wird danach mit der entsprechenden Taste des Bedienfeldes zur Bearbeitung freigegeben. Wird eine Palette freigegeben, ohne daß die zuvor bearbeiteten Teile mit der SPR-Meßvorrichtung geprüft worden sind, bleiben außerhalb der Toleranzgrenzen liegende Abweichungen unbemerkt. Dadurch werden die Möglichkeiten der Prozeßsteuerung eingeschränkt und Fehler können sich unbemerkt fortpflanzen.

Im Automatikbetrieb werden die Nocken mit einem Schrupp- und einem Schlichtfräser aus dem Werkstück herausgearbeitet. Parallel dazu werden vom Bediener die Teilabläufe Messen und Prüfen, Handentgraten, Umrüsten, Überwachen des Automatikbetriebs, Wartungs- und Reinigungsarbeiten ausgeführt.

...Automatikbetrieb

Das Messen und Prüfen bezieht sich auf die Vollprüfung aller Teile mit der SPR-Meßvorrichtung. Dabei ist vor allem auf die Sauberkeit der Meß- und Fügeflächen zu achten, da Unsauberkeiten wie anhaftende Kühlmittel Meßergebnisse verfälschen können. Die Flächen werden zumeist nur bei großen Meßwertschwankungen gereinigt.

...SPR-Meßvorrichtung

Am Handarbeitsplatz werden die Anschlagnocken der Kettenräder mit einer Feile und einem Ziehschaber entgratet. Besondere Aufmerksamkeit ist dabei auf die Ecken der Anschlagnocken und die Innenpassung der Kettenräder zu verwenden, die für die Funktionsfähigkeit des Verstellers bedeutsam sind. Das Entgraten hat zugleich die Funktion einer Sichtprüfung. Teile mit äußeren Be-

...Handentgraten

schädigungen, z.B. Risse, Kratzer, sind als Nacharbeit oder Ausschuß zu bewerten, zu kennzeichnen und dem Prozeß zu entziehen.

…Umrüsten　　Die Vorgangsstufe Umrüsten wird wegen der Großserienfertigung selten ausgeführt. Sie bezieht sich dann auf den Austausch der Werkzeugaufnehmer der Kompaktvorrichtung. Mit dem Umrüsten sind keine Änderungen von NC-Programmen verbunden. Veränderungen an der SPR-Vorrichtung sind wegen der Merkmalsidentität der zu bearbeitenden Teile ebenfalls nicht erforderlich.

…Wartung　　Wartungsarbeiten sind nach Plan auszuführen. Der gewährte Handlungsspielraum wird individuell unterschiedlich genutzt.

Vorgangsstufen Gestörter Abläufe　　Im Teilablauf Gestörte Abläufe wurden die Vorgangsstufen (*Bild 2.13*) Störfallidentifikation und -interpretation, die Einleitung bzw. Durchführung von Maßnahmen zur Störfallbeseitigung sowie Werkzeugkorrekturen und -wechsel erfaßt.

Interpretation der Prozeßfähigkeit　　Die Identifikation und Interpretation der Prozeßfähigkeit und von Störfällen beginnt mit der Auswertung der SPR-Meßergebnisse.

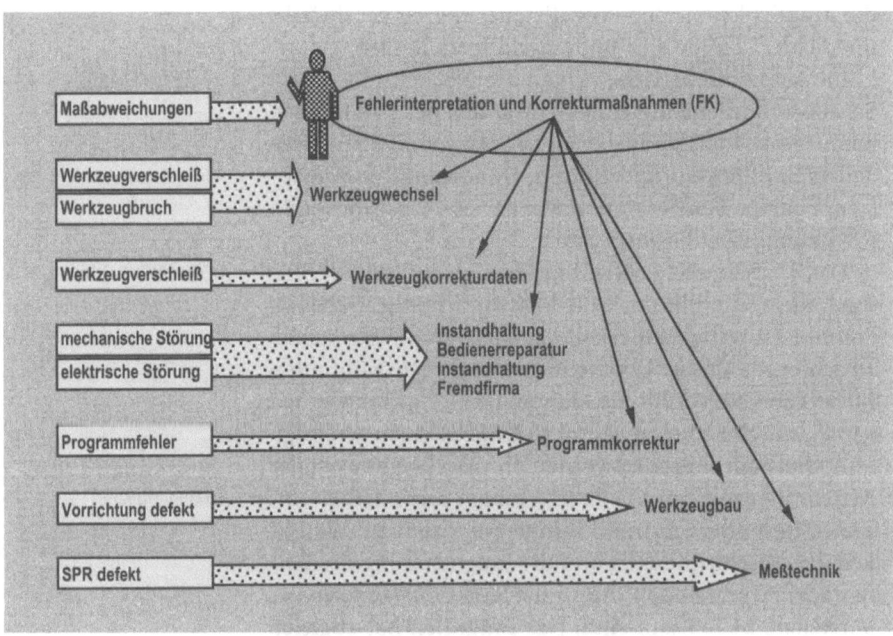

Bild 2.13 Vorgangsstufen im Gestörten Ablauf

Maßabweichungen müssen nicht in jedem Fall auf mangelnde Prozeßfähigkeit hindeuten, sondern können auch durch Fehler beim Bedienen oder durch Funktionsstörungen der SPR hervorgerufen werden. Bedienfehler und Funktionsstörungen können mit Hilfe der Kalibrierteile ausgeschlossen bzw. identifiziert werden. Es ist die Entscheidung zu treffen, ob die Vorrichtung durch den Bediener neu kalibriert oder die Funktionsfähigkeit durch die Instandhaltung hergestellt werden muß.

Maßabweichungen

Werkzeugverschleiß wird aufgrund von Maßabweichungen identifiziert, kann jedoch durch eine Reihe von Ursachen hervorgerufen werden. Einige, wie Materialbeschaffenheit, Oberflächengüte usw., können im Arbeitssystem weder aktuell erkannt noch beseitigt werden. Werkzeugkorrekturen werden daher kaum wegen Maßabweichungen vorgenommen.

Werkzeugverschleiß

Werkzeugwechsel erfolgen nach ungefähr 200 Teilen. Genauere Standzeiten sind bisher nicht ermittelt worden, da eine Anzeige der Reststandzeit am BAZ nicht vorhanden und der Werkzeugverschleiß sehr unterschiedlich ist. Ein Wechsel des Schlichtfräsers wird bei deutlichem Grat und schlechter Oberfläche vom Bediener erwartet. Die Entscheidung ist von ihm erfahrungsgeleitet zu treffen. Grat- bzw. Spanbildung können jedoch auch auf den Verschleiß des Schruppfräsers verweisen. Mit dem Wechsel des Schlichtfräsers sind seine Vermessung im Meßraum und Korrekturen von Werkzeugdaten im NC-Programm verbunden. Beim Wiederanfahren ist auf eine verzögerte Kühlmittelabgabe zu achten. Notfalls ist der Vorschub zu reduzieren, um einen „Crash" zu verhindern.

Werkzeugwechsel

Mechanische Störungen am Bearbeitungszentrum werden von den Bedienern teilweise selbst, Störungen der Elektrik und Elektronik werden grundsätzlich durch die Instandhaltung oder durch Fremdfirmen behoben.

Mechanische Störungen

Programmfehler werden durch die als Bediener eingesetzten Facharbeiter, nicht jedoch von den angelernten Mitarbeitern korrigiert.

Defekte Spannvorrichtungen sind abzubauen und zur Instandsetzung in den Werkzeug- bzw. Vorrichtungsbau zu bringen. Eine instandgesetzte oder neue Vorrichtung ist wiederum am BAZ zu montieren und zu justieren.

Eine spezielle Dokumentation der Störfälle ist im Arbeitssystem Nockenfräsen-BAZ nicht vorhanden.

Vorgangsstufen von Umfeldaufgaben

Der Teilablauf Umfeldaufgaben beinhaltet die Vorgangsstufen Rohteilversorgung nach dem Holprinzip, das Bereitstellen von Werkzeugen, den Transport bearbeiteter Teile zur und das Beschicken der Waschmaschine. Die Gruppenaktivitäten konzentrieren sich auf die regelmäßigen Gruppengespräche. Gemeinsam mit dem Meister, der nur auf Einladung der Gruppe daran teilnimmt, werden Probleme der Rohteilbereitstellung, interne Arbeitsabläufe, die Schicht- und Urlaubsplanung abgestimmt sowie qualitätsrelevante Daten auf der Grundlage von Qualitätsregelkarten, der Erfassung des Fehlleistungsaufwandes und von BDE-Informationen ausgewertet.

Grundsätzlich unterscheidet sich die Erfassung der Ablaufinhalte im Arbeitssystem Nockenfräsen-BAZ nicht von der Vorgehensweise, die für die RELEC GmbH bereits dargestellt wurde und die sich in der Maschinenbau GmbH wiederholt:

Fertigungsunterlagen sammeln, sichten

1. **Vorbereitung:** Die Fertigungsunterlagen für das Arbeitssystem, technische Zeichnungen, Arbeits-, Prüfanweisungen, Fehlerbilder, SPR- und BDE-Daten, Qualitätsregelkarten sowie die Aufzeichnungen der Gruppe zur Auswertung des Fehlleistungsaufwandes wurden gesammelt und gesichtet. Notizen zu den Gruppengesprächen wurden einbezogen. Über persönliche Aufzeichnungen verfügen die Mitarbeiter der Gruppe Kettenrad nicht. Unterlagen für das Lehren und Lernen im Arbeitsprozeß waren zu diesem Zeitpunkt nicht verfügbar.

...zuordnen

2. **Auswahl und Zuordnung:** Die Fertigungsunterlagen werden zunächst den Teilvorgängen im Arbeitssystem zugeordnet. Die meisten Unterlagen beziehen sich auf das Prüfen und Messen mit der SPR-Meßvorrichtung. Technische Zeichnungen geben sehr genau alle wesentlichen Produktmerkmale vor, z.B. die Winkelstellung der Anschlagnocken, jedoch kann aus ihnen nicht die Ablauf- oder Tätigkeitslogik von Bedienhandlungen abgeleitet werden. Fehlerbilder kennzeichnen typische Merkmale von Fehlern, geben aber keine Hinweise zu ihrer Vermeidung. Die Handbücher zum BAZ waren nicht im Arbeitssystem sondern nur in der Instandhaltung vorhanden. Dort fehlte der Teil, der das Bedienfeld der Steuerung erläutert.

3. Erfassung: Bei der Erfassung wurde wiederum den Fragen nachgegangen, wo, wann, womit und wie etwas ausgeführt wird. Auch die BAZ-Bediener waren nicht in der Lage, besonders qualitätskritische Vorgangsstufen in den Teilabläufen zu benennen oder das für ihre Ausführung notwendige Qualitätswissen darzustellen.

Die Vermutung, daß fehlerhafte Kettenräder erst während der Montage des Verstellers und nicht sofort im Arbeitssystem dem Fertigungsprozeß entzogen werden, sei auf unbewußtes oder bewußtes Fehlverhalten von BAZ-Bedienern zurückzuführen, wurde durch Beobachtungen und Gespräche bestätigt.

Häufig gelangen fehlerhafte Kettenräder trotz der im Arbeitssystem vorhandenen Fehlerbilder bis zur Endmontage, wenn BAZ-Bediener unkonzentriert oder am Ende einer Schicht abgespannt sind. Das ist unbewußtes Fehlverhalten. Es tritt u.a. dann gehäuft auf, wenn die mangelnde Bereitstellung von Rohteilen die Programmerfüllung gefährdet oder Störfälle an Engpaßsystemen wiederholt den Fertigungsfluß unterbrechen.

Bewußtes Fehlverhalten liegt z.B. vor, wenn die Beschädigung einer Aufspannfläche mit einem Stück Metallfolie ausgeglichen wird, um das Verkanten der Teile während des Fräsens zu verhindern. Die Bediener erklärten, es sei ihnen zu aufwendig gewesen, zur Störfallbeseitigung eigens den Werkzeugbau zu rufen.

Daß derartige Beobachtungen möglich waren, bewußtes Fehlverhalten ohne Scheu erörtert und Ursachen freigelegt werden konnten, liegt nicht nur an der kombinierten Anwendung verschiedener Methoden der Befragung und Beobachtung. Vielmehr kommt die partielle Überwindung von Mißtrauenskultur als fördernder Faktor hinzu. Er wird in der Regel wirksam, wenn es gelingt, Mitarbeiter als Persönlichkeiten zu achten, ihnen problemorientiert zu begegnen und für ihre Lösungen offen zu sein.

Bewährt hat sich in dem Zusammenhang besonders die Anwendung der Szenariotechnik. Mit ihr kann Wissen, insbesondere zu Begründungszusammenhängen von Bedienhandlungen, für technologisch zwingende Schrittfolgen, aber auch für die Realisierung von Umfeldaufgaben aktiviert werden.

Die beobachtete, erfragte Abfolge der Elemente als Inhalte der verschiedenen Vorgangsstufen, aufgetretene wie

Ablaufinhalte dokumentieren

Unbewußtes, bewußtes Fehlverhalten

Erfassungsmethoden

mögliche Fehler und die Kommentare der BAZ-Bediener,
die von ihnen gebrauchten Bezeichnungen zu den Teilabläufen wurden in einem Erfassungsformular dokumentiert. Das Formular ist so ähnlich wie in der RELEC GmbH
gestaltet. Auf eine Stückliste und die Liste der verwende-

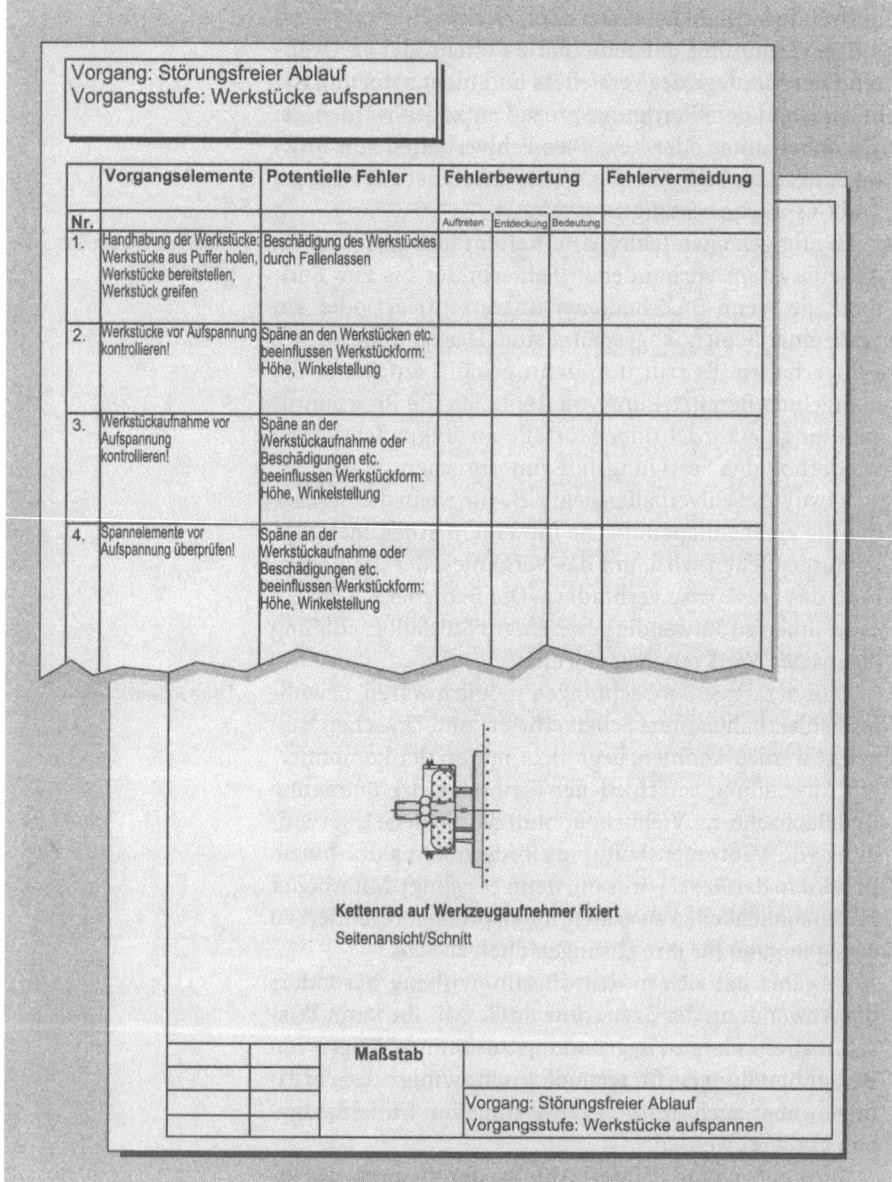

Bild 2.14 Erfassungsformular

ten Arbeits- bzw. Betriebsmittel konnte in der Großserienfertigung verzichtet werden (*Bild 2.14*).

Den erfaßten Vorgangsstufen bzw. -elementen wurden vereinfachte graphische Informationen hinzugefügt.

4. Aufarbeitung: Die Aufarbeitung erfolgte wiederum durch den Vergleich der Dokumentation mit Normen, Richtlinien (u.a. DIN, VDI) und mit den Dokumenten des Qualitätsmanagementsystems, das damals in der MOT-Komponenten GmbH im Entstehen begriffen war. Abweichungen von Normen usw. wurden nicht festgestellt, allerdings solche von der bereits vorliegenden Prüfanweisung zum Messen der Werkstücke an der SPR.

Ablaufdokumentation vergleichen

5. Überprüfung: Die Dokumentation wurde nochmals am gesamten Arbeitsablauf im Arbeitssystem Nockenfräsen-BAZ und von ausgebildeten BAZ-Bedienern überprüft. Dabei wurde festgestellt, daß sie vollständig ist und mit dem Arbeitsablauf übereinstimmt.

...überprüfen

2.3.5 Maschinenbau: Arbeitssystem KLB

KLB als unternehmensübergreifende Beziehungen erfordern, daß auch arbeitssystembezogenes Qualitätslernen übergreifend angelegt wird und die Systemabläufe, die auf Seiten der Maschinenbau GmbH als Kunden und die, die bei den Lieferanten liegen, in die Erfassung einbezogen werden.

Elemente, Besonderheiten des Arbeitssystems KLB

Ein Charakteristikum dieses Arbeitssystems ist die Aufbereitung von Bestellinformationen beim Kunden, die von den Lieferanten in materielle Produkte umgesetzt werden. Hinzu kommen Systemabläufe zwischen dem Kunden und den Lieferanten, die im wesentlichen informeller Natur und daher, wie die Art der Kontaktaufnahme, der Übermittlung von Informationen usw., nur vermittelt wahrzunehmen sind. Nach diesen Besonderheiten sind KLB als informationelles Arbeitssystem zu kennzeichnen.

Mit der Methodik zur Strukturierung des Arbeitsablaufs können auch die Abläufe im Arbeitssystem KLB gegliedert werden. Sehr grob lassen sich dann zunächst die Teilabläufe *Auftragsvergabe* bei der Maschinenbau GmbH, *Auftragsbearbeitung* durch die Lieferanten A, B, C sowie *Lieferantenüberwachung, Wareneingang und*

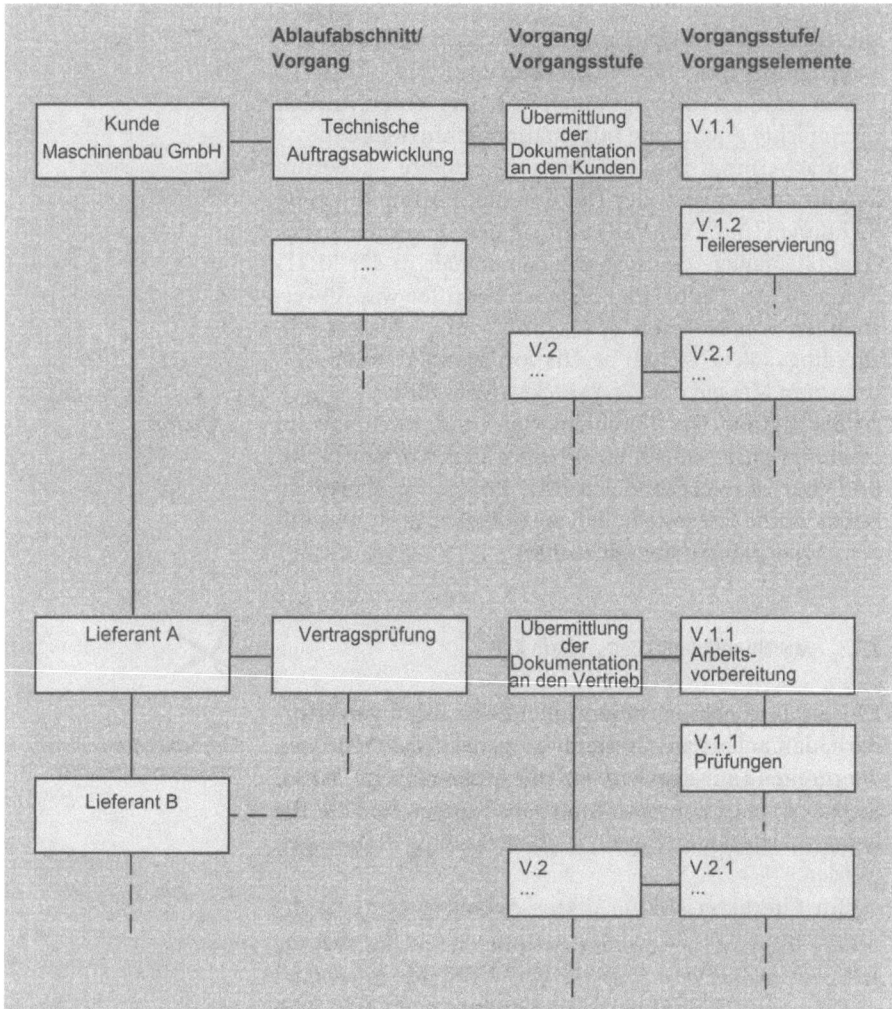

Bild 2.15 Grobstruktur im Arbeitssystem Kunden-Lieferanten-Beziehungen

Weiterverarbeitung von Zulieferteilen bei der Maschinenbau GmbH unterscheiden (*Bild 2.15*).

Grobstruktur des Arbeitssystems

Bei der Maschinenbau GmbH gehören dazu alle Arbeitsaufgaben, -abläufe, Mitarbeiter und Betriebsmittel, die der Bearbeitung von Bestellinformationen und der Erteilung von Aufträgen an Lieferanten dienen.

Auftragserstellung in der Maschinenbau GmbH

Die Bestellabläufe sind im Qualitätsmanagementsystem des Unternehmens durch Verfahrens- und Arbeitsanweisungen, die nicht nur die Auftragserstellung und

-vergabe, sondern u. a. auch die Auswahl und Bewertung von Lieferanten regeln, beschrieben.

Für jede kundenspezifische Armatur wird von der Maschinenbau GmbH ein Qualitätssicherungsplan erstellt, in dem die Wünsche des Endabnehmers ausgewiesen sind. Danach werden die Beschaffungsdokumente erarbeitet, die von der Maschinenbau GmbH dem Auftrag beigefügt werden. Es sind u. a. Liefervorschriften, Zeichnungen und Schweißpläne. Die für die kommerzielle Abwicklung wichtigen Informationen sind vom Einkauf, Liefermengen und -termine von der Auftragsabwicklung festzulegen, während Stammsätze und Zeichnungen durch Entwicklung/Konstruktion beizustellen sind.

Bei kurz bemessenen Lieferzeiten werden Zulieferteile vorab, ohne Vorhandensein einer Konstruktionszeichnung, über den Einkauf bestellt.

Auftragsänderungen durch den Endabnehmer der Maschinenbau GmbH, die bei den Lieferanten Bestelländerungen nach sich ziehen, teilt die Auftragsabwicklung direkt dem Einkauf mit.

Bei den Lieferanten sind jene Arbeitsaufgaben, -abläufe, Mitarbeiter und Betriebsmittel in das Arbeitssystem KLB einbezogen, die mit der Auftragsannahme, mit der Umsetzung von Bestellinformationen in Produkte, mit deren Übergabe an die Maschinenbau GmbH sowie mit der Reklamationsbearbeitung befaßt sind.

Auftragsbearbeitung bei Lieferanten

Die Auftragsbearbeitung bei den ausgewählten Lieferanten ist nicht durch Verfahrensbeschreibungen usw. geregelt, da sie über kein zertifiziertes Qualitätsmanagementsystem verfügen. Die Abwicklung erfolgt weder kunden- noch produktspezifisch. Sie umfaßt im allgemeinen die Schritte Vertragsprüfung, Arbeitsvorbereitung, Fertigung, Endkontrolle und Versand. Von den Lieferanten werden erbrachte Leistungen im allgemeinen durch Lieferscheine und Rechnungen belegt. Sind gesonderte Anforderungen des Endabnehmers zu erfüllen, so sind Prüfprotokolle beizufügen.

Die Maschinenbau GmbH verfügt über ein System der Lieferantenüberwachung. Alle Zulieferteile sind im Wareneingang dem Auftrag zuzuordnen und einer Stichprobenprüfung zu unterziehen. Die Ergebnisse sind in Prüfprotokollen dokumentiert.

Lieferantenüberwachung, Wareneingang, Weiterverarbeitung

Zulieferteile werden der Arbeitsvorbereitung über das SAP-System zur Verfügung gestellt und von ihr unmittelbar in die Fertigung eingebracht.

Die Ergebnisse der Wareneingangskontrolle sind durch Prüfprotokolle und SAP-Dokumente zur Freigabe von Zulieferungen, schriftliche Fehlermeldungen und durch Warnhinweise, die fehlerhafte Zulieferungen kennzeichnen, ausgewiesen.

Bewertung fehlerhafter Zulieferungen

In die interne Analyse der Maschinenbau GmbH wurden Fehlermeldungen über Zulieferungen der ausgewählten Lieferanten aus den Geschäftsjahren 1992/93 und 1993/94 einbezogen. Aufgrund unterschiedlicher Kontierungen für Fehlerarten bzw. -ursachen wurden beide Jahre getrennt ausgewertet.

Im Analysezeitraum hat der Anteil der Fehlermeldungen zu den ausgewählten Lieferanten, gemessen am jährlichen Bestellvolumen der Maschinenbau GmbH, eine steigende Tendenz. Die dominierenden Fehlerarten sind falsche Maße sowie nicht bzw. falsch gekennzeichnete Zulieferteile (*Bild 2.16*).

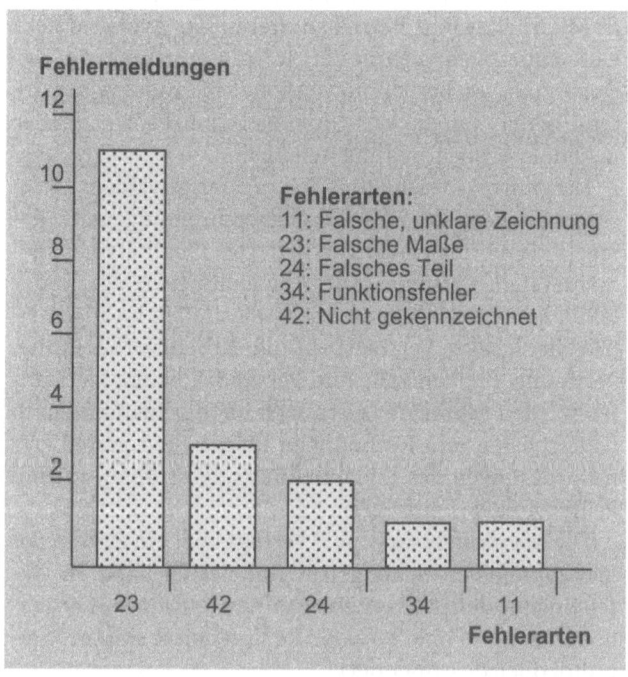

Bild 2.16 Häufigkeit von Fehlerarten

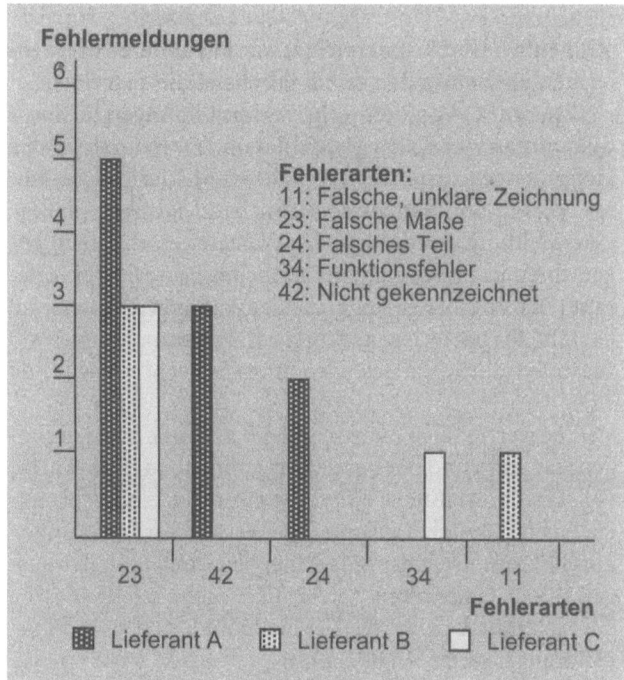

Bild 2.17 Fehlerarten nach Lieferanten

Lieferant A: Für Zulieferungen lagen 1992/93 sieben und im Jahr 1993/94 zehn Fehlermeldungen vor. Von den sieben Meldungen des Jahres 1992/93 beziehen sich fünf auf Maßfehler, eine auf eine nicht vorhandene Kennzeichnung und eine weitere auf die von der Bestellung abweichende Liefermenge. 1993/94 bezieht sich der Hauptanteil der Fehlermeldungen ebenfalls auf falsche Maße, fehlende oder abgedrehte Kennzeichnungen (*Bild 2.17*). Dagegen lagen für die Lieferanten B und C keine Fehlermeldungen wegen ungenügender Kennzeichnung von Teilen vor.

Lieferant B: Für 1992/93 lagen keine und im Geschäftsjahr 1993/94 insgesamt vier Fehlermeldungen (*Bild 2.17*) vor. Nach einer Fehlermeldung wurde vorab telefonisch eine Getriebeplatte gemäß Zeichnungsrevision E bestellt und geliefert. Bei der Wareneingangsprüfung, die am Tag der schriftlichen Bestellung erfolgte, wurde die Lieferung dann beanstandet, da eine Getriebeplatte nach Zeichnungsrevision K erwartet wurde. Es mußte eine neue Getriebeplatte geordert werden, weil der Lieferant nicht rechtzeitig von der Zeichnungsänderung durch die Ma-

Fehlermeldungen nach Lieferanten

schinenbau GmbH unterrichtet war. Die anderen drei Fehlermeldungen wurden durch falsche Maße ausgelöst.

Lieferant C: Von den sechs Fehlermeldungen für 1992/
93 kommen vier durch Maßfehler und zwei durch falsche
Liefermengen zustande. Drei von vier Meldungen des Jahres 1993/94 beruhen ausschließlich auf falschen Maßen,
eine Meldung wurde dem Lieferanten versehentlich zugeordnet. Es ergibt sich ein ähnliches Bild wie bei Lieferant B. Trotz einer geringen zahlenmäßigen Abnahme im
letzten Jahr hat sich sein Anteil von Fehlermeldungen am
gesamten jährlichen Bestellvolumen fast verdreifacht (*Bild
2.17*).

Analyse fehlerhafter   Eine wertmäßige Zuordnung der fehlerhaften Lieferun
Zulieferungen   gen war aufgrund der bei der Maschinenbau GmbH nicht
vollständig erfaßten Fehlerkosten nur in eingeschränkter Form möglich. Der anteilige Wert dieser Lieferungen
am Gesamtumsatz der Maschinenbau GmbH mit den ausgewählten Lieferanten betrug im Geschäftsjahr 1993/94
bei Lieferant A ca. 22,4%, bei Lieferant B ca. 1,5% und bei
Lieferant C ca. 2,9% (*Bild 2.18*).

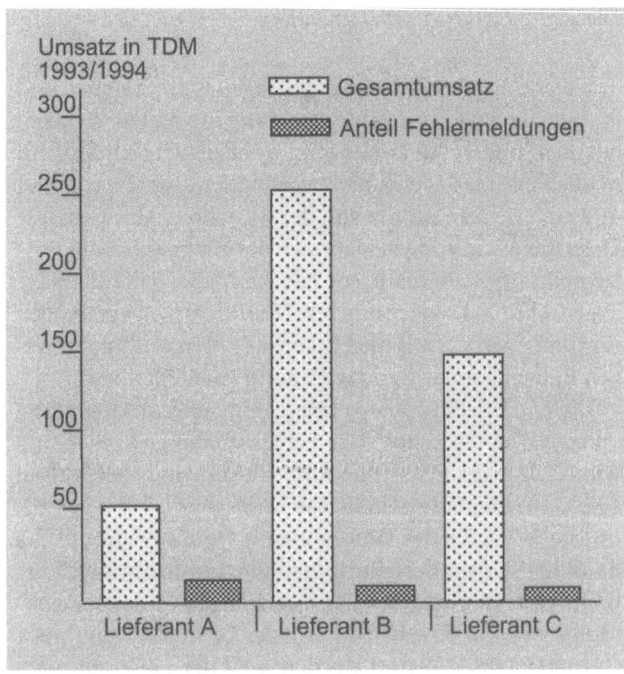

Bild 2.18 Wert fehlerhafter Zulieferungen

Mit einer Ausnahme verfügen die Mitarbeiter und Führungskräfte in den Funktionen Auftragsabwicklung, Ent-
wicklung/Konstruktion, Einkauf, Wareneingang, Arbeitsvorbereitung sowie Qualitätswesen der Maschinenbau
GmbH über alle Qualifikationen für die anforderungsgerechte Gestaltung der KLB. Diese Qualifikationen sind u.a.
durch Facharbeiterbriefe und akademische Abschlüsse
(Dipl.-Ing., Dr.-Ing.), aber auch durch Zusatzqualifikationen wie DGQ-Zertifikate und Schweißprüfungen belegt.
Nur im Einkauf ist seit Jahren ein Mitarbeiter tätig, der
als Speditionskaufmann für seine Tätigkeit angelernt werden mußte, inzwischen aber über umfangreiches Erfahrungswissen verfügt.

> Qualifikationen

Bei den ausgewählten Lieferanten ergab sich ein diffe-
renzierteres Bild. Etwa die Hälfte der dort tätigen Mitarbeiter wurde als Facharbeiter ausgebildet, die anderen
sind als Angelernte beschäftigt. Die Mehrzahl der Führungskräfte verfügt ebenfalls über den Abschluß als Facharbeiter. Nachweise für Zusatzqualifikationen können
nicht durchgängig erbracht werden.

In der Maschinenbau GmbH existiert eine Verfahrensanweisung zum Element 4.18 „Schulung" der DIN EN ISO
9001, die bislang sehr formal oder eher zufällig angewendet wurde. Bei den ausgewählten Lieferanten waren zum
Zeitpunkt der Pilotumsetzung keine adäquaten Regelun-
gen vorhanden.

> Verfahrensanweisung für
> Schulungen

2.3.6 Maschinenbau: Ablaufinhalte im Arbeitssystem KLB

Nach den zunächst nur grob gegliederten Teilabläufen in
den KLB zwischen der Maschinenbau GmbH und den drei
ausgewählten Lieferanten werden die dazu gehörenden
Vorgangsstufen und -elemente erfaßt.

> Erfassung der Ablaufinhalte

Die Erarbeitung von Bestellinformationen und die Auftragsvergabe in der Maschinenbau GmbH erscheinen zunächst auf der Grundlage vorhandener Verfahrens- und
Arbeitsanweisungen durchgängig und zielführend. Aufgrund des hohen Anteils kundenspezifischer Armaturen
und wegen sehr kurz bemessener Lieferzeiten muß dieser Teilablauf jedoch häufig variiert werden.

> ...Auftragsvergabe

Bestellanforderungen dürfen erst dann in das SAP-System der Maschinenbau GmbH eingegeben werden, wenn

die erforderlichen technischen Dokumentationen durch die Entwicklung und Konstruktion erstellt sind und dem Einkauf zur Verfügung stehen. Im Einkauf entstehen jedoch Zeitdifferenzen zwischen dem Erscheinen der Bestellanforderung auf dem Bildschirm und dem Eingang der Dokumentationen, die drei bis sieben, in Ausnahmefällen auch 14 Arbeitstage betragen können.

Beschaffungsunterlagen
Vollständige Beschaffungsunterlagen sollen den Lieferanten bei der Auftragsvergabe zur Verfügung stehen. Es gibt jedoch, bedingt durch kurz bemessene Lieferverpflichtungen, zahlreiche Verfahrensabweichungen. Entweder fehlten diese Unterlagen bei der Auftragsvergabe, befanden sich noch im Stadium der Änderung oder wurden während der Auftragsbearbeitung durch die Maschinenbau GmbH mehrfach verändert. Einzelne Positionen wurden zwischen Auftragsvergabe und Zulieferung im Wareneingang bis zu fünfmal verändert. Je nach Lieferant kam es im Durchschnitt zu 1,4 bis 3,5 Änderungen pro Bestellposition (*Bild 2.19*).

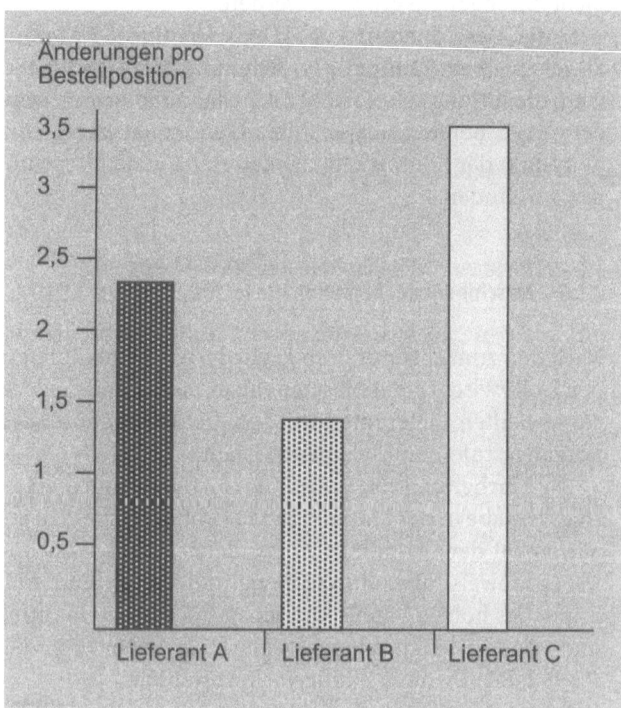

Bild 2.19 Anzahl geänderter Bestellpositionen

Die Fertigung und Lieferung der Getriebeplatte nach Zeichnungsrevision E durch den Lieferanten B kam zustande, weil die gültige Zeichnungsrevision K zum Zeitpunkt der Auftragsvergabe im Einkauf nicht vorlag.

Die Auswahl von Lieferanten soll in der Maschinenbau GmbH nach Verfahrensanweisung gemeinsam durch Auftragsabwicklung, Entwicklung und Konstruktion sowie Einkauf erfolgen, um kommerzielle und qualitätsrelevante Gesichtspunkte gleichgewichtig zu berücksichtigen. Aufträge sollen nur an Lieferanten vergeben werden, die zugelassen sind, weil sie den Auswahlkriterien Qualität, Preis, Liefertermin und Termintreue entsprechen.

Lieferantenauswahl

Die Mehrzahl der Aufträge wird vom Einkauf jedoch ohne Rücksprache mit den anderen Funktionen vergeben, wobei stets dem günstigsten Einkaufspreis höchste Priorität vor dem Liefertermin eingeräumt wurde. Die anderen Auswahlkriterien blieben weitgehend unberücksichtigt. Hinzu kommt, daß der Einkauf die Lieferanten A, B, C nicht aus eigenem Augenschein kannte und ihre Befähigung, besondere Anforderungen von Endabnehmern zu erfüllen, nicht bewertet hatte.

Eine Informationsrückkopplung während der Auftragsbearbeitung durch die Lieferanten A, B und C erfolgt nur bei unklaren Bestellinformationen, z.B. Zeichnungen oder Verschiebung des ursprünglichen Liefertermins.

...Auftragsbearbeitung

Vertragsprüfungen werden bei den ausgewählten Lieferanten entweder durch den technischen Werkstättenleiter (A), den Firmeninhaber (B) selbst oder durch einen Betriebsingenieur (C) vorgenommen. Gegenstand der Prüfung sind insbesondere von der Maschinenbau GmbH beigestellte Produkte, die Übereinstimmung der mit ihr vereinbarten Preise und Termine sowie die Auslastung eigener Fertigungskapazitäten. Bei der eventuell notwendigen Vergabe von Unteraufträgen durch die Lieferanten A und C wird die Maschinenbau GmbH nicht gesondert informiert. Nach der Vertragsprüfung wird der Auftrag vom Lieferanten bestätigt. Allerdings werden Engpässe bezüglich verabredeter Liefertermine nur selten mitgeteilt.

Vertragsprüfungen

Die Arbeitsvorbereitung ist bei keinem der drei ausgewählten Lieferanten durch Verfahrensbeschreibungen festgelegt. Sie beschränkt sich darauf, daß derjenige, der

Arbeitsvorbereitung

die Vertragsprüfung vorgenommen hat, einen Vorgang und eine Arbeitskarte für den Auftrag anlegt. Der Arbeitskarte, die für den Maschinenfacharbeiter bestimmt ist und alle wichtigen Informationen enthält, sind ein Rüstblatt und eine Kopie der Fertigungszeichnung beigefügt. Das Rüstblatt enthält die Angaben zur Arbeitsfolge sowie die zu verwendenden Meß- und Prüfmittel.

Fertigung In der Fertigung verfügen die drei Lieferanten zum Teil über CNC- und über traditionelle Werkzeugmaschinen zur Bohr-, Dreh- und Fräsbearbeitung, die den Anforderungen der Maschinenbau GmbH hinsichtlich Oberflächen, Form- und Lagetoleranzen entsprechen können. Während der Auftragsbearbeitung werden mit der Arbeitskarte die eindeutige Zuordnung von Auftrag und Bauteil sowie die Rückverfolgbarkeit sichergestellt.

Endkontrolle Endkontrollen erfolgen bei den ausgewählten Lieferanten durch die Erstmusterprüfung, sporadisch als Werkerselbstprüfung und im Ausnahmefall nach einem Prüfplan. Arbeitsanweisungen existieren dafür nicht.

Die drei Unternehmen verfügen über die gängigen Standardmeßmittel, mit denen die von der Maschinenbau GmbH geforderte Meßgenauigkeit von maximal 1/1000 mm (garantiert 1/100 mm) erreicht wird.

Prüfergebnisse wurden selten systematisch ausgewertet und nur auf ausdrücklichen Wunsch der Maschinenbau GmbH in Meßprotokollen dokumentiert.

Versand Der Versand wird von allen drei Zulieferern gemäß den von der Maschinenbau GmbH festgelegten Liefervorschriften, insbesondere hinsichtlich Rücknahme und Verwendung von Verpackungen, Lieferzeiten und -orte vorgenommen.

Lieferantenüberwachung Die Lieferanten werden von der Maschinenbau GmbH vor allem in bezug auf die Einhaltung von Liefertermimen überwacht. Besondere Instrumente, wie z.B. Haltepunkte, werden bei drei ausgewählten Lieferanten nicht angewendet.

Wareneingangsprüfung Die Wareneingangs- wird als Stichprobenprüfung durchgeführt. Der Prüfumfang ist nach DIN-Normen festgelegt, während die Prüfmerkmale durch interne Anweisungen der Maschinenbau GmbH geregelt sind. Prüfungen beim Lieferanten oder an der Verbaustelle von Armaturen werden nur in Ausnahmefällen vorgenommen. Zeichnungsteile werden zu 100 Prozent geprüft. Obwohl es die Regelung gibt, daß die Lieferanten ihre Endkontrolle dieser Teile durch Protokolle belegen sollen, werden sie weder durchgängig erstellt noch ausnahmslos von ihnen abgefordert. Voraussetzungen zur zerstörungsfreien Werkstoffprüfung sind im Wareneingang nicht verfügbar.

Fehlerhafte Zulieferungen werden im Wareneingang mit einem Warnhinweis versehen und in Fehlermeldungen dokumentiert. Die Meldungen werden nach Fehlerarten an die Funktionen der Maschinenbau GmbH verteilt und sollen dort bearbeitet werden. *Kennzeichnung fehlerhafter Zulieferungen*

Die Bearbeitung richtet sich nach der Art und Bedeutung des Fehlers. Bestand die Möglichkeit, ihn durch Nacharbeit zu beseitigen, so wurden die Zulieferungen in die Fertigung gebracht und bis zur Nacharbeit aufbewahrt. Bei starkem Termindruck kam es vor, daß fehlerhafte Teile vor Benachrichtigung des Einkaufs und des Lieferanten nachgearbeitet wurden. Teilweise wurden die Lieferanten über fehlerhafte Teile oder über notwendige Nacharbeiten überhaupt nicht informiert.

Die Fehlermeldungen wurden im Qualitätswesen verwaltet und ausgewertet. Die Fehleranalysen werden regelmäßig der Auftragsabwicklung, Entwicklung/Konstruktion und dem Einkauf zugestellt. Allerdings wurden sie dort nicht ausgewertet. Die Fehlerkosten wurden durch das Qualitätswesen nur unvollständig erfaßt. *Fehlermeldungen*

Die Erfassung der Vorgangsstufen in den verschiedenen Teilabläufen des Arbeitssystems KLB vollzog sich in den gleichen Schritten wie in den beiden anderen Arbeitssystemen. *Erfassung der Ablaufinhalte*

1. Vorbereitung: Die Dokumente, die im Arbeitssystem KLB erstellt werden und die Beziehungen zwischen der Maschinenbau GmbH und den ausgewählten Lieferanten darstellen, wurden gesammelt und gesichtet. Dies sind bei der Maschinenbau GmbH die Beschaffungs-, die Lieferantenunterlagen und solche, die bei der Wareneingangskontrolle als Fehleranalysen im Qualitätswesen entstehen. Bei den Lieferanten standen Unterlagen nur eingeschränkt, als Vorgang, Arbeitskarte, Rüstkarte zur Verfügung. *Fertigungsunterlagen sammeln, sichten*

Über persönliche Aufzeichnungen, die für die Gestaltung des Arbeitssystems relevant sind, verfügen Mitarbeiter weder in den Abteilungen der Maschinenbau GmbH noch bei den ausgewählten Lieferanten.

…zuordnen

2. Auswahl und Zuordnung: Die Unterlagen werden den Teilvorgängen und Vorgangsstufen des Gesamtablaufs im Arbeitssystem KLB zugeordnet. Sichtbar wurde zum einen, daß eine Vielzahl von Unterlagen vorhanden ist, die alle Teilabläufe im Arbeitssystem hinreichend abdecken. Zum anderen wurde sichtbar, daß die Unterlagen Anforderungen enthalten, die an Produkte gestellt oder von der Maschinenbau GmbH und den Lieferanten wechselseitig erhoben werden. Die Unterlagen spiegeln aber nur bedingt die Logik der Teilabläufe und Vorgangsstufen wider.

Ablaufinhalte dokumentieren

3. Erfassung: Bei der Strukturierung des Gesamtablaufs wurde den gleichen Fragen wie in den beiden anderen Arbeitssystemen nachgegangen. Prozeßorientiert wurden sowohl die internen Abläufe bei der Maschinenbau GmbH, als auch die internen Abläufe bei den Lieferanten erfaßt.

Am Beispiel der KLB zwischen der Maschinenbau GmbH und den drei ausgewählten KMU wurde belegt, daß die Probleme im Arbeitssystem und daraus resultierende Schwierigkeiten der Wertschöpfung nicht auf einen Mangel an Dokumenten zur Regelung des Gesamtablaufs bzw. der Teilabläufe zurückzuführen sind. Im Gegenteil, es sind alle grundlegenden, wesentlichen Informationen vorhanden, die das Auftreten derartiger Probleme verhindern oder zur Lösung genutzt werden könnten. Probleme treten in der Hauptsache auf, weil Informationen nicht oder

Hauptproblem: Informationsaustausch, -auswertung

verspätet mitgeteilt, aber nicht genutzt werden, wie z. B. die Fehlermeldungen, Fehleranalysen des Qualitätswesens oder Prüfprotokolle der Lieferanten.

Die Auswertung und Nutzung von Informationen bei den Zulieferfirmen erfolgt zuverlässiger von der Vertragsprüfung bis zur Endkontrolle. Doch auch hier gibt es Probleme bei der Weitergabe von Informationen an den Kunden.

Zwischen den drei ausgewählten Lieferanten wiederum fließen überhaupt keine Informationen, die die Beziehungen zur Maschinenbau GmbH betreffen.

Ablaufdokumentation
vergleichen

4. Aufarbeitung: Die Aufarbeitung erfolgte gleichfalls durch den Vergleich der erfaßten Vorgangsstufen mit den einschlägigen Verfahrens-, Arbeitsanweisungen und weiteren Dokumenten des Qualitätsmanagementsystems in der Maschinenbau GmbH. Hervorzuheben ist, daß alle Informationsbeziehungen innerhalb der Maschinenbau GmbH und zu ihren Lieferanten durch Verfahrensanwei-

sungen und weitere Qualitätsdokumente geregelt sind. Inhaltlich stimmen sie mit den Anforderungen der Norm
DIN EN ISO 9001 überein, doch im Tagesgeschäft wird so
häufig gegen sie verstoßen, daß die Wertschöpfung nicht
nur beim Kunden, sondern auch bei den Lieferanten mi-
nimiert wird.

5. Überprüfung: Der Gesamtablauf, die Teilabläufe und   Ablaufdokumentation
Vorgangsstufen wurden mit einer Checkliste erfaßt und   überprüfen
dokumentiert. Die Dokumentation wurde wiederholt
überprüft und durch (kaum vorstrukturierte) Gespräche
mit Führungskräften und Mitarbeitern in den vier Betrieben vertieft.

Die Checkliste (*Bild 2.20*) ist so aufgebaut, daß mit ihr   Erfassungsmethoden
die Teilabläufe zeitlich und logistisch in der Wertschöpfungskette erfaßt werden können.

Einerseits ist diese Vorgehensweise zweckmäßig. An-
dererseits ist es notwendig, zwischen Teilabläufen in der
Maschinenbau GmbH und bei den einzelnen Lieferanten
zu unterscheiden, weil

- die sequentielle Betrachtung das Fokussieren und
  Erfassen von unternehmensspezifischen Geschäfts-
  prozeßaktivitäten erleichtert,

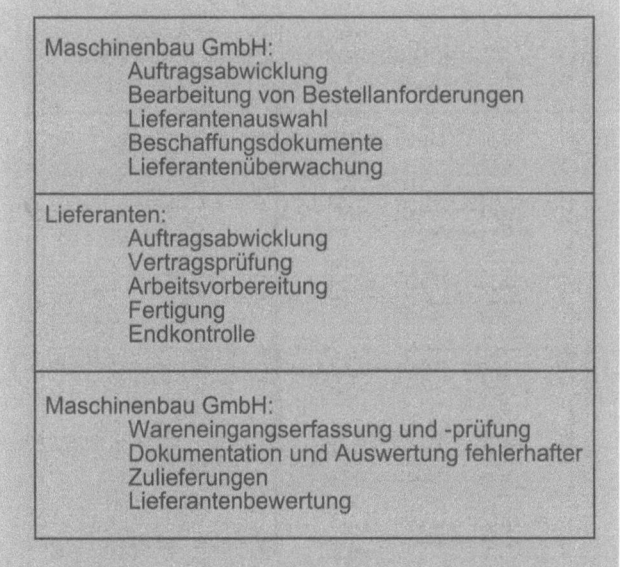

Bild 2.20 Struktur der Checkliste zur Erfassung von KLB

- interne, externe Schnittstellen sowie Verfahrensabweichungen erkannt und erfaßt werden sollen,
- die Auftragsbearbeitung des Lieferanten zeitlich
parallel zur Überwachung durch die Maschinenbau
GmbH erfolgt, die Darstellung beider Geschäfts-
prozesse aber folgerichtig sein muß und
- im Leitfaden allgemeine Unternehmensaspekte
berücksichtigt werden müssen, die keinem
Geschäftsprozeß direkt zuzuordnen sind.

Die Checkliste ist als zweispaltiges Erfassungsformular
gestaltet. In der linken Spalte sind die Fragen vorgegeben, denen in der rechten Spalte die entsprechenden Fest-
stellungen zugeordnet werden (*Bild 2.21*).

In der Maschinenbau GmbH und bei einem der drei ausgewählten Lieferanten wurde die Checkliste zunächst
getestet, danach präzisiert und ergänzt. In dem Zusammenhang wurde auf spezielle Fragen zum Qualitätsmanagementsystem der Lieferanten verzichtet, weil sie nicht zertifiziert sind und die Zertifizierung auch nicht anstreben.
Die Liste (⊟) kann durch diese und andere Aspekte erweitert oder an die Spezifik anderer KLB angepaßt werden .

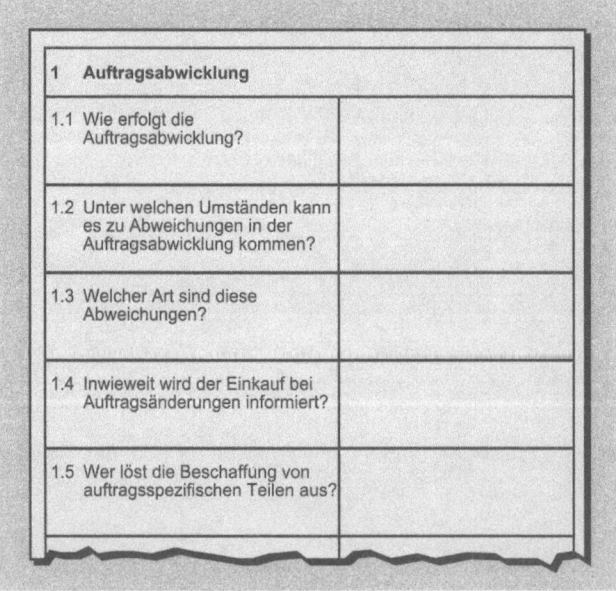

Bild 2.21 Checkliste KLB – Musterseite

2.4 Aufarbeitung des Qualitätswissens

2.4.1 RELEC GmbH: Soll-Zustand des Arbeitssystems KX 13

Gemeinsam mit den Mitarbeitern (Stamm und Aushilfen) der Gruppe, mit Führungskräften des Produktbereichs elektromechanische Zeitrelais, der Geschäftsführung und dem Betriebsrat wurde der Soll-Zustand für das Arbeitssystem KX 13 bestimmt. Das geschah in Übereinstimmung mit den Maßnahmen zur Vorbereitung der Zertifizierung nach DIN EN ISO 9001. Sie zielten u.a. darauf ab, die Ablauforganisation durch die Einführung teilautonomer Gruppenarbeit zu verändern. Im Zuge dieser Reorganisation sollten vor allem die Aufgaben des bisherigen Einrichters durch die Mitarbeiter der Gruppe übernommen werden. Ebenso sollten sie künftig das Anlernen übernehmen und waren deshalb an Hilfsmitteln dafür interessiert.

Unternehmensentwicklung durch Qualitätsmanagement

Als Soll-Zustand des Arbeitssystems KX 13 wurde festgelegt:

Beim altersbedingten Ausscheiden der ständigen Mitarbeiter sollen vorzugsweise die jetzt als Aushilfen tätigen in das Arbeitssystem umgesetzt werden. Die Aushilfen können derzeit nur in der Vormontage Einzelteile zu Baugruppen für das KX 13 fügen, sind aber nicht in der Lage, ein Relais komplett zu montieren. Durch arbeitssystembezogenes Qualitätslernen sollen sie qualifiziert werden, fehlerkritische Vorgangsstufen der Komplettmontage anforderungsgerecht auszuführen, um die erreichte Prozeßfähigkeit zu erhalten. Im einzelnen wurden folgende Zielsetzungen vereinbart:

Erfahrungswissen durch Qualitätslernen vermitteln

- Der Verlust von Erfahrungswissen zur Fehlervermeidung beim KX 13 soll vermieden,
- die Qualifikationsstruktur der künftigen Mitarbeiter soll durch die Vermittlung dieses Wissens zur Fehlervermeidung homogener werden und
- die Entwicklung von Lehr- und Lernmitteln soll dazu beitragen, daß Qualitätslernen zum festen Bestandteil des Arbeitsprozesses wird .

Darüber hinaus wurde festgelegt, daß sich die Gestaltung der Lehr- und Lernmittel an dem im Unternehmen gülti-

Lehr- und Lernmittel
gestalten

gen Standard für Prüfanweisungen orientieren soll, damit sie ins Qualitätsmanagementsystem einbezogen werden können.

Der Vergleich von Soll- und Ist-Zustand hebt hervor, daß
der entscheidende Handlungsbedarf für die Gestaltung sy-
stembezogenen Qualitätslernens (*Bild 2.22*) bei der

- Bestimmung und Aufarbeitung der Lerninhalte,
- Entwicklung eines Lehr- und Lernkonzepts,
- Gestaltung der Lehr- und Lernmittel sowie
- in der Organisation des Qualitätslernens im Arbeitssystem selbst besteht.

Durch die Bestimmung der derzeitigen Aushilfen als Lern-
zielgruppe kann sich das Qualitätslernens inhaltlich auf
die Aneignung von typenbezogenem Erfahrungswissen
der ständigen Mitarbeiter zur Fehlervermeidung konzentrieren. Grundlegende Qualifikationen für die Relaismontage müssen nicht vermittelt werden, weil sie die Zielgruppe durch ihre bisherige Tätigkeit bereits erworben
hat.

2.4.2 Prozeß-FMEA

Der gesamte erfaßte Montageprozeß des KX 13 wird durch
Anwendung der Prozeß-FMEA einer systematischen Analyse unterzogen, um das Erfahrungswissen der ständigen
Mitarbeiter im Arbeitssystem zur Fehlernvermeidung zu
ermitteln.

FMEA-Anwendung im
„lebenden" Prozeß

Allerdings mußte die Methode für ihre Anwendung auf
den Montageprozeß als „lebenden" Prozeß modifiziert
werden. Es handelt sich dabei um einen fähigen Prozeß,
für den keine grundsätzlichen Verfahrensänderungen erforderlich sind.

Deshalb wurde die Methodenanwendung auf die Ermittlung des Fehlervermeidungswissens ausgerichtet. Zunächst mußten daher, außer den ständigen Mitarbeitern
im Arbeitssystem KX 13, weitere Träger von Expertenwis-
sen zu diesem Relais im Betrieb gefunden und mit ihnen
ein FMEA-Team gebildet werden.

Im Team werden Fehlermöglichkeiten der Vorgangsstufen und -elemente der Relaismontage und das Erfahrungswissen der Experten zur Fehlervermeidung ermittelt.

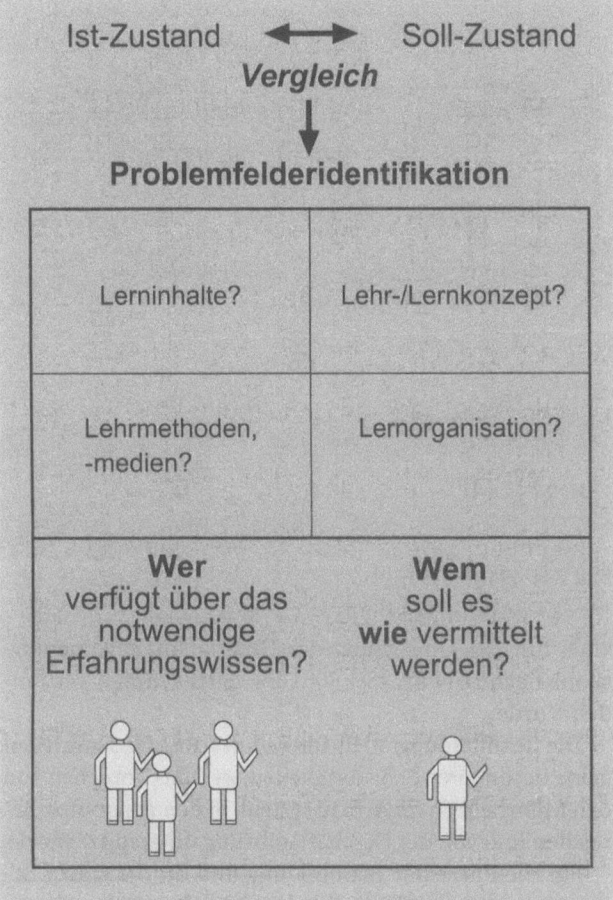

Bild 2.22 Entwicklung eines Lehr- und Lernkonzepts

Die Ermittlung ist Teil des Prozesses, durch den dieses Wissen in Qualitätswissen für fähige Prozesse transferiert wird.

FMEA-Team bilden

Weitere Experten wurden in der Arbeitsvorbereitung, im Qualitätswesen und in der Reparaturabteilung gefunden. Aus der Entwicklung/Konstruktion konnte kein Vertreter gewonnen werden, weil der Konstrukteur des Relais aus Altersgründen bereits aus dem Betrieb ausgeschieden ist. Es wurde ein Team aus sechs Experten (*Bild 2.23*) gebildet.

Durch die Auswahl war gewährleistet, daß in die Ermittlung nicht nur das unmittelbare Erfahrungswissen zur Fehlervermeidung einfließt, sondern dieses Vorgehen

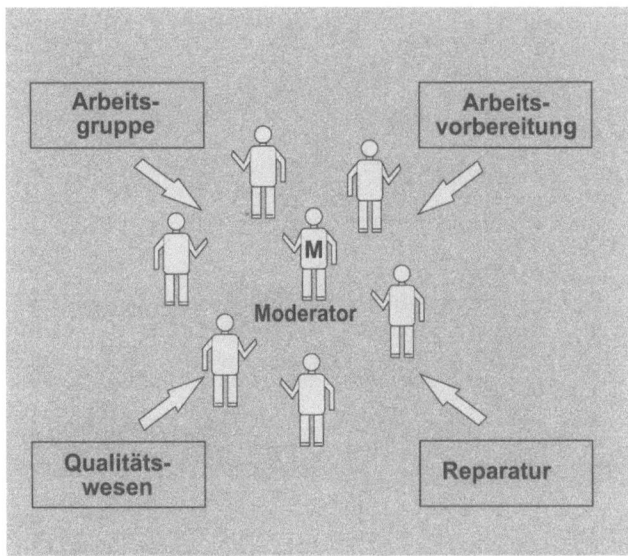

Bild 2.23 FMEA-Team

auch mit der Umsetzung des Qualitätsmanagementsystems nach DIN EN ISO 9001 im Unternehmen verbunden wurde.

Bildung des FMEA-Teams — Die Teambildung stieß im Fall der RELEC GmbH auf keine besonderen Schwierigkeiten, weil das Vorgehen von den Mitarbeitern im Arbeitssystem, in den genannten Bereichen und von der Geschäftsführung unterstützt wurde.

FMEA-Schulung — Für die Phase der Teambildung und für die ersten Besprechungen wurde von den betrieblichen Experten ein Externer als Moderator benannt. Die Moderation wurde nach der FMEA-Schulung vom Qualitätsmanagement-Beauftragten wahrgenommen.

Mit dem Team wurde eine FMEA-Schulung (*Bild 2.24*) durchgeführt, weil, außer beim Qualitätsbeauftragten, nur sehr wenige Kenntnisse zu dieser Methode verfügbar waren.

Schulungsziele waren daher die Wissensvermittlung zu Anliegen, Möglichkeiten, Nutzen dieser Methode sowie Übungen zu Vorgehensweisen und Techniken der Methodenanwendung.

Für die Übungen wurden Einzelteile, Baugruppen und Modelle des KX 13 bereitgestellt, die das Relais in verschiedenen Teilabläufen des gesamten Montageprozesses veranschaulichen. Geübt wurden besonders das Erken-

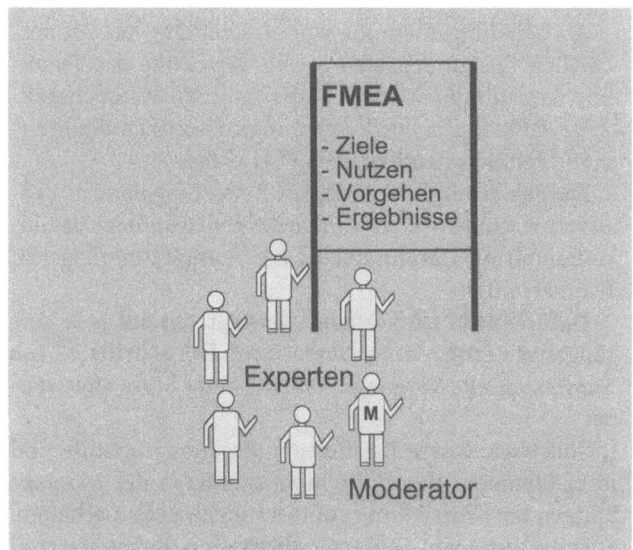

Bild 2.24 Ziele der FMEA-Schulung

nen und Benennen von Fehlermöglichkeiten. Das war vor allem für die Teammitglieder wichtig, die nicht ständig in die Relaismontage einbezogen sind.

Besonders schwierig war die Formulierung des Erfahrungswissens zur Fehlervermeidung. Diese Schwierigkeit wird durch Besonderheiten des Erfahrungswissens und dadurch hervorgerufen, daß die Schulung als Lernstatt und nicht unmittelbar unter Prozeßbedingungen im Arbeitssystem stattfand.

Einen weiteren inhaltlichen Schwerpunkt der FMEA-Schulung bildete die Verständigung zur Skalierung der drei Bewertungskriterien „Wahrscheinlichkeit des Auftretens", „Wahrscheinlichkeit der Entdeckung" und „Bedeutung/Auswirkung für den Kunden" (). Sie mußte an den Montageprozeß des KX 13 angepaßt werden. Zum anderen sollte im Team erreicht werden, daß die Bewertung der Fehlermöglichkeiten nach einheitlichen Maßstäben erfolgt. Die Diskussion diente schließlich auch dazu, die Verwendung von Begriffen zu vereinheitlichen.

Geübt wurde weiterhin die Berechnung der Risikoprioritätszahl (RPZ) durch die Multiplikation der Punktzahlen, die bei der Bewertung von Fehlermöglichkeiten nach den drei Kriterien vergeben werden.

Schulungsinhalte

Schulungsmethode

Als Schulungsmethode wurde, abhängig von der personellen Zusammensetzung und der Größe des Teams, eine zweistündige Gruppenarbeit mit Workshopcharakter gewählt. Dafür wurde Schulungsmaterial (*Anhang 4.1*) entwickelt und den Experten übergeben.

Die Fehlermöglichkeiten, ihre Bewertung und das Fehlervermeidungswissen wurden auf der Grundlage des dokumentierten Gesamtablaufs der Komplettmontage im Team ermittelt.

Durchführung der Prozeß-FMEA – Vorgehen

Dafür wurde ein Vorgehen gewählt, das auf jede Vorgangsstufe erneut angewendet wird. Die Schritte 2 bis 4 werden auf alle Vorgangselemente einer Stufe angewendet.

Überblick verschaffen

1. Überblick: Kurze Erläuterung der Vorgangsstufe und ihrer Elemente, damit die nicht ständig in der Montage Tätigen eine Vorstellung vom jeweiligen Ablauf erhalten.

Fehlermöglichkeiten ermitteln

2. Ermittlung von Fehlermöglichkeiten: Benennen und diskutieren der Fehlermöglichkeiten für die Vorgangselemente einer Stufe. Begründung und Analyse der Ursachen möglicher Fehler. Erfassen der Fehlerursachen im Erfassungsformular der Ablaufdokumentation .

Fehlermöglichkeiten bewerten

3. Bewertung: Beurteilung der erkannten Fehlermöglichkeiten nach den drei FMEA-Kriterien. Höchste vergebene Punktzahl für jedes Kriterium dem Vorgangselement in der Ablaufdokumentation zuordnen. Übergehen zum nächsten Element, wenn alle im Team ihr Urteil abgegeben haben.

Risikoprioritätszahl (RPZ) errechnen

4. RPZ und Fehlervermeidungswissen: Berechnen der RPZ (*Bild 2.25*) durch Multiplizieren der höchsten Punktzahlen für die drei Kriterien. So sicherstellen, daß das jeweils pessimistischste Urteil einfließt. Kontrovers das Vermeiden von Fehlerursachen diskutieren, um Fehlervermeidungswissen zu aktivieren. Bei Einvernehmen im Team Wissen in der Ablaufdokumentation ausweisen.

Bei diesem Vorgehen wurde auf die Einzelteile, Baugruppen und Modelle des KX 13 zurückgegriffen, die für die FMEA-Schulung zur Verfügung standen.

Entscheidend für den Erfolg dieses Vorgehens sind die Vollständigkeit und Exaktheit der Dokumentation des Gesamtablaufs in den Erfassungsformularen für die Vorgangsstufen.

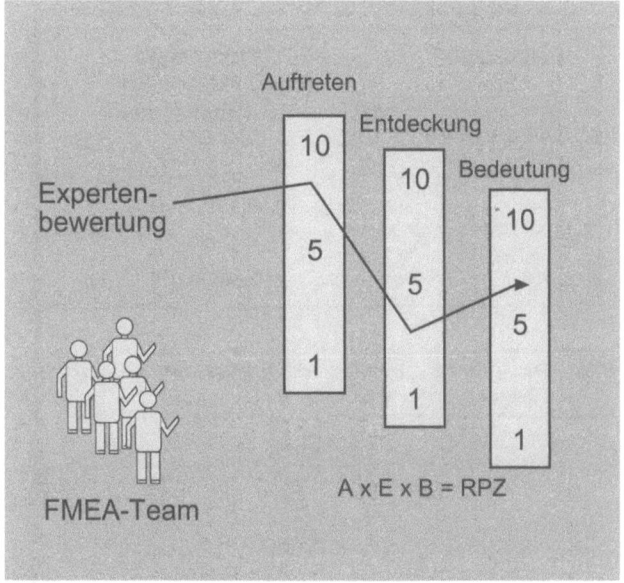

Bild 2.25 Prozeß-FMEA, Bewertung von Vorgangselementen

Im Ergebnis verfügt die RELEC GmbH über eine vollständige, durch ihre Experten geprüfte Darstellung des Gesamtablaufs, die nunmehr auch die Fehlerursachen, alle nach FMEA-Kriterien bewerteten Fehlermöglichkeiten einschließlich der RPZ und das Erfahrungswissen zur Fehlervermeidung umfaßt (*Bild 2.26*).

Ablaufdokumentation vervollständigen

Die Prozeß-FMEA führte die Experten zu weiteren für die Montage des Relais wichtigen Erkenntnissen:

Weitere FMEA-Ergebnisse

- Da die Fehlbedienung von Prüfvorrichtungen für die Funktions- und die Hochspannungsprüfung auszuschließen ist, wurde das Auslassen der Funktionsprüfung als schwerwiegendster Fehler durch eine RPZ mit 320 Punkten und das Auslassen der Hochspannungsprüfung mit einer RPZ von 400 Punkten bewertet. Die Bewertung ergibt sich daraus, daß durch die Prüfung Fehler entdeckt werden, die bei vorausgegangenen Vorgangsstufen entstanden sind.
- Weil das Justieren der Kontakte sensibel ist und ein hohes Maß von „Fingerspitzengefühl" erfordert, wurden alle Elemente dieser Vorgangsstufe nach dem ungünstigsten Fall, dem falschen Einstellen der Kontakte bewertet (RPZ = 108.)

Typ: KX 13 Vs. V.4.1	Stückliste:	Werkzeuge/ Betriebsmittel:
Ablaufstufe: Vormontage	204.71/C1 Magnet, vollst.　1 204-234　Leiste　1 S2155　Spule　1 N0611　Schraube　2	"Magnetmontagelehre" Elektrischer Schrauben- dreher
Vorgang/ Vorgangsstufe V.4.1: Spule und Magnet montieren	102-25/A1 Sicherungsblech 1 W8004010 Molykote BR 2 N0601　Schraube　1	Pinsel Biegewerkzeug

Vorgangselemente	Potentielle Fehler	Fehlerbewertung			Fehlervermeidung
		Auftreten	Entdeckung	Bedeutung	
Arbeitsplatz:					
1. Magnetmontagelehre bereitstellen	Keine Risiken				
2. Sicherungsblech mit Achse (102.05) aus dem Magneten ziehen	Keine Risiken				
3. Magnet mit den Bohrungen nach oben in die Lehre einsetzen	Keine Risiken				
4. Leiste "Kontaktträger" auf den Magneten legen und mit 2 Schrauben (611er) fixieren	Keine Risiken				
5. Sicherungsblech in die Spule einsetzen	Vergessen, falsch eingesetzt	3	9	1	=27
6. Magnet mit Leiste in die Spule schieben	Spule falsch positioniert	2	1	1	=2
7. Mit Pinsel Molykote auf die Achse des Sicherungsblechs (102.05) auftragen	Nicht geschmiert	6	10	8	Kontrollarbeitsschritt "Schüttelprobe" einführen =480
8. Anker (102.04) einsetzen und mit der Achse fixieren	Keine Risiken				
9. Anker (102.04) einsetzen, mit der Achse fixieren und festschrauben (601)	Schraube vergessen, Arretierung falsch	7	8	8	=448
10. Prüfen, ob sich der Anker leicht bewegt	Anker bewegt sich schwer	2	1	4	Begrenzungsplatte des Ankers mit dem "Messer" wegbiegen (=8)

Bild 2.26 KX 13, V.4.1 – Vorgangselemente mit RPZ

• Weil keine Vorgaben zur Einstellung der Drehmomente an elektrischen Schraubendrehern vorhanden sind, soll das Anzugsdrehmoment von einem ständigen Mitarbeiter im Arbeitssystem überprüft und korrigiert werden.

Diese Fehlermöglichkeiten können auf andere Relaistypen, unter Berücksichtigung ihrer jeweiligen Besonderheiten, übertragen werden.

Das Team bewertete die Anwendung der Prozeß-FMEA als Erfolg, weil zum einen Fehlermöglichkeiten festgestellt wurden, die vorher so nicht bekannt waren. Zum anderen wurden vorab von den Experten vermutete Fehlermöglichkeiten durch die Methodenanwendung ausgeschlossen.

Aus der Ablaufdokumentation sollten als nächstes von den Experten Vorgangsstufen bzw. -elemente für das Qualitätslernen ausgewählt werden. Dafür waren ein oder mehrere Auswahlkriterien zu finden, die sicherstellen, daß die Stufen ausgewählt werden, die für die Prozeßfähigkeit im Arbeitssystem entscheidend sind.

Auswahl von Fehlervermeidungswissen als Lerninhalt

Bei traditioneller FMEA-Anwendung wird als Auswahlkriterium die Höhe der RPZ, gleich oder größer als 125 Punkte, empfohlen. Letztlich ist das eine Ermessensfrage.

Das Team entschied sich abweichend davon für eine RPZ größer als 150 Punkte. Diese Entscheidung wurde, ausgehend von dem definierten Soll-Zustand, jedoch auch unter Aufwands- und Kostengesichtspunkten getroffen.

Auf dieser Grundlage wurde das Fehlervermeidungswissen zu fehlerkritischen Elementen aus acht Vorgangsstufen, vier aus der Vormontage, drei aus der Montage und eine aus dem Prüfen ausgewählt. Das Wissen soll nach seiner didaktisch-methodischen Aufarbeitung durch Qualitätslernen im Arbeitssystem von den als Aushilfen tätigen Mitarbeitern angeeignet werden.

Als Beispiel für die Auswahl wird das Vorgangselement V.4.1-8 „Mit dem Pinsel Molykote (Schmierfett) auf die Achse des Sicherungsblechs auftragen" erläutert: Es gehört in die Vorgangsstufe „Spule und Magnet montieren" der Vormontage. Als Fehlermöglichkeit wurde ermittelt, daß das Schmierfett nicht aufgetragen wird. Die Wahrscheinlichkeit, daß der Fehler auftritt, wurde mit „gelegentlich" (6 Punkte), die Entdeckungswahrscheinlichkeit mit „unwahrscheinlich" (10 Punkte) und die Kundenauswirkung als „schwerer Fehler" (8 Punkte) eingestuft (RPZ 480). Das Nichtfetten zieht den schnellen Verschleiß, die Funktionsunfähigkeit des Geräts beim Kunden und seine Verärgerung nach sich.

2.4.3   MOTKomponenten: Soll-Zustand – Nockenfräsen-BAZ

Prozeßfähigkeit erhöhen, Fehlleistungsaufwand senken

Die Bestimmung des Soll-Zustandes orientiert sich an dem insgesamt von der MOTKomponenten GmbH angestrebten Ziel, die Prozeßfähigkeit durch Senkung des Fehlleistungsaufwandes bei gleichzeitiger Steigerung der Maschinenlaufzeiten zu erhöhen. Diese Festlegung wurde von den ausgebildeten und angelernten BAZ-Bedienern der Gruppe Kettenrad in Übereinstimmung mit Geschäftsführung und dem Betriebsrat getroffen. Zur Zielerreichung soll Qualitätslernen beispielhaft im Arbeitssystem Nockenfräsen-BAZ beitragen, indem sich Mitarbeiter

Anforderungen an Qualitätslernen

- Wissen zur anforderungsgerechten Ausführung fehlerkritischer Teilabläufe aneignen,
- Kenntnisse zur Störfallinterpretation und Einleitung von Korrekturmaßnahmen erwerben und
- ihr qualitätsrelevantes Verhalten verbessern, um unbewußtes und bewußtes Fehlverhalten einzuschränken.

Zur Zielerreichung soll unter Einbeziehung der Gruppe Kettenrad eine Methode entwickelt werden, um mit vertretbarem Aufwand sowie mit unternehmenseigenem Know-how das erforderliche Qualitätswissen zu erfassen und es in Lehr- und Lernmitteln für das Qualitätslernen im Arbeitssystem Nockenfräsen-BAZ didaktisch-methodisch aufzuarbeiten. Die Mittel sollen so gestaltet sein, daß sie von der Gruppe selbständig für das Anlernen genutzt, bei Produkt- und Prozeßveränderungen aber von ihr selbständig um- oder neugestaltet werden können.

2.4.4 MOTKomponenten: Bewertung, Vermeidung von Fehlermöglichkeiten

In der MOTKomponenten GmbH konnte aufgrund der Schichtarbeit kein FMEA-Team wie in der RELEC GmbH gebildet werden. Zur

Modifikation der Prozeß-FMEA

- Auswahl der fehlerkritischsten Vorgangsstufen im Ablauf des Arbeitssystems Nockenfräsen-BAZ,
- Ermittlung und Bewertung der Fehlermöglichkeiten in diesen Vorgangsstufen sowie
- zur Festlegung des Fehlervermeidungswissens

wurde mit den BAZ-Bedienern der Gruppe Kettenrad eine zweistufige mündliche Befragung durchgeführt. Damit wurden die Grundprinzipien der Prozeß-FMEA zur Wirkung gebracht.

Die erste Stufe der Befragung zielte auf die Auswahl der besonders qualitätsrelevanten Vorgangsstufen, während sich die zweite Stufe auf die Festlegung des Fehlervermeidungswissens konzentrierte.

Die BAZ-Bediener sollten in der ersten Stufe beurteilen, wie fehlerkritisch einzelne Vorgangsstufen in den Teilabläufen sind. Befragt wurden insgesamt zehn ausgebildete und angelernte Bediener, die entweder durch job rotation immer wieder im BAZ tätig sind oder bereits dort tätig waren. Sie sollten ihre Urteile nach den Kriterien (+) sehr, (o) kaum und (-) nicht fehlerkritisch abgeben. Zwei Probleme traten dabei auf: Erstens fiel es den Befragten schwer, die Vorgangsstufen nach diesen Kriterien zu beurteilen. Zum zweiten konnten sie kaum nachvollziehen, warum und auf welcher methodischen Grundlage diese Befragung stattfand.

Ermittlung von Fehlermöglichkeiten

Zur Lösung des Problems wurde mit dem Sprecher der Gruppe vereinbart, im folgenden Gruppengespräch eine kurze Einführung in die Prozeß-FMEA als Methode des Qualitätsmanagements zu geben.

Gruppengespräch als FMEA-Schulung

Im Mittelpunkt standen die mit der FMEA-Anwendung verfolgten Ziele und die drei Bewertungskriterien. Insbesondere ausländischen Mitarbeitern wurden die Kriterien sorgfältig erläutert, um sprachlichen Mißverständnissen vorzubeugen. In dem Zusammenhang führte der Meister kurz in die Funktion des Kettenrades im Versteller sowie dessen Wirkungsweise im Verbrennungsmotor ein. Dadurch konnten die Gruppenmitarbeiter etwas klarere Vorstellungen von Folgen möglicher Fehler für interne und externe Kunden entwickeln.

Für die Zwecke dieser Einführung wurde das bei der RELEC GmbH zur Prozeß-FMEA gestaltete Schulungsmaterial leicht verändert eingesetzt. Die Einführung wurde mit einem Zeitumfang von etwa 60 Minuten einmal im Übergang von der Früh- zur Spätschicht organisiert und in der Nachtschicht wiederholt.

Danach wurde die erste Stufe der Befragung auch wiederholt. Den Befragten gelang es schon besser, unterstützt durch den Interviewer, der auf einzelne Inhalte zur FMEA-Einführung verweisen konnte, das Fehlerkritische von Teilabläufen zu erkennen und zu beurteilen. Die Mehrzahl der Vorgangsstufen wurde nach den Kriterien (+) sehr und (-) nicht fehlerkritisch eingruppiert. Diese Urteile wurden vom Interviewer in einem vorbereiteten Bewertungsbogen den Stufen zugeordnet.

FMEA-Modifikation

In Anlehnung an die Ermittlung der RPZ wurden die im Bewertungsbogen erfaßten Urteile zur Fehleranfälligkeit ausgewertet, indem für jedes (+) sehr und (-) nicht fehlerkritisch jeweils ein Punkt vergeben wurde. Für jeden Teilablauf können nach diesen Kriterien maximal zehn Punkte vergeben werden. Auf diese Weise können Prioritäten gebildet, das Fehlervermeidungswissen ermittelt und bestimmte Teilabläufe als Inhalte des Qualitätslernens im Arbeitssystem ausgewählt (*Bild 2.27*) werden. Offensichtlich können Teilabläufe, die eindeutig nicht oder kaum fehlerkritisch beurteilt werden, als weniger qualitätsrelevant unberücksichtigt bleiben.

Nach der Entscheidung durch die BAZ-Bediener sowie nach Rücksprache mit der Geschäftsführung und dem Qualitätsbeauftragten wurden alle Teilabläufe mit mindestens 7 Punkten als Lerninhalte ausgewählt. Die Auswahl im Überblick:

Auswahl fehlerkritischer Teilabläufe

- Werkstück aufspannen (10 Punkte),
- Werkstück messen (9 Punkte),
- Fehlerinterpretation und Korrekturmaßnahmen (8 Punkte),
- Werkzeugwechsel (8 Punkte),
- Umrüsten; Werkzeugkorrekturdaten (7 Punkte) und
- Organisation, Materialfluß (6 Punkte).

Vorgangsstufe:	Bewertung Nennungen			Aus-wahl
	+	o	-	
Störungsfreier Ablauf:				
Werkstücke aufspannen	9	1		▥
BAZ-Automatikbetrieb	7	2	1	
Werkstücke ausspannen	2	3	5	
Werkstücke messen	10			▥
Handentgraten	7	1	2	
Umrüsten	8	1	1	▥
Wartungs- und Reinigungsarbeiten	4	5	1	
Störfallbeseitigung:				
Fehlerinterpretation/ Korrekturmaßnahmen	9		1	▥
Werkzeugwechsel	9		1	▥
Werkzeugkorrekturdaten	8	1	1	▥
Programmkorrektur	6	2	2	
Instandhaltung	6	2	2	
Werkzeugbau	3	3	4	
Meßtechnik	2	1	7	
Organisation	7	2	1	▥
Umfeldaufgaben/Gruppenarbeit:				
Gruppenarbeit	6	3	1	
Materialfluß	7	2	1	▥
Qualitätssicherung	9	1		

Bild 2.27 Vorgangsstufen als Inhalte von Qualitätslernen

Zusätzlich wurde der Teilablauf Materialfluß und Organisation in die Auswahl aufgenommen, weil er eine spezifische Schwachstelle im Arbeitssystem ist.

Durch die Bildung von Prioritäten konzentriert sich Qualitätslernen auf die Teilabläufe, die qualitätsrelevant und für die Prozeßfähigkeit im Arbeitssystem entscheidend sind.

Für die nach Expertenurteil ausgewählten Teilabläufe wurde nun in der zweiten Stufe der mündlichen Befragung das Fehlervermeidungswissen ermittelt:

Ermittlung des Fehlervermeidungswissens

Werkstücke aufspannen: Verschmutzte Fügeflächen des aufgespannten Kettenrads und der Werkstückaufnahme sind häufig Ursache für Fehlteile. Fügeflächen vor dem Aufspannen sorgfältig kontrollieren, Werkstückaufnehmer auf Beschädigungen überprüfen und auswechseln, denn sie führen zu Fehlteilen. Zusätzliche Kontrolle der Aufspannung.

…Aufspannen

Werkstück messen: Bei SPR-Messen den BAZ-Automatikbetrieb optisch und akustisch überwachen. SPR-Meß-

…Messen

vorrichtung sehr sensibel, verschmutzte Kettenräder werden als Fehlteile interpretiert.

Fehlerinterpretation und Korrekturmaßnahmen: Systematik für Suche von Fehlerursachen sinnvoll. Fehlerursachen nach Häufigkeiten anordnen: Meß- und Fügeflächen; Kalibrierung der Meßeinrichtung; Aufspannung reinigen, bei Beschädigung wechseln; Werkzeugverschleiß, -korrekturdaten, -wechsel. Weitere Fehlerursachen: Programmfehler (Nullpunkte, Schnittdaten), Spannvorrichtung oder Maschinenfehler.

Werkzeugwechsel: Fehler beim eigentlichen Wechsel selten. Bei Eingabe von Werkzeugdaten hohe Fehlerwahrscheinlichkeit, schwerwiegende Folgen. Wiederanfahren beobachten. Auf Störungen, z. B. verzögerter Kühlmittelfluß, schnell reagieren.

Umrüsten: Fügeflächen Kompaktvorrichtung sorgfältig überwachen bzw. reinigen; Beschädigungen und Verschmutzungen verursachen Maßabweichungen.

Werkzeugkorrekturdaten: Daten sorgfältig eingeben. Fehleingaben haben Fehlleistungsaufwand zur Folge.

Organisation, Materialfluß: Selbständig Rohteile aus Puffer holen, Waschmaschine mit bearbeiteten Teilen beschicken.

Das Fehlervermeidungswissen zu diesen Teilabläufen wurde durch eine Einzelbefragung von fünf Experten, die von der Gruppe Kettenrad unter den zehn BAZ-Bedienern der ersten Stufe der Befragung selbständig ausgewählt wurden, ermittelt. Dabei ordneten die Experten jeder Vorgangsstufe ihnen bekannte potentielle Fehler zu, bewerteten sie in Anlehnung an die Kriterien der Prozeß-FMEA und arbeiteten auf der Grundlage ihrer Erfahrungen Möglichkeiten der Fehlervermeidung heraus. Die Aussagen der einzelnen Experten werden in dem Formular dokumentiert, mit dem schon vorher die Teilabläufe im Arbeitssystem Nockenfräsen-BAZ erhoben wurden.

Die Einzelbefragung hat den Vorteil, daß Experten unabhängig und unbeeinflußt von ihren Kollegen Aussagen mit eigenen Worten formulieren können. Das ist angesichts der unterschiedlichen Sprachbeherrschung ausländischer Mitarbeiter, die bei mündlichen Darstellungen häufig gehemmt sind, besonders wichtig. Der Befragende muß bei diesem Vorgehen die Vergleichbarkeit sprach-

lich unterschiedlicher Aussagen sichern. Damit bereitet
er die Gruppendiskussion mit den Experten vor. Sie dient
dazu, die Ergebnisse der Einzelbefragung zusammenzu-
fassen, unterschiedliche Auffassungen anzunähern und
Widersprüche auszuschließen. Diese Vorgehensweise, so
eine Einschätzung der Experten, sei sicher nicht geeignet, alle möglichen Fehler auszuschließen. Nur durch die
konsequente SPR-Messung aller Kettenräder (100%-Prü-
fung – Prüfschärfe 1) könne die Weitergabe von Fehlteilen vermieden werden. Durch die Motivation der Mitarbeiter für die Fehlervermeidung kann qualitätsrelevantes
Verhalten jedoch verstärkt, unbewußtes und bewußtes
Fehlverhalten abgebaut werden.

Gruppengespräch zum Fehlervermeidungswissen

2.4.5 Maschinenbau: Soll-Zustand – Arbeitssystem KLB

Der für das Arbeitssystem KLB definierte Soll-Zustand
ist der Zielsetzung untergeordnet, die Wertschöpfung in
den beteiligten Firmen wesentlich zu verbessern. Zentrales Problem sind die Informationsbeziehungen. Sie sollen so umgestaltet werden, daß die Maschinenbau GmbH
gemeinsam mit ihren Lieferanten flexibel und effizient
Anforderungen im Segment kundenspezifische Armaturen erfüllen kann. Das Ziel soll im Rahmen der Pilotumsetzung beispielhaft durch unternehmensübergreifendes
arbeitssystembezogenes Qualitätslernen zwischen der
Maschinenbau GmbH und den drei ausgewählten Lieferanten erreicht werden. Das gemeinsame Qualitätslernen
wird von den Geschäftsführungen sowie von den Mitarbeitern, die in den Funktionen mit der Gestaltung der KLB
befaßt sind, als erster Schritt auf dem Weg zu einer
Wertschöpfungspartnerschaft betrachtet. Deshalb soll
eine gemeinsame Projektgruppe gebildet werden, die
ermittelt,

Informationsbeziehung durch Qualitätslernen verbessern

Projektgruppe bilden

- welcher Bedarf an Informationen und an
  Informationsrückkopplung besteht,
- welche Informationen ausgewählt und
- wie sie didaktisch-methodisch aufbereitet werden,

damit sie von Mitarbeitern im Arbeitssystem KLB eigen-
verantwortlich und selbständig für die Organisation fle-
xibler, effizienter Abläufe durch Qualitätslernen genutzt
werden können (*Bild 2.28*).

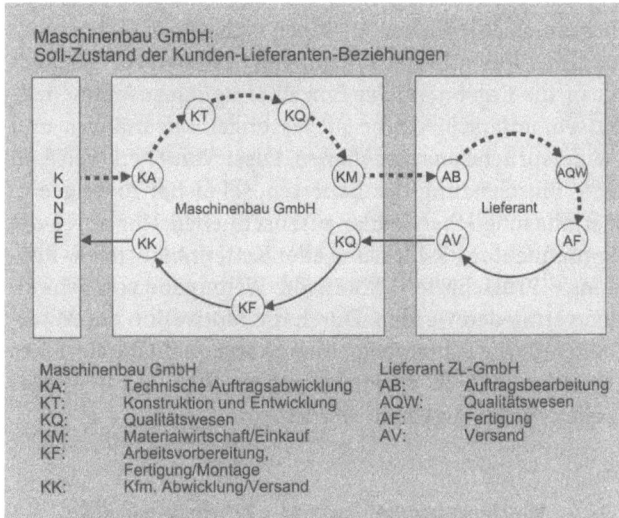

Bild 2.28 Soll-Zustand – Arbeitssystem KLB

Informationsbedarf ermitteln

Der Vergleich von Ist- und Soll-Zustand zeigt, daß der Informationsaustausch zentrales Anliegen gemeinsamer Bemühungen durch Qualitätslernen ist. Der größte Informationsbedarf existiert in bezug auf die

- Benennung von Ansprechpartnern und Herstellung persönlicher Kontakte,
- Nutzung von Informationen der Wareneingangskontrolle bei allen Partnern sowie
- auf Maßnahmen zur Verbesserung des Qualitätsmanagements bei den Lieferanten.

Informationsdefizite sind die Problemfelder, die zu Störungen im Arbeitssystem KLB führen und die durch Qualitätslernen beseitigt werden sollen. Diese Aufgabe soll von den Mitgliedern der Projektgruppe unter Einbeziehung weiterer Mitarbeiter in den Unternehmen gelöst und in Abstimmung mit den Geschäftsführungen umgesetzt werden.

2.4.6 Maschinenbau GmbH: Bewertung, Vermeidung von Fehlermöglichkeiten

Der Bewertung und Vermeidung von Fehlermöglichkeiten in den Teilabläufen des Arbeitssystems KLB war durch die Besonderheit geprägt, daß die Vertreter der Maschinenbau GmbH und der ausgewählten Lieferanten zunächst in der Projektgruppe zusammengeführt werden mußten, die die Funktion der FMEA-Teams übernehmen sollte. Die Bildung dieser Gruppe erwies sich als überaus kompliziert und zeitaufwendig.

Der Prozeß des Umdenkens in der Maschinenbau GmbH, bezogen auf die Umgestaltung traditioneller, von Abgrenzungs- und Konkurrenzverhalten geprägter KLB im Beschaffungssegment der mechanischen Bearbeitung zu einer Wertschöpfungspartnerschaft, blieb erst auf dieses Unternehmen beschränkt. Er mußte auf die zunächst intern in der Maschinenbau GmbH ausgewählten Lieferanten ausgedehnt werden. Darüber hinaus sollten sie die von ihrem Kunden bereits gewonnenen Erkenntnisse nachvollziehen und akzeptieren, daß für sie angesichts der geringen Auftragsvolumina der Maschinenbau GmbH eine Wertschöpfungspartnerschaft ebenfalls von Vorteil ist.

Einbeziehung der Lieferanten

Vertreter des Qualitätswesens, des Einkaufs sowie aus der Entwicklung und Konstruktion suchten die ausgewählten Lieferanten mehrfach auf und kamen mit den Geschäftsführungen und mit ihren direkten Partnern in diesen Firmen vor Ort ins Gespräch. Erst dadurch wurden persönliche Kontakte zwischen Kunden und Lieferanten geknüpft und schrittweise entfaltet, die nunmehr von den bisher üblichen indirekten Beziehungen (Telefon, Fax, Brief) ergänzt werden.

Eine Wertschöpfungspartnerschaft setzt das Vertrauen der Partner zueinander voraus, das jedoch erst durch Kommunikation entstehen und wachsen kann. Aus dieser Sicht waren die Gespräche vor Ort ein entscheidender Schritt, durch den viele nachfolgende Schwierigkeiten langsam überwunden werden konnten.

Der anfängliche Widerstand gegen die Idee der Wertschöpfungspartnerschaft begann zu schwinden und die Teilnahmebereitschaft zu wachsen, als aufgezeigt wurde, daß

Widerstände, Vorbehalte überwinden

• fehlerhaft gelieferte Produkte, unabhängig von den Auftragsumfängen, mit Kosten durch Nacharbeit oder Ersatzlieferungen verbunden sind, die die Wertschöpfung der Lieferanten selbst beeinträchtigen;

- verbesserte Informationsbeziehungen Korrekturmaßnahmen erheblich reduzieren und eine effizien-
  tere Nutzung der Ressourcen aller Beteiligten
  ermöglichen;
- kein Auftragsvolumen zu gering ist, um interne
  Unternehmensabläufe, orientiert an den Normen der
  Reihe DIN EN ISO 9000 ff., zu verbessern.

Bildung der Projektgruppe

In dem Maße, in dem die Lieferanten diese Erkenntnisse
schrittweise akzeptierten, wurde auch der mit der Bildung
der Projektgruppe verbundene personelle, finanzielle und
zeitliche Aufwand als vertretbar angesehen.

Schließlich kam es zur Bildung und ersten gemeinsamen Besprechung der Gruppe, die sich aus zwei Ferti-
gungsplanern und einem Kundenberater als Vertreter der
Lieferanten, auf der Seite der Maschinenbau GmbH aus
dem Leiter Qualitätswesen, einem Einkäufer sowie einem
Mitarbeiter aus der Entwicklung und Konstruktion zusammensetzte.

Gruppendynamik

Die Darstellung von Ergebnissen aus den Fehleranalysen der Maschinenbau GmbH und aus der Analyse des
Ist-Zustandes der KLB mit den drei Firmen führte zuerst
zu gegenseitigen Schuldzuweisungen, die allmählich vermieden und überwunden werden konnten. Dabei war die
Gruppenmoderation durch Externe durchaus ein fördernder Faktor. Es wurde Konsens zu den Analyseergebnissen
und zu dem daraus abgeleiteten Schluß erreicht, daß die
grundlegende Verbesserung der Informationsbeziehungen das zentrale Problem in diesem Arbeitssystem ist und
Qualitätslernen ein geeignetes Mittel der Problemlösung
sein kann.

**Vorbereitung der Fehler-
bewertung**

**Einführung in die
Prozeß-FMEA**

In den folgenden Besprechungen wurde die Fehlerbewertung und -vermeidung durch die Projektgruppe
vorbereitet, indem wiederum eine Schulung zur Prozeß-
FMEA durchgeführt wurde. Nicht nur die Lieferantenver-
treter, sondern auch die Mitarbeiter des Einkaufs sowie
der Entwicklung und Konstruktion der Maschinenbau
GmbH verfügten kaum über Kenntnisse zu den Zielen,
Möglichkeiten und Grenzen dieser Methode sowie über
die zu ihrer Anwendung notwendigen Fähigkeiten.

In Vorbereitung auf diese Schulung wurde ebenfalls das
in der RELEC GmbH entwickelte Material modifiziert, inhaltlich auf die speziellen Probleme der KLB bezogen. Für

die Schulung wurde wiederum eine Gruppenarbeit mit Workshopcharakter, dieses Mal jedoch im Zeitumfang von neunzig Minuten durchgeführt.

Ausgehend von dem in der ersten Besprechung erreichten Konsens, wurden in den folgenden fünf Gesprächen die Fehlermöglichkeiten in den Teilabläufen der KLB bewertet und das Wissen zur Fehlervermeidung aufgearbeitet. Festgelegt wurde für den Teilablauf

Ermittlung möglicher Fehler in KLB-Teilabläufen

Auftragsvergabe bei der Maschinenbau GmbH:

Die Zeitdifferenzen zwischen dem Erscheinen der Bestellanforderung auf dem Bildschirm des Einkaufs und dem Eingang der Dokumentationen im Einkauf werden durch Reduktion des Entwicklungs- und Konstruktionsaufwandes abgebaut. Der Aufwand wird auf die kundenspezifischen Wünsche konzentriert, während für standardisierte Teile und Komponenten (Dichtungen, Gehäuse usw.) weitgehend einheitliche Bestellunterlagen geschaffen werden.

...Auftragsvergabe

Auftragsbearbeitung durch die Lieferanten A, B, C:

Die Bestellunterlagen für standardisierte Teile und Komponenten werden den Lieferanten ständig zur Verfügung gestellt, so daß Änderungen dafür weitgehend entfallen und sich nunmehr tatsächlich auf auftragsspezifische Produkte beschränken. Dadurch wird zugleich die Fähigkeit zur Einhaltung von Lieferterminen gestärkt.

...Auftragsbearbeitung

Werden Unteraufträge erteilt, weil eigene Fertigungskapazitäten ausgelastet sind, wird die Maschinenbau GmbH umgehend informiert. Der Auftraggeber ist für die Bewertung der Qualitätsfähigkeit und die Überwachung des Unterauftragnehmers verantwortlich.

Die Übergabe von Prüfprotokollen an die Maschinenbau GmbH wird verpflichtend festgelegt.

Lieferantenüberwachung und Wareneingang:

Durch die Wareneingangskontrolle der Maschinenbau GmbH sind verstärkt die Möglichkeiten zur zerstörungsfreien Werkstoffprüfung, die bislang nur bei der Endkontrolle der Armaturen zum Einsatz kamen, zu nutzen.

Lieferantenüberwachung, Wareneingang

Durch die Maschinenbau GmbH werden für auftragsspezifische Produkte vermehrt Haltepunkte als besondere Instrumente der Lieferantenüberwachung sowie die

Prüfung am Verbauort vereinbart, um den Aufwand in der Wareneingangskontrolle einzuschränken.

Die Lieferanten werden in die verschiedenen Verteiler für Fehlermeldungen durchgängig einbezogen und die Analysen in der Projektgruppe regelmäßig ausgewertet.

Methode zur Fehlerbewertung

Die Fehlermöglichkeiten dieser Vorgangsstufen wurden in der Projektgruppe nach den bereits bekannten Kriterien der Prozeß-FMEA bewertet und Prioritäten dafür gesetzt. Die Dokumentation des Gesamtablaufs im Arbeitssystem KLB wurde durch die Bewertungen und das von den Gruppenmitgliedern zusammengetragene Fehlervermeidungswissen ergänzt.

Um das Wissen zur Fehlervermeidung weiterer Mitarbeiter in den beteiligten Unternehmen zu aktivieren, wurde, in Annäherung an das Vorgehen in der MOTKomponenten GmbH, eine Befragung durchgeführt. Zu diesem Zweck wurde in der Projektgruppe ein Fragebogen entwickelt, auf dem die Befragten ihre Bewertung den verschiedenen fehlerkritischen Vorgangsstufen zuordneten. Die Bewertung wurde nach den Kriterien sehr wichtig (+), neutral (o), unwichtig (-) vorgenommen (*Bild 2.29*).

Vorgangsstufe:	Vorgangselemente:	Bedeutung:		
		+	0	-
Wareneingangs-erfassung:	Prüfen, ob Lieferschein vorhanden und vollständig ausgefüllt ist			
	Buchung des Wareneingangs			
	Zuordnung eines Lagerplatzes			
	Generierung eines Warenbegleitscheins			
Wareneingangs-prüfung:	Prüfung der Zulieferungen nach WE-03-4			
	Ablage eines Warenbegleitscheins			
	Warenbegleitschein an Prüfprotokoll			
	Wenn Zulieferteile fehlerhaft, dann:			
	Fehlermeldung erstellen			
	Fehlermeldung an Qualitätswesen			
	Fehlerhafte Teile kennzeichnen			

Bild 2.29 Fragebogen zur Ermittlung fehlerkritischer Teilabläufe – Wareneingangsprüfung

Die Mitglieder der Projektgruppe wurden für die Befragung angeleitet und führten sie anschließend in ihren Unternehmen durch.

Bei der Auswertung blieben die Kriterien neutral (o) und unwichtig (-) weitgehend unberücksichtigt, während die Bewertungen mit sehr wichtig (+) addiert wurden. Das Ergebnis ist für jeden Teilablauf ein spezifischer Wert, durch den die Rangfolge der Stufen bzw. Elemente festgelegt werden konnte. Auf der Grundlage dieser Rangfolge wurde dann das Wissen zur Fehlervermeidung in den Teilabläufen als Inhalt des Qualitätslernens im Arbeitssystem KLB ausgewählt.

Für die ausgewählten Teilabläufe wurden unter Berücksichtigung der Spezifik des Arbeitssystems, von Besonderheiten der beteiligten Unternehmen sowie nach Rücksprachen mit einzelnen Mitarbeitern Maßnahmen festgelegt, die das Qualitätslernen unterstützen sollen. Diese Maßnahmen bezogen sich u.a. auf

- organisatorische Rahmenbedingungen, wie die Benennung von Ansprechpartnern,
- Möglichkeiten einer verbesserten Arbeitsplatzgestaltung,
- Inhalte, Umfang und Art des Informationsaustauschs zwischen Ansprechpartnern und
- Vorgangsstufen und -elemente bzw. Arbeitsplätze im System, für die Mittel des Qualitätslernens entwickelt werden.

2.5 Qualitätslernen und Lernerfolgskontrolle

2.5.1 Didaktisch-methodische Aufarbeitung des Qualitätswissens

Die didaktisch-methodische Aufarbeitung des Fehlervermeidungs- zu Qualitätswissen folgt den Leitfragen, die der Entwicklung des didaktisch-methodischen Konzepts für arbeitssystembezogenes Qualitätslernen zugrunde liegen.

- Die Zielsetzungen und die Zielgruppen des arbeitssystembezogenen Qualitätslernens (*Bild 2.30*) in den Arbeitssystemen der RELEC GmbH, der MOT-

Zielsetzung, Zielgruppen des Qualitätslernens

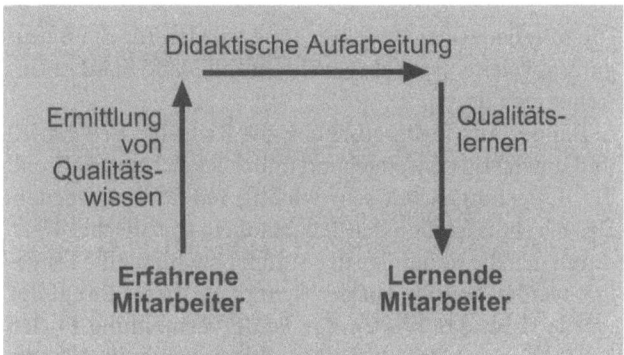

Bild 2.30 Phasen des Wissenstransfers

Komponenten GmbH und der Maschinenbau GmbH
wurden durch die Bestimmung des Soll-Zustandes
verbindlich definiert.

Lerninhalte · Die Inhalte des Qualitätslernens, die fehlerkritischen
Teilabläufe, Vorgangsstufen bzw. -elemente, wurden
in den drei Arbeitssystemen zunächst durch die
Erfassung der Abläufe, durch den Vergleich zwischen
Soll- und Ist-Zustand und durch die Anwendung der
Prozeß-FMEA in verschiedenen Modifikationen
ablaufbezogen festgelegt und ausgewählt.

Auswahl von Lehr- und · Bei der Auswahl von Methoden arbeitssystem-
Lernmethoden bezogenen Qualitätslernens müssen verschiedene
Gesichtspunkte berücksichtigt werden, die spezifischen Lernziele in den Arbeitssystemen, die verschiedenen Zielgruppen und Inhalte, aber auch die in den
Systemen dominierenden Formen der Arbeitsorganisation sowie der Gesichtspunkt, inwieweit die
lernenden Mitarbeiter bereits mit den Lerninhalten
vertraut sind.

Die verschiedenen Formen der Arbeitsorganisation in den
drei Unternehmen, die Komplettmontage des KX 13
durch einen ständigen Mitarbeiter, das Nockenfräsen BAZ
im Rahmen teilautonomer Gruppenarbeit sowie die
Umgestaltung traditioneller KLB zur Wertschöpfungspartnerschaft, fordern die Berücksichtigung von Methoden des individuellen und des kooperativen Qualitätslernens.

Alle Mitarbeiter der Unternehmen, die für das Qualitätslernen vorgesehen sind, üben ihre Tätigkeit in den

Arbeitssystemen schon längere Zeit aus, kennen die Abläufe und verfügen über grundlegende Qualifikationen.

Die ausgewählten Lerninhalte haben für sie unter dem Aspekt der Fehlervermeidung einen Neuigkeitswert, deshalb können Schulungsmethoden des gemeinsamen erarbeitenden und des selbständigen Lernens herangezogen werden. Im Unterschied dazu waren die Prozeß-FMEA als Methode des Qualitätsmanagements und ihre Anwendung für die Mitarbeiter im FMEA-Team der RELEC GmbH, der Gruppe Kettenrad in der MOTKomponenten GmbH sowie der KLB-Projektgruppe neu. Deshalb wurde eine Gruppenarbeit mit Workshopcharakter gestaltet, durch die die Schulungsmethoden des kooperativen, des darbietenden und des selbständigen Lernens kombiniert zur Anwendung gebracht werden konnten.

Als Lernort für die Aneignung des Wissens zur Fehlervermeidung bei den ausgewählten Vorgangsstufen kommen, im Unterschied zum Erwerb von FMEA-Methodenwissen, nur die drei Arbeitssysteme selbst in Frage. Das bestimmende Ziel ist die Vermeidung von Fehlern bei der praktischen Ausführung der ausgewählten Vorgangsstufen. Lern- und Arbeitstätigkeit fallen zusammen, weil das Qualitätswissen von den Mitarbeitern aktiv und selbständig bei der Ausführung dieser Vorgangsstufen als Teil des Gesamtablaufs Komplettmontage KX 13, des Nockenfräsen-BAZ oder der KLB angeeignet wird. So wird die innere Logik des Gesamtablaufs als Aneignungslogik für das Qualitätslernen erschlossen und wirksam. Es ist auf die anforderungsgerechte Ausführung der Arbeitsaufgaben und nicht auf die Anhäufung eines theoretischen Wissensvorrats gerichtet. Dagegen wurde der Wissenserwerb zur Prozeß-FMEA als Methode und ihre Anwendung mit den verschiedenen Mitarbeitergruppen als Lernstatt organisiert, um die Systematik des Erwerbs von Fachwissen zu betonen, ohne daß der Problembezug zum Arbeitssystem verlorengeht. In beiden Fällen wird, an unterschiedlichen Lernorten, die Prozeßorientierung modernen Qualitätsmanagements aufgenommen und durch Qualitätslernen arbeitssystembezogen umgesetzt.

Arbeitsblätter wurden in den Arbeitssystemen als Lehr- und Lernmedien, als Mittel des Qualitätslernens unter Beachtung der Spezifik des einzelnen Arbeitssystems, der Eigenarten der Zielgruppe und der Tätigkeitslogik im Ar-

Lernorte ziel- und inhaltsgerecht auswählen

Arbeitsblätter als Lehr- und Lernmittel

beitssystem didaktisch-methodisch gestaltet. Arbeitsblätter haben u.a. den Vorzug, daß sie ständig für den
Lernenden verfügbar sind und von ihm ohne großen technischen Aufwand selbständig an Produkt- und Prozeßveränderungen angepaßt werden können.

Didaktisch-methodisch bezieht sich sowohl auf die
äußere Form des Arbeitsblattes als auch auf die Art und
Weise der Darstellung der Lerninhalte. Form und Inhalt
befördern durch ihre gegenseitige Bedingtheit das systematische Lehren (Vermitteln) und Lernen (Aneignen) des
Qualitätswissens zur Fehlervermeidung. Bei ihrer Gestaltung ist grundsätzlich zu bedenken, daß Arbeitsblätter
ebenso wie andere Lehr-/Lernmedien die Ein- bzw. Unterweisung im Arbeitssystem durch erfahrene Mitarbeiter nicht ersetzen, wohl aber wirksam unterstützen können.

Didaktisch-methodische Gestaltung von Arbeitsblättern

Es gibt keine grundsätzlichen Unterschiede bei der didaktisch-methodischen Gestaltung der Arbeitsblätter für
die drei Arbeitssysteme in den drei Unternehmen. In jedem Falle stimmt die Darstellung des Qualitätswissens
auf dem Arbeitsblatt mit der Logik des Ablaufs überein,
in dem die Elemente einer Vorgangsstufe im Arbeitssystem von den Mitarbeitern ausgeführt werden. Die Pro-

Prozeßorientierte Aufberei-tung des Qualitätswissens

zeßorientierung bewirkt, daß das Qualitätswissen auf dem
Blatt den einzelnen Vorgangselementen einer Stufe zugeordnet und zugleich in kleine, überschaubare Teilinhalte
gegliedert und fortschreitend aufgebaut wird. Das Lern-
medium Arbeitsblatt gibt die Logik des Arbeitsablaufs als
Logik des Qualitätslernens im Arbeitssystem wieder.

Aus diesem Grundsatz ergibt sich die folgende didaktisch-
methodische Aufarbeitung des Qualitätswissens, die beispielhaft an dem Arbeitsblatt für die Vorgangsstufe (4.1)
„Spule und Magnet montieren" im Arbeitssystem Komplettmontage KX 13 dargestellt wird:

Gestaltungsmethode, Elemente eines Arbeitsblattes

Die äußere Form der Arbeitsblätter orientiert sich weitgehend an den Formularen, die zur Erfassung der Ablaufinhalte benutzt und als Ablaufdokumentation durch die
Prozeß-FMEA vervollständigt wurden. Es wurde ein Doppelblatt DIN A4 gewählt. Auf der linken Seite ist dargestellt, wie sich die Vorgangsstufe mit ihren fehlerkritischen
Elementen in den gesamten Montageablauf des KX 13 ein-
ordnet. Analog erfolgt auf den Arbeitsblättern für die
MOTKomponenten GmbH und die Maschinenbau GmbH

die Einordnung in den Ablauf des Arbeitssystems Nokkenfräsen-BAZ bzw. KLB.

Die Kopfzeile der rechten Seite verweist ebenfalls auf den Relaistyp und bezeichnet den Hauptinhalt der Vorgangsstufe. Entsprechend wird für die MOTKomponenten GmbH und die Maschinenbau GmbH verfahren. Darunter sind nebeneinander, hier aus Layoutgründen abweichend, die Stückliste und die Liste der Arbeits- bzw. Betriebsmittel, die aus dem Erfassungsformular übernommen sind, angeordnet (*Bild 2.31*). Auf den Arbeitsblättern der MOTKomponenten GmbH wurde auf diese Übersichten verzichtet, weil die Innenverzahnung der Kettenräder in Großserie gefräst wird. Auf den Arbeitsblättern für die KLB der Maschinenbau GmbH und ihrer Partner erscheint statt dessen eine Übersicht der Ansprechpartner und der zu verwendenden Dokumente.

KX 13
V.4.1   Spule und Magnet montieren

Stückliste:

Teilenr.	Bezeichnung	Menge
204.71/C1	Magnet, vollst.	1
204-234	Leiste	1
S2155	Spule	1
N0611	Schraube	2
102-25/A1	Sicherungsblech	1
W8004010	Molykote BR 2	
N0601	Schraube	1

Betriebsmittel:

"Magnetmontagelehre"

Elektrischer Schraubendreher

Pinsel

Biegewerkzeug

Bild 2.31 Kopfzeile, Listen des Arbeitsblattes V.4.1

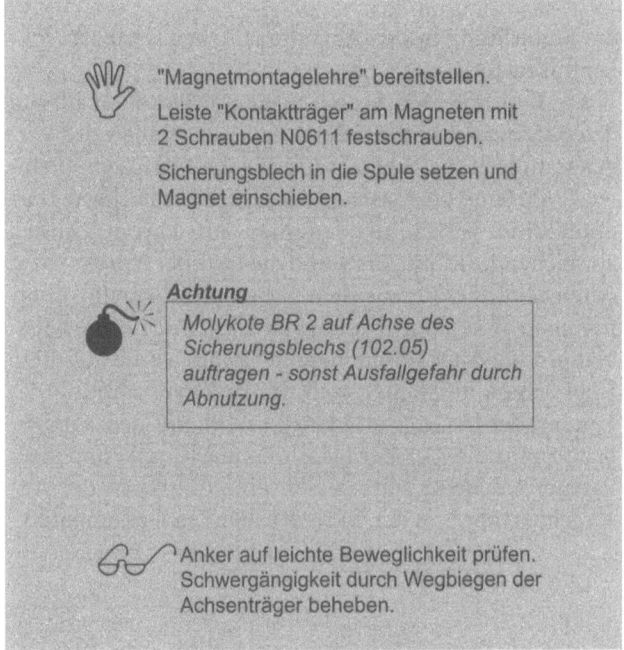

Bild 2.32 V.4.1 – Darstellung des Qualitätswissens

Darunter erfolgt auf den Arbeitsblättern für die drei Arbeitssysteme die Darstellung des Wissens zur Fehlervermeidung, das durch die Mitarbeiter in Verbindung mit
der FMEA-Anwendung ermittelt wurde (*Bild 2.32*).

Sprachliche Darstellung von Wissensinhalten

Die sprachliche Darstellung der Wissensinhalte ist prä-
gnant, verwendet die bei den Mitarbeitern im System ge-
bräuchlichen Begrifflichkeiten und fordert sie direkt zur
Ausführung der Vorgangselemente einer Stufe auf. Der
Aufforderungs- und Handlungscharakter wird durch Piktogramme, die Hand für manuelle Tätigkeiten, die Bom-
be als Hinweis auf die Fehlervermeidung und die Brille
für Prüf- bzw. Kontrolltätigkeiten, unterstrichen

Graphische Informationen

Den Darstellungen der Wissensinhalte sind rechts
daneben graphische Informationen, Handskizzen, vereinfachte technische Zeichnungen usw. zugeordnet. Sie heben noch einmal wesentliche Merkmale der Fehlervermeidung hervor. Sie tragen, vor allem bei der RELEC
GmbH dem Umstand Rechnung, daß die Mitarbeiter im
Arbeitssystem Komplettmontage KX 13 kaum in der Lage
sind, technische Zeichnungen zu lesen und zu verstehen.

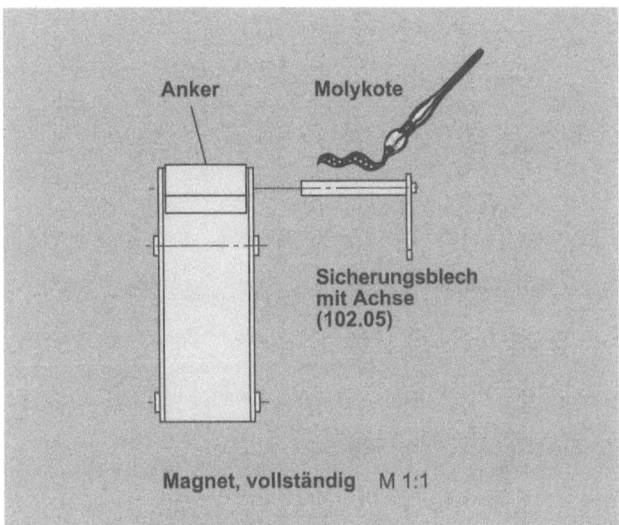

Bild 2.33 Graphische Darstellung zu V.4.1.-8

Trotz ihrer Einfachheit im Sinne der didaktischen Reduktion müssen die Bilder in allen wesentlichen Details mit den Zeichnungen sowie mit weiteren Fertigungsunterlagen übereinstimmen. Das ist notwendig, damit keinerlei Abweichungen auftreten, die wiederum zu neuen Qualitätsproblemen im Arbeitssystem führen können.

Für das Element „Mit dem Pinsel Molykote (Schmierfett) auf die Achse des Sicherungsblechs auftragen" werden z.B. die Positionen von Magnet und Sicherungsblech sowie die Achse des Blechs hervorgehoben, die gefettet werden soll (*Bild 2.33*).

Auch auf den Arbeitsblättern für das Arbeitssystem Nockenfräsen-BAZ finden sich ähnliche graphische Informationen, während auf den Blättern für die Gestaltung der KLB auf derartige Elemente zugunsten von Checklisten verzichtet wurde. Diese Listen dienen der Kontrolle, ob der Teilvorgang anforderungsgerecht in bezug auf das Vorhandensein bestimmter Unterlagen, die Weitergabe von Informationen u. ä. realisiert wurde.

Die Arbeitsblätter zur Hochspannungsprüfung des KX 13 sowie zur Fehlerinterpretation und zur Einleitung von Korrekturmaßnahmen im Arbeitssystem Nockenfräsen-BAZ weichen von der beschriebenen Gestaltung ab. Sie tragen den Charakter von Fehlersuchstrategien und ergänzen die gültigen Prüfanweisungen als Dokumente

Flußdiagramme als Fehlersuchstrategien

Bild 2.34 Felder für Notizen und Änderungsdienst

des Qualitätsmanagementsystems in der RELEC und in der MOTKomponenten GmbH. Die Darstellung des Materialflusses weicht dort im Sinne einer Überblicksdarstellung ebenfalls davon ab.

Im unteren Teil der rechten Seite des Arbeitsblattes haben die Mitarbeiter die Möglichkeit, für sie wichtige, des Merkens würdige Informationen oder Verbesserungsvorschläge zu notieren. Dort findet sich ein Änderungsdienst, wenn Überarbeitungen notwendig werden, weil sich Produkte oder Prozesse geändert haben (*Bild 2.34*). Das schließt ein, daß die Notizen regelmäßig ausgewertet und für die Weiterentwicklung des Arbeitsblattes genutzt werden.

Überarbeitung von Arbeitsblättern, Änderungsdienst

Auf diese Weise wurde das Wissen zur Fehlervermeidung für die drei Arbeitssysteme in den Unternehmen der Pilotumsetzung in Arbeitsblättern didaktisch-methodisch für das Qualitätslernen aufgearbeitet (*Bild 2.35*).

Didaktisch-methodische Aufarbeitung mit Experten

Die didaktisch-methodische Aufarbeitung erfolgte zuerst extern, dann jedoch im Zusammenwirken mit dem FMEA-Team der RELEC GmbH, mit der Gruppe Kettenrad in der MOTKomponenten GmbH sowie mit der Projektgruppe der Maschinenbau GmbH. In Verbindung damit wurden die Hinweise zur Gestaltung der Arbeitsblätter entwickelt und erprobt, die sich am Ende der Tätigkeitsbegleitenden Arbeitsanweisung (TA) finden (*Anhang 4.2-4.4;* 🖫).

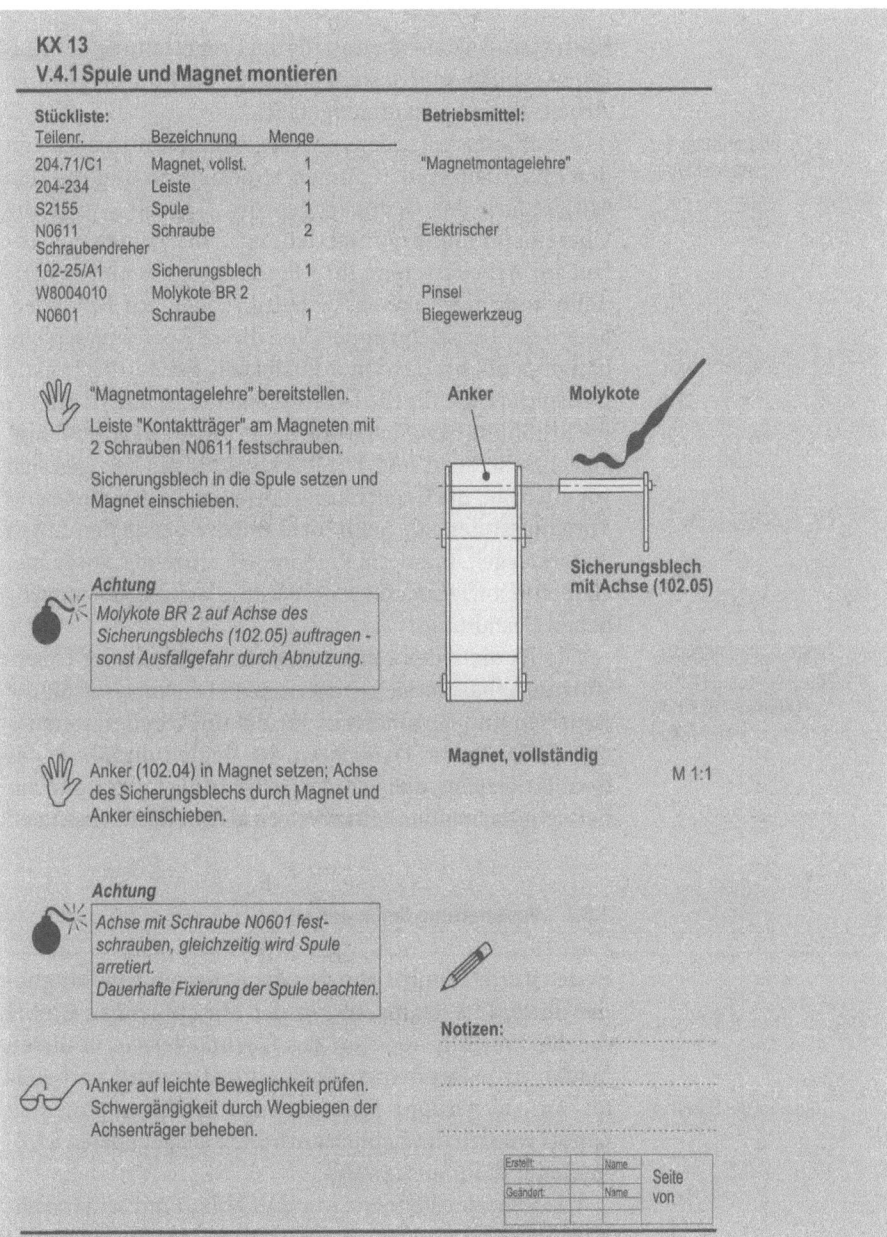

KX 13
V.4.1 Spule und Magnet montieren

Stückliste:

Teilenr.	Bezeichnung	Menge
204.71/C1	Magnet, vollst.	1
204-234	Leiste	1
S2155	Spule	1
N0611 Schraubendreher	Schraube	2
102-25/A1	Sicherungsblech	1
W8004010	Molykote BR 2	
N0601	Schraube	1

Betriebsmittel:

"Magnetmontagelehre"

Elektrischer

Pinsel
Biegewerkzeug

"Magnetmontagelehre" bereitstellen.

Leiste "Kontaktträger" am Magneten mit 2 Schrauben N0611 festschrauben.

Sicherungsblech in die Spule setzen und Magnet einschieben.

Anker **Molykote**

Achtung
Molykote BR 2 auf Achse des Sicherungsblechs (102.05) auftragen - sonst Ausfallgefahr durch Abnutzung.

Sicherungsblech mit Achse (102.05)

Anker (102.04) in Magnet setzen; Achse des Sicherungsblechs durch Magnet und Anker einschieben.

Magnet, vollständig M 1:1

Achtung
Achse mit Schraube N0601 festschrauben, gleichzeitig wird Spule arretiert.
Dauerhafte Fixierung der Spule beachten.

Notizen:

Anker auf leichte Beweglichkeit prüfen. Schwergängigkeit durch Wegbiegen der Achsenträger beheben.

Erstellt:		Name		Seite
Geändert:		Name		von

Bild 2.35 KX 13, Arbeitsblatt V.4.1

Insgesamt wurden für die fehlerkritischen Vorgangsstufen der Komplettmontage KX 13 neun, für die Fehlervermeidung in den Teilabläufen des Arbeitssystems Nokkenfräsen-BAZ sieben und für die Umgestaltung der KLB fünf Arbeitsblätter gestaltet und zur TA für das jeweilige Arbeitssystem zusammengefaßt.

Überprüfung der Arbeitsblätter

Zuvor jedoch wurden die Arbeitsblätter mehrfach von den im Arbeitssystem tätigen Mitarbeitern und mit den Mitgliedern der Gruppen geprüft. Geprüft wurde die Übereinstimmung der Darstellungen mit dem realen Ablauf im Arbeitssystem, ihre Eignung zur Fehlervermeidung und ihre Angemessenheit bezogen auf Besonderheiten der Lernzielgruppen. Von dieser Korrekturschleife hängt es ab, ob das Qualitätslernen genau die Inhalte transferiert, die für die Fehlervermeidung und damit für die Erhöhung bzw. Sicherung der erreichten Prozeßfähigkeit entscheidend sind. Die Rückmeldungen bezogen sich vor allem auf die Bezeichnung einzelner Teilvorgänge und Vorgangsstufen, die noch nicht präzise genug den Inhalt widerspiegelten, auf die Reihenfolge einzelner Vorgangselemente sowie auf die weitere Vereinfachung der sprachlichen Gestaltung.

Tätigkeitsbegleitende Arbeitsanweisung (TA) als Lehrplan, Lehr- und Lernmittel

Die TA dient den Experten als Lehrplan. In der Unterstützungsphase ist sie gleichermaßen Lehrmaterial für die Experten und Lernmaterial für die im Arbeitssystem tätigen Mitarbeiter. Danach, in der Begleitungsphase des Qualitätslernens, dient sie den selbständig tätigen und dabei weiterlernenden Mitarbeitern als „Gedächtnisstütze".

2.5.2 Vorbereitung der Experten

In der RELEC GmbH wurden die Experten bzw. Mitglieder des FMEA-Teams und in der Maschinenbau GmbH die der Projektgruppe auf das Qualitätslernen in diesen beiden Arbeitssystemen noch einmal speziell vorbereitet.

Auswahl der Experten

Aus der Gruppe Kettenrad der MOTKomponenten GmbH wurden die fachlich am besten ausgebildeten BAZ-Bediener dafür ausgewählt.

Didaktisch-methodische Vorbereitung der Experten

Die Experten kennen zwar den Ablauf mit seinen Fehlermöglichkeiten im einzelnen Arbeitssystem genau und sie verfügen über das Erfahrungs- bzw. Wissen zur Fehlervermeidung, doch häufig fehlen ihnen noch Kenntnisse, die für die Vorbereitung und Durchführung des Lernens aus didaktisch-methodischer Sicht erforderlich sind. Deshalb ist eine solche spezielle Vorbereitung sehr sinnvoll. Weiterhin ist sie sinnvoll, wenn weitere Mitarbeiter mit Schulungserfahrungen in das Qualitätslernen einbezogen werden sollen, die zuvor nicht an der Prozeß-FMEA mitwirken konnten, jetzt aber die Erkenntnisse des Teams oder der Projektgruppe nachvollziehen müssen.

Zunächst wurden noch einmal, ausgehend von dem für das jeweilige Arbeitssystem definierten Soll-Zustand, die speziellen Ziele arbeitssystembezogenen Qualitätslernens mit den Experten besprochen:

- Sicherung der hohen Prozeßfähigkeit in der Montage des KX 13, wenn die ständigen Mitarbeiter altersbedingt ausscheiden,
- Erhöhung der Prozeßfähigkeit durch Reduktion des Fehlleistungsaufwandes, insbesondere des unbewußten und bewußten Fehlverhaltens von Bedienern im Arbeitssystem Nockenfräsen-BAZ und
- schrittweise Umgestaltung traditioneller KLB der Maschinenbau GmbH zu einer Wertschöpfungspartnerschaft.

Bei der Besprechung der Lernziele wurden noch einmal die Funktion der Arbeitsblätter bzw. der TA als Mittel des Lehrens und Lernens dargestellt und verdeutlicht, daß sie den Experten als Lehrenden nicht ersetzen wollen und können.

Methodik des Qualitätslernens

Im nächsten Schritt wurde mit den Experten eine didaktisch-methodische Vorgehensweise (*Bild 2.36*) für das Qualitätslernen erarbeitet, die insbesondere die Anwendung von Schulungsmethoden des gemeinsamen erarbeitenden und des selbständigen Lernens berücksichtigt. Sie sieht vor, daß mit den im Arbeitssystem tätigen bzw. lernenden Mitarbeitern

- die Ziele des Qualitätslernens besprochen werden, um Übereinstimmung zu erreichen,
- allgemein und am konkreten Beispiel der Aufbau der Arbeitsblätter und die Gestaltung der TA,
- die Bezeichnung der Vorgangsstufe, die Inhalt der Lerneinheit ist, und ihre Einordnung in den Gesamtablauf,
- die Reihenfolge der Vorgangselemente dieser Stufe unter besonderer Berücksichtigung möglicher Fehler und ihrer Vermeidung

erarbeitet werden und dann mit der Ausführung der Lerneinheit bzw. Vorgangsstufe begonnen wird.

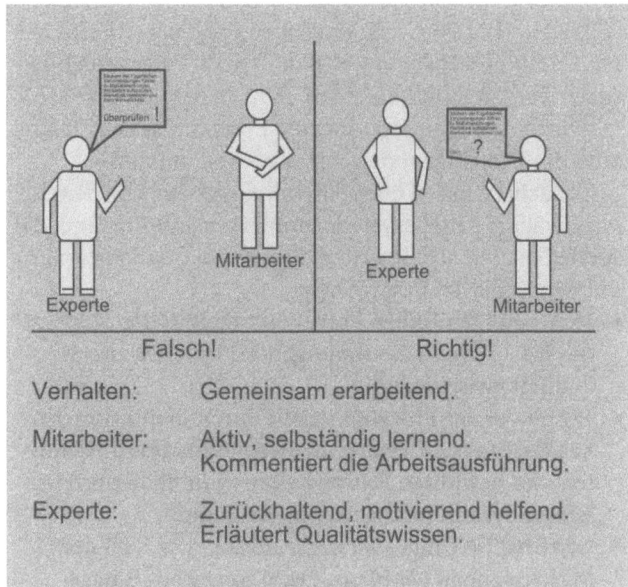

Bild 2.36 Erarbeitendes, selbständiges Qualitätslernen

Besonderheiten des methodischen Vorgehens

In der RELEC GmbH wurde darüber hinaus vereinbart, daß die Lernenden, bevor sie mit der Ausführung beginnen, zunächst die nach den Listen auf den Arbeitsblättern benötigten Montageteile bzw. Baugruppen und Arbeitsmittel bereitstellen.

Entsprechend den Besonderheiten der Umgestaltung von KLB bei der Maschinenbau GmbH und ihren Lieferanten wurde festgelegt, daß sich die Lernenden am Arbeitsplatz erst einmal gegenseitig aufzusuchen, um persönliche Kontakte zu ihren Partnern auf der ausführenden Ebene herzustellen.

Nach der Einführung in das arbeitssystembezogene Qualitätslernen, die die Experten mit dem lernenden Mitarbeiter oder der Mitarbeitergruppe gestalten, beginnt die Ausführung der Vorgangsstufe. Im Unterschied zur klassischen Beistellehre, die in allen drei Unternehmen bekannt ist, soll sie nicht vom Experten, sondern vom Lernenden selbständig ausgeführt werden. Er wird dabei vom Experten unterstützt. Seine Unterstützung ist das motivierende Helfen, z. B. wenn

Lernunterstützung durch die Experten

- Teile, Baugruppen und Arbeitsmittel in der RELEC GmbH fehlen oder Unterlagen in der Maschinenbau GmbH und bei ihren Partnern nicht verfügbar sind,

- der lernende Mitarbeiter die Ausführung der Elemente einer Stufe auf der Grundlage der TA kommentiert und sich dabei das Qualitätswissen aneignet,
- Vorgangselemente unvollständig, falsch oder in einer abweichenden Reihenfolge ausgeführt und deshalb wiederholt werden müssen.

Dieses Vorgehen berücksichtigt vor allem, daß die lernenden Mitarbeiter bereits die Abläufe kennen und über grundlegende Qualifikationen verfügen, die sie zur weitgehend selbständigen Aneignung von Qualitätswissen im Ablauf des Arbeitssystems befähigen. Keinem der ständigen oder zeitweiligen Mitarbeiter im Arbeitssystem KX 13 muß beispielsweise das Bohren der Grundplatte erläutert werden, die für die Relaismontage benötigt wird. Vielmehr sollen sie sich voller Absicht auf die Vermeidung von Fehlern konzentrieren, indem sie sich das auf den Arbeitsblättern dargestellte Wissen selbständig aneignen. Gleiches gilt für die Lernenden in den anderen beiden Arbeitssystemen. Die bewußte, aufgabengerechte Aneignung von Qualitätswissen ist die entscheidende Voraussetzung und Motivation für qualitätsrelevantes Verhalten.

Besonderheiten der Lernzielgruppen berücksichtigen

Um die bewußte Wissensaneignung zu unterstützen, sollen die Experten die Lernenden anhalten, nach der Ausführung einer Vorgangsstufe das Erreichte und vor allem das noch nicht Erreichte mit eigenen Worten zu reflektieren. Das ist keine Stilübung, sondern dient dazu, unter Nutzung von Erkenntnissen der Handlungsregulationstheorie bewußtseinsfähige Wissensinhalte in bewußtseinspflichtige zu verwandeln. Außerdem wird so die ständige Lernerfolgskontrolle zu einem organischen Bestandteil des Qualitätslernens.

Das didaktisch-methodische Vorgehen beim Qualitätslernen wurde gemeinsam mit den Experten erarbeitet. Als geeigneter Ausgangspunkt erwies sich die Frage, welchen Weg sie wählen würden, damit sich andere Mitarbeiter ihr Wissen zur Fehlervermeidung aktiv aneignen. Sie haben dabei, ohne Anspruch auf Vollständigkeit, Schulungsmethoden der gemeinsamen Erarbeitung sowie des selbständigen Lernens kennengelernt und ihre Anwendung geübt. Das schloß die gemeinsame Gestaltung von Arbeitsblättern ein.

Didaktisch-methodische Kompetenzen aneignen

Für die Vorbereitung der Experten waren aufgrund der
Komplexität des Vorhabens in der Maschinenbau GmbH
und bei ihren ausgewählten Lieferanten etwa drei Zeitstunden erforderlich, während in den beiden anderen
Unternehmen etwa je neunzig Minuten benötigt wurden.

2.5.3   Qualitätslernen in der Unterstützungsphase

Einführung der TA im Arbeitssystem

Ein wichtiges Moment war, im Anschluß an die Vorbereitungsphase, das Überreichen der TA an die im Arbeitssystem tätigen Kollegen durch die Experten und weitere
schulungserfahrene Mitarbeiter. Die Wichtigkeit des An-
liegens wurde durch die Anwesenheit eines Vertreters der
Geschäftsführung in der RELEC und in der MOTKomponenten GmbH betont.

Ziele des Qualitätslernens besprechen

Die Ziele des Qualitätslernens wurden bei dieser Gelegenheit ebenso erläutert wie die Gestaltung der TA bzw.
der Arbeitsblätter. Das war weder zeitaufwendig noch
kompliziert, weil die im Arbeitssystem Tätigen schon in
die Erarbeitung und Überprüfung der Lehr- und Lernmittel einbezogen waren. Danach begann das eigentliche
Qualitätslernen. Dabei gelang es den Experten, das in der
Vorbereitungsphase dafür entwickelte didaktisch-methodische Vorgehen umzusetzen.

Prozeßorientierte Auswahl der Lerneinheiten

Aus der TA wurden zunächst die Arbeitsblätter ausgewählt, die in Abhängigkeit von der bei der Realisierung
der aktuellen Arbeitsaufgabe erreichten Vorgangsstufe
bzw. dem erreichten Teilablauf als Lerneinheiten in Frage
kamen. Die Lerneinheiten wurden danach in den Gesamtablauf des Arbeitssystems eingeordnet. So konnte nicht
nur festgestellt werden, welche Stufen vorausgegangen
waren und folgen würden, sondern auch, ob die vorher-
gehenden anforderungsgerecht realisiert wurden. Zeigte
die Überprüfung, daß dabei Probleme aufgetreten waren,
die Fehler bei der Ausführung der Lerneinheit nach sich
ziehen konnten, so wandten sich der Lernende und der
Experte zunächst noch einmal dieser Stufe zu. Eine Lösung wurde gemeinsam auch dann erarbeitet, wenn für
diese vorangehende Stufe in der TA noch kein Arbeitsblatt enthalten war.

Anschließend konzentrierte sich die Aufmerksamkeit
des Lernenden und des Experten auf die inhaltliche Erar-

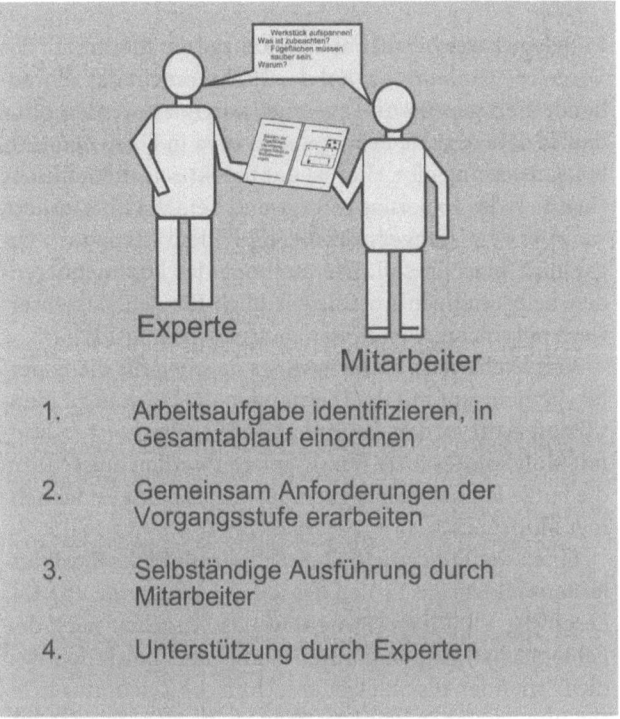

Bild 2.37 Methodik der Unterstützungsphase

beitung der aktuellen Lerneinheit (*Bild 2.37*). Sie bespra-
chen die Anforderungen, die die Ausführung der Elemente
an den Lernenden stellt, in der Reihenfolge auf dem Arbeitsblatt. Vor allem wurden die Anforderungen hervorgehoben, die sich mit der bewußten Vermeidung von Fehlern verbinden. Dann begann der lernende Mitarbeiter
mit der selbständigen Ausführung, der Experte beobach-
te ihn dabei und leistete Hilfe.

In der Komplettmontage des KX 13 der RELEC GmbH
gestaltete sich der Wissenstransfer vor allem als individuelles Qualitätslernen, weil Erfahrungen individuell erworben und in die Arbeitstätigkeit eingebracht werden.
Probleme ergaben sich weder in bezug auf die Bereitstellung der Einzelteile und Baugruppen für die Montage
noch hinsichtlich der Reihenfolge bei der Ausführung der
Vorgangselemente einer Stufe. Trotzdem mußten die Experten motivierend helfen. Das hängt mit den Besonderheiten der Fehlervermeidung auf der Grundlage von Erfahrungswissen zusammen.

Inhaltliche Erarbeitung der
Lerneinheit

Qualitätslernen –
Komplettmontage KX 13

Erfahrungswissen als
Lerninhalt

Beispielsweise muß bei der Montage des Motors auf das Vorgelege (*Anhang 4.2, V3*) das Drehmoment des Schraubendrehers geprüft und eventuell korrigiert werden, ohne daß es dafür exakte Festlegungen etwa in Form einer Arbeitsanweisung gibt. Hier ist das didaktisch-methodische Geschick des Experten gefragt und beinahe überfordert, wenn er sein „Fingerspitzengefühl" dem Lernenden zugänglich machen soll. Die Methode des kommentierenden, selbständigen Ausführens blieb für den Wissenserwerb bei solchen Elementen nahezu wirkungslos.

Vergleichsweise einfach war es dagegen für die Experten, gemeinsam mit den Lernenden die Flächen zu identifizieren, die an den Hauptbaugruppen (*Anhang 4.2, M6*) mit Molykote fest bzw. flüssig gefettet werden müssen, um die lange Funktionsfähigkeit des Relais beim Endabnehmer zu sichern.

Fehlersuchstrategien
lesen, anwenden

Einen weiteren inhaltlichen Schwerpunkt des Qualitätslernens bildete das Prüfen des Relais (*Anhang 4.2, P2*). Das Lesen der Flußdiagramme und das Vorgehen nach den Fehlersuchstrategien mußten häufiger geübt werden, weil die Lernenden bislang weder technische Zeichnungen lesen und verstehen konnten noch an die Nutzung derartiger Anleitungen gewöhnt waren. Zusätzliche Übungseffekte ergaben sich daraus, daß die Flußdiagramme zugleich auch für die Lernerfolgskontrolle genutzt werden konnten. Außerdem mußte verdeutlicht werden, daß das Vorgehen nach diesen Strategien die gültige Prüfanweisung nicht ersetzt. Für die Aneignung dieses Qualitätswissens war die kommentierende, selbständige Ausführung der Vorgangsstufen wiederum sehr hilfreich.

Übung, Wiederholung

Diese besonderen Probleme führten dazu, daß eine Reihe von Elementen systematisch und häufig wiederholt werden mußte, bevor das Qualitätswissen verinnerlicht wurde. Daß sich das Qualitätslernen überwiegend individuell vollzog, resultiert aus der Arbeitsorganisation und daraus, daß angesichts rückläufiger Stückzahlen zunächst nur drei Mitarbeiter in den Lernprozeß einbezogen werden konnten. Sie gestalteten gemeinsam mit den Experten zehn Lerneinheiten mit einer Dauer von jeweils zwanzig Minuten. Der Zeitbedarf für die gesamte Unterstützungsphase belief sich insgesamt auf etwa fünf Stunden, die im Verlauf von drei Wochen in Anspruch genommen wurden.

Zeitbedarf

Im Arbeitssystem Nockenfräsen-BAZ der MOTKomponenten GmbH gestaltete sich der Wissenstransfer als individuelles und als kooperatives Qualitätslernen. Individuell, bezogen auf die Ausführung der Teilabläufe bzw. Vorgangselemente im System, und kooperativ in der Gruppe. Zu Beginn der Unterstützungsphase nutzte die Gruppe Kettenrad zwei ihrer regelmäßigen Gespräche als Lernstatt, um sich die TA und die Arbeitsblätter inhaltlich zu erarbeiten. Sie wurde dabei von den fachlich ausgebildeten BAZ-Bedienern angeleitet.

Danach begann das individuelle Qualitätslernen im Arbeitssystem mit sechs Mitarbeitern, verteilt über die Früh- und die Spätschicht. Mit ihnen wurde im Zusammenhang mit den Lernzielen auch der Materialfluß (*Anhang 4.3, Umfeld-Gruppenarbeit*) besprochen. Das erwies sich als notwendig, weil die Lernenden zunächst nicht erfaßt und verstanden hatten, daß die BAZ-Bedienung das Holen der Rohteile sowie das Verbringen der gefrästen Kettenräder zur und das Beschicken der Waschmaschine einschließt. Das führte verschiedentlich zu Unterbrechungen.

Im Störungsfreien Ablauf (*Anhang 4.3, Werkstücke aufspannen*) waren die regelmäßige Kontrolle der Aufnehmer an der Spannvorrichtung auf Verunreinigungen und Beschädigungen, das Umstellen der SPR vom Profilator auf das Messen der BAZ-Kettenräder und die Interpretation der Meßergebnisse (*Anhang 4.3, Werkstücke messen*) inhaltliche Schwerpunkte. Die hohen Stückzahlen der Großserienfertigung und die Notwendigkeiten der Programmerfüllung verführen zu unbewußtem Fehlverhalten, weil solche Vorgangselemente routinemäßig abgearbeitet werden. Diese Vorgangselemente markierten sich die Lernenden in ihrer TA während der Lernerfolgskontrolle.

Die Nutzung des Flußdiagramms zur Fehlerinterpretation und Einleitung von Korrekturmaßnahmen (*Anhang 4.3, Vorgangsstufen der Störfallbeseitigung*) wurde mit einem ausländischen Mitarbeiter aufgrund seiner Sprachbeherrschung mehrfach durchgearbeitet, bereitete aber den anderen keine besonderen Schwierigkeiten.

Das Auswechseln und Markieren einer verschlissenen Schneide am Fräser, das Eingeben von Werkzeugdaten sowie die Werkzeugkorrektur (*Anhang 4.3, Werkzeugkorrekturdaten*) beanspruchten die Aufmerksamkeit der Lernen-

Qualitätslernen – Nockenfräsen-BAZ

Lernvorbereitung in der Gruppe

Lernziele

Lerninhalte

Fehlerinterpretation, Korrekturmaßnahmen

den und der Experten bei der Störfallinterpretation und Einleitung von Korrekturmaßnahmen gleichermaßen. Das war notwendig, weil genauere Werkzeugstandzeiten nicht ermittelt sind, eine Reststandzeitanzeige am BAZ nicht vorhanden ist und der BAZ-Bediener die Entscheidung zum Werkzeugwechsel erfahrungsgeleitet treffen muß. Deshalb wurden diese Vorgangsstufen intensiv geübt. Die Methode des kommentierenden, selbständigen Ausführens war beim **Zeitbedarf** Qualitätslernen im Arbeitssystem-BAZ und für die Kontrolle des Lernerfolgs sehr wirksam. Gemeinsam mit den Experten gestalteten die lernenden Mitarbeiter sieben Lerneinheiten im Umfang von zwanzig Minuten. Der Zeitbedarf für die Unterstützungsphase belief sich auf sieben Stunden, die sich über mehrere Tage und Schichten verteilten. Verlauf und Ergebnisse dieser Lernphase wurden von der Gruppe Kettenrad ausgewertet.

Qualitätslernen – KLB Bei der Maschinenbau GmbH vollzog sich das Qualitätslernen als kooperativer Wissenstransfer zuerst in der Projektgruppe. Der Kontext des Arbeitssystems, auf den Arbeitsblättern der TA als Informationsbeziehungen zwischen konkreten betrieblichen Funktionen und Ansprechpartnern dargestellt, wurde unter dem Zielaspekt der Wertschöpfungspartnerschaft inhaltlich erarbeitet. Kooperativ wurde auch der Handlungsbedarf ermittelt, um die Abläufe in den Funktionen der Maschinenbau GmbH und bei den Lieferanten aneinander auszurichten.

Mitarbeiter lernen sich gegenseitig kennen, besprechen Lernziele Danach organisierten die Experten die Unterstützungsphase in ihrem Unternehmen. Weil persönliche Kontakte auf der ausführenden Ebene noch nicht bestanden, suchten sich die Lernenden am Arbeitsplatz gegenseitig auf. Dabei verständigten sie sich zu den Zielen ihres unternehmensübergreifenden Qualitätslernens. Das eigentliche Lernen, unterstützt von den Mitgliedern der Projektgruppe, vollzog sich wieder räumlich getrennt.

Lerninhalte …in der Maschinenbau GmbH Koordinierungsbedarf entstand in der Maschinenbau GmbH zwischen der Auftragsabwicklung, Entwicklung/ Konstruktion und dem Einkauf. Er kam beim Erstellen der Bestellunterlagen für standardisierte Teile und Baugruppen zwischen Entwicklung und Konstruktion sowie Einkauf (*Anhang 4.4, Materialwirtschaft V4*) und bezogen auf den Informationsfluß bei Änderungen bereits laufender Bestellungen (*Anhang 4.4, Materialwirtschaft V6*)zustande.

Für die Vertragsprüfung (*Anhang 4.4, Auftragsbearbei-*
tung V 1) und den Versand (*Anhang 4.4, Vertrieb V 1*) der
Lieferanten war es neu, daß sie sich bei kundenspezifi-
schen Bestellungen oder bei Abweichungen während der
Auftragsbearbeitung unmittelbar mit dem Einkauf der
Maschinenbau GmbH in Verbindung setzen sollten.

... bei den Lieferanten

Bei Abweichungen, die im Wareneingang festgestellt
werden, auch das wurde verändert, sind umgekehrt direkt Informationen mit den Lieferanten (*Anhang 4.4, Qualitätswesen V4*)auszutauschen, und sie erhalten nun auch
die Fehlermeldungen.

Das kommentierte, selbständige Ausführen der Vorgangsstufen war als Methode des Qualitätslernens und zur
Lernerfolgskontrolle wieder zielführend. Die Kontrolle
wird durch die auf den Arbeitsblättern eingeführten
Checklisten gestützt.

In der Unterstützungsphase wurden in der Maschinenbau GmbH sechs Schulungen mit sieben Mitarbeitern, bei
den drei Lieferanten jeweils 4–5 Schulungen mit drei Mitarbeitern durchgeführt. Insgesamt wurde für diese Lernphase, die sich ebenfalls auf mehrere Tage erstreckte, acht
Stunden benötigt.

Zeitbedarf

2.5.4 Qualitätslernen in der Begleitungsphase

Mit zunehmender Sicherheit bei der Ausführung der Vorgangselemente durch die lernenden Mitarbeiter zogen
sich die Experten schrittweise aus dem Lernprozeß zurück (*Bild 2.38*). Die TA begleitet nunmehr den Mitarbeiter ständig bei seiner eigenverantwortlichen, selbständigen Tätigkeit im Arbeitssystem. Die Experten können von
den Lernenden außerdem noch individuell, bedarfsorientiert bei besonderen Problemlagen konsultiert werden.

Konsultation der Experten

Dabei war zu beobachten, daß verschiedene Mitarbeiter ihre TA eigenständig nutzten, um die Ausführung selbständig zu überprüfen oder um auftretende Fehler zu korrigieren. Als Problem trat auf, daß Lernende es versäumt
hatten, Wesentliches in den TA hervorzuheben oder in Notizen festzuhalten. Es ist also notwendig, bereits während
der Vorbereitung die Experten stärker darauf zu orientieren und in der Unterstützungsphase vermehrt auf diese
Nutzungsmöglichkeiten der Arbeitsblätter hinzuweisen.

Individuelle Nutzung der TA

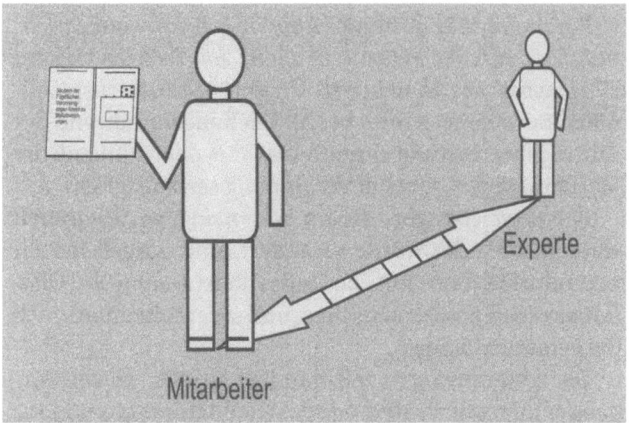

Bild 2.38 Selbständiges Qualitätslernen in der Begleitungsphase

Konsultationsbedarf in der
Komplettmontage KX 13

Derartiger Konsultationsbedarf bestand in allen drei Arbeitssystemen. In der Komplettmontage des KX 13 bezog er sich auf Vorgangsstufen bzw. -elemente, die das Fingerspitzengefühl des Experten erfordern. Das betraf vor allem, wie schon dargestellt, die Überprüfung und Korrektur des Drehmoments sowie die Einhaltung des Spaltmaßes beim Biegen des „Magnethebels" und des Hebels mit Buchse (*Anhang 4.2, M5*). Die Nutzung der Fehlersuchstrategien bereitete, nach intensiver Übung in der Unterstützungsphase, ebenso wenige Schwierigkeiten wie das Fetten der Hauptbaugruppen. Für die Nachschulung von fünf Lerneinheiten entstand ein weiterer Zeitbedarf von 100 Minuten.

...Nockenfräsen-BAZ

Konsultationsbedarf entstand im Arbeitssystem Nockenfräsen-BAZ in Verbindung mit dem Materialfluß so lange, bis die Geschäftsführung die Ausführung dieser Aufgaben als arbeitsorganisatorisches Problem begriff und regelte. Weitere Fragen der Mitarbeiter bezogen sich auf den Werkzeugwechsel und die Eingabe von Werkzeugkorrekturdaten, während zu Vorgangselementen, bei denen die Gefahr des routinemäßigen Ausführens besteht und die sich die Lernenden auf den Arbeitsblättern der TA gekennzeichnet hatten, keine Probleme auftraten. Besonders gern wurde das Flußdiagramm zur Störfallinterpretation und Einleitung von Korrekturmaßnahmen genutzt. Der Zeitbedarf für Nachschulungen belief sich in der Begleitungsphase auf ungefähr drei Zeitstunden.

Zu Fragen, die an die Experten der Maschinenbau GmbH und der Lieferanten gerichtet wurden, kam es besonders im Zusammenhang mit der Generierung von Bestellungen, weil die Bestellunterlagen für standardisierte Teile und Baugruppen von der Entwicklung/Konstruktion nicht so schnell übergeben werden konnten oder für Mitarbeiter bei den Lieferanten nicht ohne weiteres verständlich waren. Andere Probleme entstanden und mußten in der Projektgruppe geklärt werden, weil zunächst nicht eindeutig definiert war, was ein Standardauftrag ist und wie die Informationsbeziehungen bei kundenspezifischen Bestellungen zu gestalten sind. Für Mitarbeiter, die bei den Lieferanten lernten, stellten sich vor allem Fragen zur Auswertung der Fehlermeldungen aus der Maschinenbau GmbH. Für Nachschulungen entstand ein weiterer Zeitbedarf von etwa achtzig Minuten.

...KLB

Die Zeitangaben zum Qualitätslernen in der Unterstützungs- und in der Begleitungsphase beziehen sich nur auf die Schulungen im engeren Sinne, sie lassen die Vorbereitung sowie Nachbereitung der Experten und der Lernenden ebenso unberücksichtigt wie den wechselseitigen Besuch zwischen Mitarbeitern der Maschinenbau GmbH und der Lieferanten.

Mit der Begleitungsphase wird der Prozeß des Qualitätslernens zunehmend individueller. Das geschieht, weil die Mitarbeiter immer selbständiger im Arbeitssystem tätig sind und dabei unabhängiger von den Experten weitere Kenntnisse erwerben und Erfahrungen sammeln. Aus dieser Sicht bietet es sich an, arbeitssystembezogenes Qualitätslernen vor allem auch durch andere Lernformen zu ergänzen und zu erweitern, sie in allen Unternehmensbereichen anzusiedeln und zu einem Netzwerk zu verbinden.

Individuelles Qualitätslernen durch andere Lernformen erweitern

2.5.5 Lernerfolgskontrolle und Fazit

Nach der Unterstützungs- und der Begleitungsphase arbeitssystembezogenen Qualitätslernens wurden die TA in einem Zeitraum von vier Monaten in den Arbeitssystemen der drei Pilotunternehmen erprobt und davon sechs Wochen lang ohne externe Begleitung selbständig genutzt.

Lernerfolgskontrolle mit
allen Beteiligten

Zu den Erfahrungen und Ergebnissen des Qualitätslernens wurden die Mitarbeiter in den Arbeitssystemen und die Experten der Gruppen (FMEA-Team, Kettenrad, Projektgruppe) dann mündlich befragt. Die Fragen zielten sowohl auf übergreifende und als auch auf arbeitssystemspezifische Ergebnisse des Qualitätslernens.

Informationen zur
Lernerfolgskontrolle

Die übergreifenden Fragen wurden mit dem Ziel der Verallgemeinerung in allen drei Pilotunternehmen übereinstimmend gestellt. Unternehmensspezifisch wurden statistisch verfügbare Daten zur Qualitätsverbesserung hinzugezogen, die sich bei der RELEC GmbH aus den Ergebnissen der Endprüfung sowie aus der Auswertung von Kundenreklamationen, bei der MOTKomponenten GmbH vor allem der SPR-Daten und des BDE-Systems und bei der Maschinenbau GmbH aus der Auswertung weiterer Fehleranalysen ergaben. Die Befragung und die unternehmensspezifischen statistischen Daten wurden mit allen Beteiligten und darüber hinaus mit den Geschäftsführungen unter Einbeziehung der Betriebsräte ausgewertet.

Im Zeitraum der Pilotumsetzung, besonders in den verschiedenen Phasen des Qualitätslernens, gab es in den Arbeitssystemen keine gravierenden Wandlungen im Bedingungsgefüge, so daß Veränderungen qualitätsrelevanter Daten mit hoher Sicherheit tendenzielle Ergebnisse arbeitssystembezogenen Qualitätslernens widerspiegeln.

Lernerfolg
...Komplettmontage KX 13

Bei der RELEC GmbH wurde die Prozeßfähigkeit im Arbeitssystem Komplettmontage KX 13 auf hohem Niveau stabilisiert. Die jetzt noch in der Komplettmontage als Aushilfen tätigen Mitarbeiter waren zu Beginn der Pilotumsetzung in der Lage, im Rahmen der Vormontage Einzelteile zu Baugruppen zu fügen.

Die Ergebnisse der Endkontrolle und die Auswertung von Kundenreklamationen ergaben keine Erhöhung des Fehlleistungsaufwandes im Vergleich zum bisherigen Niveau. Sie zeigen, daß diese Mitarbeiter jetzt ausgewählte fehlerkritische Vorgangsstufen in allen Teilabläufen der Komplettmontage anforderungsgerecht ausführen können. Alle drei Mitarbeiter, die am Qualitätslernen teilgenommen haben, verfügen nun über diese Kenntnisse. Das trägt dazu bei, daß die Qualifikationsstruktur der Gruppe insgesamt homogener wird.

Fachliche Kompetenzen
erweitert

Grundlage dieses Ergebnisses sind die umfassende Ablaufdokumentation des Montageprozesses, die im Zuge

der Prozeß-FMEA durch die Bewertung der Fehleranfälligkeit der Vorgangsstufen und -elemente sowie durch das
Erfahrungswissen der Experten zur Fehlervermeidung
erweitert wurde und aus der die Inhalte des Qualitätslernens abgeleitet werden konnten. Darauf aufbauend wurden diese Inhalte didaktisch-methodisch für das Qualitätslernen aufgearbeitet, als Arbeitsblätter gestaltet, zum
Lehr- und Lernmittel TA zusammengefaßt. Das spezielle
Erfahrungswissen ständiger und weiterer Mitarbeiter
bleibt dem Unternehmen, über die eigentlichen Lernergebnisse hinaus, in schriftlicher Form erhalten und kann
weiter genutzt werden.

    In der MOTKomponenten GmbH verweist die Auswer-
tung der SPR- und BDE-Informationen im Zeitraum der
selbständigen Nutzung der TA auf eine leicht rückläufige
Entwicklung des Fehlleistungsaufwandes an Nacharbeit
und Ausschuß. Das Vorgehen, mit dem das Ergebnis erreicht werden konnte, stimmt im Grundsatz mit dem in
der RELEC GmbH überein, weicht aber in einigen wesentlichen Details davon ab.

    Es wurde ein teilautomatisiertes Arbeitssystem gewählt,
die Mitarbeiter sind im allgemeinen fachlich gut ausgebildet, selbst die für die BAZ-Bedienung angelernten verfügen über grundlegende Qualifikationen. Von dem Vorgehen in den beiden anderen Betrieben weichen auch die
teilautonome Gruppen- und die Schichtarbeit als Formen
der Arbeitsorganisation ab. Daraus resultieren Modifikationen der Methodik, u.a. hinsichtlich der FMEA-Anwendung, die letztlich jedoch zu ähnlichen Ergebnissen wie
in der RELEC und der Maschinenbau GmbH führten. Fehlerkritische Teilabläufe konnten bestimmt, das Fehlervermeidungswissen der Experten aktiviert und erfaßt, dann
didaktisch-methodisch für das Qualitätslernen aufgearbeitet und auf Arbeitsblättern in der TA dargestellt werden. Mit ihrer Hilfe, unterstützt durch die Experten, ist es
den lernenden Mitarbeitern gelungen, sich Wissen zur
anforderungsgerechten Ausführung verschiedener fehlerkritischer Teilabläufe, insbesondere zur Störfallinterpretation und zur Einleitung von Korrekturmaßnahmen anzueignen.

    Bei der Maschinenbau GmbH und den drei Lieferan-
ten deutet eine sinkende Anzahl von Fehlermeldungen
darauf hin, daß Beeinträchtigungen der Wertschöpfung

Erfahrungswissen erhalten

...Nockenfräsen-BAZ

Fehlleistungsaufwand leicht rückläufig

*Kompetenzen zur Störfall-
interpretation und Korrekturmaßnahmen erweitert*

...KLB

Beeinträchtigung der
Wertschöpfung vermindert

im gleichen Zeitraum zumindest eingeschränkt werden konnten.

Um dieses Ergebnis zu erreichen, mußten nicht nur räumliche Entfernungen, sondern auch Vorbehalte aus zunächst divergierenden Interessenlagen überwunden und Bedenken unter Kosten-Nutzen-Gesichtspunkten ausgeräumt werden. Das ausgewählte Arbeitssystem KLB ist vor allem durch seine Informationsbeziehungen charakterisiert, auf die sich das Qualitätslernen für die Wertschöpfungspartnerschaft konzentriert.

Informationsbeziehungen
entfaltet

Wichtig war es, diese Informationsbeziehungen arbeitsorganisatorisch durch die Entwicklung der Projektgruppe zu entfalten. Dann konnte auch in diesem Arbeitssystem ein Vorgehen gewählt werden, das dem in den beiden anderen Unternehmen ähnlich ist. Ergebnisse sind auch hier, exemplarisch für die Beziehungen zwischen der Maschinenbau GmbH und den Lieferanten, eine umfassende Ablaufdokumentation, die Ermittlung des Fehlervermeidungswissens und seine didaktisch-methodische Aufbereitung in einem Lehr- und Lernmittel. Es stellt, wenngleich in didaktisch-methodischer Vereinfachung, Informationsstrukturen, -bedarf und eine Auswahl von Informationen dar, die für die Gestaltung moderner KLB benötigt werden.

Qualitätslernen – fördernde
Faktoren verstärken,
hemmende überwinden

Der knappe Ergebnisüberblick sollte nicht zu einer Überschätzung der Möglichkeiten arbeitssystembezogenen Qualitätslernens verführen. Die Methodik stößt auf Grenzen, die sie sich selbst setzt, und solche, die ihr gesetzt werden. Die Aufarbeitung von Erfahrungswissen zur Fehlervermeidung bleibt z.B. unbefriedigend, wenn die Anwendung bewährter Methoden der sozialwissenschaftlichen Forschung nicht durch die Nutzung multimedialer Möglichkeiten unterstützt und erweitert werden kann. Grenzen werden der Methodik auch gesetzt, wenn es nicht gelingt, den Ablauf in Arbeitssystemen oder den Arbeitsprozeß insgesamt lernfördernder zu gestalten. Die den Mitarbeitern in der Relaismontage gewährten Freiräume sind gute Voraussetzungen dafür. Unbewußtes und bewußtes Fehlverhalten ist nur dann erfolgreich zu überwinden, wenn auch die Bedingungen dafür geschaffen werden. Das betrifft u.a. die Anzeige der Reststandzeit für den Werkzeugwechsel oder den Materialfluß als Umfeldaufgabe. Zur Verbesserung der Wertschöpfung werden zeitgemäße Kunden-Lieferanten-Beziehungen nur beitragen, wenn alle Beteiligten eigene Aufgaben vollständig erfüllen.

Ergebnisse des Qualitätslernens sind Softfacts, die die Unternehmen Geld kosten, deren Nutzen sich aber nur schwer in Mark und Pfennig ausdrücken läßt. Eine Aufgabe von Unternehmen ist es deshalb, das Erreichte zu stabilisieren, durch Weiterentwicklung und kontinuierliche Verbesserung am Leben zu erhalten. Dazu gehört es, bewußt Faktoren zu schaffen, die das Qualitätslernen fördern, und solche zu beseitigen, die es hemmen.

Der Aufwand der Unternehmen war während der Pilotumsetzung sehr unterschiedlich, bei der Analyse und Strukturierung der arbeitssystemspezifischen Abläufe jedoch besonders hoch. Für die Strukturierung des Ablaufs im Arbeitssystem der RELEC GmbH wurden circa 80 Arbeitsstunden, in der MOTKomponenten GmbH etwa 50 Stunden und in der Maschinenbau GmbH, bezogen auf die Komplexität von Kunden-Lieferanten-Beziehungen, ungefähr 130 Arbeitsstunden benötigt. Daraus resultierten die zunächst unter Kosten-Nutzen-Gesichtspunkten geäußerten Vorbehalte. Sie wurden vor allen Dingen durch den geringen Zeitaufwand für den eigentlichen Prozeß des Qualitätslernens sowie durch die erzielten Ergebnisse kompensiert.

Aufwand für die Unternehmen der Pilotumsetzung

Auf dieser Basis wird in den beteiligten Unternehmen gegenwärtig geprüft, wie die Strukturierung weiterer Arbeitssysteme durch gezielte Schaffung und Nutzung von Synergieeffekten noch zeit- und kostengünstiger gestaltet werden kann. Die Geschäftsführungen der RELEC GmbH und der Maschinenbau GmbH erwägen, arbeitssystembezogenes Qualitätslernen auf weitere Relaistypen bzw. Lieferanten auszudehnen. In der MOTKomponenten GmbH wird die Anwendung der Methodik durch betriebliche Experten auf weitere teilautomatisierte Arbeitssysteme gleichfalls in Betracht gezogen.

Qualitätslernen wird weitergeführt

Die Ergebnisse in den drei Pilotunternehmen belegen, daß es möglich ist, das didaktisch-methodische Konzept arbeitssystembezogenen Qualitätslernens in unterschiedlichen Typen von Arbeitssystemen – manuellen, teilautomatisierten und informationellen – praxisgerecht umzusetzen. Die Vorgehensweise ist vor allem auch für kleine

Konzept in verschiedenen Arbeitssystemen anwendbar

Nutzen für kleine, mittelständische Unternehmen

und mittelständische Betriebe von besonderem Wert, weil deutlich wird, daß

- in den Unternehmen sowohl allgemeines als auch spezifisches Qualitätswissen vorhanden ist, das durch arbeitssystembezogenes Qualitätslernen aktiviert und transferiert wird;
- Qualitätswissen, das bislang noch nicht verfügbar war, z.B. zur FMEA, durch Lernen gezielt hinzukommt;
- im Grunde alle personellen, organisatorischen und anderen Voraussetzungen vorhanden sind, um Qualitätslernen erfolgreich zu gestalten;
- die Ablauflogik im Arbeitssystem zugleich Aneignungslogik des Qualitätslernens ist und als fördernder Faktor wirkt;
- die Arbeitsblätter bzw. TA als Lehr- und Lernmittel selbständiges Qualitätslernen fördern;
- lernende und bereits qualifizierte Mitarbeiter zunehmend bewußter hohe Prozeßfähigkeit durch individuelles und kooperatives Lernen in der Arbeitstätigkeit erreichen.

Unternehmensqualität durch Lernen weiter verbessern

Arbeitssystembezogenes Qualitätslernen ist ein Faktor, der vor allem auch kleinen und mittelständischen Unternehmen hilft, umfassende Qualitätsmanagementkonzepte erfolgreich umzusetzen, und zur weiteren Verbesserung von Unternehmensqualität beiträgt.

Weiterführende Untersuchungen

Weiterführende Untersuchungen sollten sich verstärkt der Frage zuwenden, wie der Aufwand bei der Arbeitssystemstrukturierung sowie bei der Erfassung der Abläufe reduziert werden kann. Darüber hinaus sollte für vielfältige Qualifizierungsmaßnahmen in den Unternehmen ein modulares Baukastensystem geschaffen werden, das es ihnen erlaubt, adäquate Lernwerkzeuge gezielt, selbständig auszuwählen und effizient zu nutzen.

3 Glossar

ARBEITSABLAUF   Der A. wird danach geplant und beschrieben, wo (Ort), wann (zeitliche Reihenfolge) und womit (Mitarbeiter, Betriebs- bzw. Arbeitsmittel) ein Arbeitsgegenstand gemäß der Arbeitsaufgabe verändert oder verwendet wird.

Dazu ist es erforderlich, den A. in einzelne Abschnitte zu gliedern. Unterschieden wird zwischen Makro-Abschnitten (Gesamtablauf, Teilablauf, Ablaufstufe, Vorgang) und Mikro-Abschnitten (Teilvorgang, Vorgangsstufe, Vorgangselement).

Unter Gesamtablauf wird z.B. der gesamte Arbeitsablauf verstanden, der zur Herstellung eines Erzeugnisses oder zur Durchführung einer anderen Arbeitsaufgabe erforderlich ist.

Vorgangselemente sind Teile einer Vorgangsstufe, die durch ihre inhaltliche Beschreibung nicht weiter aufgegliedert werden können. Dabei unterscheidet man zwischen Bewegungselementen als von Menschen ausgeführten körperlichen sowie geistigen Grundvorgängen und Prozeßelementen als Grundvorgängen, die von Maschinen ausgeführt werden.

Eine Vorgangsstufe umfaßt als Abschnitt eines Teilvorgangs eine in sich abgeschlossene Folge von Vorgangselementen.

In Verbindung mit der Einführung und kontinuierlichen Weiterentwicklung umfassender Qualitätsmanagementkonzepte in der betrieblichen Praxis wird in die Betrachtung von A. immer mehr das gesamte betriebliche Handeln mit dem Ziel einbezogen, die *Qualität* und Produktivität durch ständige Prozeßverbesserung (*Prozeßfähigkeit*) zu steigern. Dementsprechend bezeichnet ein

➲ Qualität

➲ Prozeßfähigkeit

Arbeitssystem ⊂

A. alle Tätigkeiten, die zur Realisierung von Arbeitsaufgaben in einem *Arbeitssystem* und in seinem Umfeld erforderlich sind.
Literatur: Kamiske; Brauer 1995[2], S. 120 ff.; REFA 1984, S.76–81

Tätigkeitsbegleitende ⊂
Arbeitsanweisung

ARBEITSANWEISUNG siehe *Tätigkeitsbegleitende Arbeitsanweisung*

Qualitätslernen – ⊂
didaktisch-methodisches
Konzept

ARBEITSBLATT siehe *Qualitätslernen – didaktisch-methodisches Konzept; Tätigkeitsbegleitende Arbeitsanweisung*

ARBEITSSYSTEM Ein A. dient der Erfüllung von Arbeitsaufgaben durch das Zusammenwirken von Menschen und Betriebs- bzw. Arbeitsmitteln unter Umwelteinflüssen. Grundlage dieser Definition ist die Systemtheorie, nach der jedes System über
• Grenzen, die es von seiner Umgebung trennen,
• Elemente,
• Beziehungen zwischen seinen Elementen und
• Beziehungen des Systems mit der Umgebung
verfügt. Dabei kann ein System sowohl über Subsysteme als Elemente verfügen als auch selber Element eines übergeordneten Systems sein.

Bei A. wurde lange Zeit allein zwischen technischen Systemen (Betriebs- bzw. Arbeitsmittel) auf der einen und sozialen Systemen (Mitarbeiter) auf der anderen Seite unterschieden. In der modernen Arbeitswissenschaft hat sich seit den frühen siebziger Jahren der sozio-technische Systembegriff (Mitarbeiter im A., Mitarbeitergruppe, Betrieb, externe bzw. interne Kunden und Lieferanten) durchgesetzt. Mit ihm wird zwischen den Zielen des Unternehmens, zwischen der Wirtschaftlichkeit und der sozial anspruchsvollen Arbeitsgestaltung vermittelt. So wird es möglich, die unterschiedlichen Ebenen des Betriebes in die Systembetrachtungen einzubeziehen.

Nach REFA können A. mit Hilfe von sieben Begriffen,

Arbeitsablauf ⊂

Arbeitsaufgabe, *Arbeitsablauf*, Eingabe, Ausgabe, Mitarbeiter, Betriebsmittel und Umwelteinflüsse, beschrieben werden.
• Eine Arbeitsaufgabe kennzeichnet den Zweck des Arbeitssystems und ist zugleich eine Aufforderung

an Mitarbeiter, Tätigkeiten auszuüben, die der
Zweckerreichung dienen.

- Die Eingabe (Input) besteht aus Arbeitsgegen-
ständen, jedoch auch aus Informationen und
Energie, die entsprechend der Arbeitsaufgabe
verändert (Zustand, Form, Lage) oder verwendet
werden sollen.
- Die Ausgabe (Output) besteht besonders aus Arbeits-
gegenständen, aber auch aus Informationen und
Energie, die entsprechend der Arbeitsaufgabe verändert oder verwendet wurden.
- Mitarbeiter und Betriebs- bzw. Arbeitsmittel sind die
Kapazitäten des Arbeitssystems, die gemäß der Arbeitsaufgabe die Eingabe in die Ausgabe verändern.
- Die Umwelteinflüsse wirken auf das Arbeitssystem
ein oder gehen von ihm aus. Unterschieden wird u. a.
zwischen organisatorischen, sozialen, physikalischen
sowie chemischen Einflüssen.

Literatur: Cooper; Foster 1971; Luczak 1993, S. 10 f.; REFA
1984, S. 69–73; Spur; Mertins 1989, S. 88 ff.; Spur u. a. 1993,
S. 14; Trist 1975

ARBEITSUNTERWEISUNG Die A. dient der systematischen, didaktisch-methodischen Vermittlung und Aneignung von Kenntnissen, Fähigkeiten und Fertigkeiten, die
zur Erfüllung einer Arbeitsaufgabe notwendig sind.

Das REFA-Standardprogramm zur A. beinhaltet Kriterien, die geprüft beziehungsweise durchlaufen werden
müssen, wenn eine Unterweisung vollständig vorberei-
tet, optimal durchgeführt und der *Lernerfolg* kontrolliert   ⟳ Lernerfolgskontrolle
werden soll.

Literatur: REFA 1991, S. 73

AUFFORDERUNG ZUM LAUTEN DENKEN siehe *Befragung*   ⟳ Befragung

BEARBEITUNGSZENTRUM siehe *CNC-Werkzeugmaschi-*   ⟳ CNC-Werkzeugmaschinen
nen

BEFRAGUNG Die B. ist eine weitverbreitete Methode der
empirischen Sozialforschung. Mit Hilfe von Fragen werden von den Befragten erlebte und erinnerte soziale Ergebnisse, Meinungen und Bewertungen erhoben. Der Ver-
breitungsgrad und die offensichtliche Nützlichkeit führen

zu der irrigen Annahme, daß die B. eine leicht zu handhabende Methode sei.

Je nach Art der Durchführung (mündlich oder schriftlich) und dem Grad der Vorstrukturierung (wenig, teilweise, stark) der Fragen und Anworten werden verschiedene Formen der B. unterschieden. Als Faustregel gilt, je höher der Grad der Vorstrukturierung, um so mehr eignet sich die B. zur Erhebung quantitativer Aspekte.

Für die Pilotumsetzung „Arbeitssystembezogenes Qualitätslernen" wurden die folgenden Befragungsformen einzeln oder kombiniert angewendet, weil sie primär auf die Erfassung qualitativer Aspekte gerichtet sind:

- Freie B. (mündlich, wenig strukturiert); der Befragte hat zunächst Gelegenheit, seine Sicht der Arbeitssituation, der Qualitätsprobleme usw. darzustellen. Das bringt ihn gegenüber dem Befrager in eine aktive Position und erhöht seine Akzeptanz für die Befragungssituation. Die Kunst des Befragers besteht darin, zurückhaltend, wenig inhaltlich lenkend zu fragen.

- Aufforderung zum lauten Denken (kommentierten Arbeiten; mündlich, wenig strukturiert); das ist eine Sonderform der freien B. Der Mitarbeiter wird gebeten zu schildern, was in welcher Reihenfolge zu tun, zu berücksichtigen, welches Wissen und Können dafür erforderlich ist. Wichtig ist, daß alles, was dem Befragten in den Sinn kommt, unabhängig von der *Lehrplan* ⊂　Ablauf- oder Tätigkeitslogik (*Lehrplan*), auch geäußert wird. Aufgabe des Befragers ist es, um die sinnvolle Auswertung des Materials zu ermöglichen, die Aussagen durch Wiederholen der Denkaufforderung oder mit Hilfe von speziellen Formen der *Beobachtung* ⊂　*Beobachtung* zu präzisieren und zu systematisieren. Diese Form der B. kann während des Arbeitsablaufs oder danach, z.B. bei der Auswertung eines Videos, angewendet werden. Ihre Grenzen werden erreicht, wenn sich Tätigkeiten, wie das Justieren der Relais-*Erfahrungswissen* ⊂　kontakte der Wiedergabe durch Worte (*Erfahrungswissen*) entziehen.

- Leitfadengespräch (mündlich, teilweise strukturiert); die Befragungsform ist geeignet, um mit Mitarbeitern zu sprechen, die wie im Falle der MOTKomponenten GmbH, besondere Erfahrungen

bei der Bedienung von CNC-Maschinen oder bei der
Bewältigung von spezifischen Qualitätsproblemen
haben, aber wegen der Schichtarbeit nicht in einem
Qualitätszirkel oder in einem FMEA-Team zusammengeführt werden können. Allerdings stellt die
Anwendung des Gesprächs besondere Anforderungen an den Befrager. Er muß die Fragen im gleichen
Wortlaut stellen, um die Vergleichbarkeit der Anwort
zu sichern.

- Expertenrunde (*Prozeß-FMEA*)   ⊃ Prozeß-FMEA
- Szenariotechnik (mündlich, teilweise strukturiert);
  dabei werden dem Befragten Problemsituationen
  und möglicherweise auch Lösungsansätze, -anteile
  vorgegeben. Zwei Vorgehensweisen sind prinzipiell
  möglich: Zum einen werden Problemsituation und
  Lösungsansätze lückenhaft dargestellt und sollen
  vervollständigt werden. Zum anderen, und das ist
  noch anspruchsvoller, sollen für vorgegebene
  Situationen Vorgehensweisen und Lösungen gefunden, d. h. erst entwickelt werden.

Der Einsatz all dieser B.-formen ist damit verbunden, daß
sie den befragten Mitarbeiter letztlich mehr oder weniger von der Ausführung seiner Arbeitsaufgaben ablenken.
Deshalb sind häufiger Abweichungen zwischen der
sprachlichen Darstellung und der tatsächlichen Ausführung von Arbeitsaufgaben feststellbar.

Literatur: Atteslander 1995, S. 85 ff.; Hacker, W. 1992,
S.70 f., 80–85; Luczak 1993, S. 21 f.

BEOBACHTUNG Die wissenschaftliche B. ist ebenso wie
die *Befragung* eine häufig angewendete Methode der em-   ⊃ Befragung
pirischen Sozialwissenschaft. Sie dient dem Erfassen, Fest-
halten und Deuten von sinnlich wahrnehmbaren Abläufen und Verhalten zum Geschehenszeitpunkt mit dem Ziel
der Rekonstruktion.

Die an die B.-formen in Verbindung mit der Pilotumsetzung „Arbeitssystembezogenes Qualitätslernen" ge-
stellten Anforderungen unterscheiden sich nicht wesentlich von denen, die durch die qualitative Sozialforschung
erhoben werden:

- Offenheit (Gegenstandsorientierung); das Arbeitssystem als Untersuchungsgegenstand und nicht
  vorher aufgestellte Behauptungen, Vermutungen,

Theorien und Hypothesen bestimmen die Anlage der Pilotumsetzung.

- Prozeßcharakter; die Prozesse in den Arbeitssystemen werden durch intensive Kommunikation mit den dort tätigen Mitarbeitern gemeinsam erfaßt, interpretiert, ausgehandelt und dokumentiert.
- Reflexivität; Begriffe und Hypothesen werden im laufenden Untersuchungsprozeß generiert, modifiziert und verallgemeinert. Die Auswahl der Arbeitssysteme, der Mitarbeiter, der konkreten Methoden der Pilotumsetzung erfolgt nicht getrennt und nacheinander, sondern geht ineinander über.
- Explikation; die Schritte der Pilotumsetzung „Arbeitssystembezogenes Qualitätslernen", das ihnen zugrunde liegende Vorwissen, getroffene Entscheidungen usw. wurden den einbezogenen Mitarbeitern der Unternehmen wiederholt nachvollziehbar dargestellt und jetzt für den Leser in dieser Handlungsanleitung mit dem gleichen Ziel aufbereitet.

Erfahrungswissen; ⊂
Fehlervermeidungswissen

Für die Beobachtung und Erfassung der nicht ohne weiteres verbalisierbaren Erfahrungen zur Fehlervermeidung (*Erfahrungs-, Fehlervermeidungswissen*) wurden während der Pilotumsetzung Beobachtungstechniken angewendet, die die Situationen, die Bedingungen usw. in den Arbeitssystemen als natürliche Beobachtungssituationen erfassen und der Fremdbeobachtung angemessen sind. Das sind, die

- offene B.; dabei ist der Beobachter als solcher für den Mitarbeiter im Arbeitssystem erkenn- und ansprechbar. Die verdeckte B. ist, unter strikter Wahrung der Persönlichkeitsrechte und des Datenschutzes nur dann sinnvoll, wenn vom Beobachter eine nicht zu tolerierende Beeinflussung des Mitarbeiters, seines Verhaltens oder der Arbeitsabläufe ausgehen könnte.
- teilnehmende/nicht teilnehmende B.; eine teilnehmende B. liegt vor, wenn der Beobachter selbst aktiv am Geschehen, wie in der Relaismontage teilnimmt, um die Feinheiten des Justierens der Kontakte zu erfahren.
- systematische/unsystematische B.; eine systematische B. ist dann gegeben, wenn sie einem bestimmten Schema, wie z.B. dem Bestellvorgang in der Maschi-

nenbau GmbH oder der Auftragsbearbeitung durch ihre Lieferanten folgt.

Literatur: Atteslander 1995, S. 87; Friedrichs 1985, S. 272 f.; Kromrey 1991, S. 255; 1993, S. 258 f.; Luczak 1993, S. 21

BEOBACHTUNGSINTERVIEW Das B. ist eine Kombination, die die Vorzüge von offener *Beobachtung* und *Befragung* verbindet und so die Grenzen beider Methoden geschickt hinausschiebt. Dabei ist Interview im Sinne der *Aufforderung zum lauten Denken* zu verstehen. Das B. kann sich zunehmend auf die qualitätsrelevanten Abschnitte des *Arbeitsablaufs* und darauf eingrenzen, die Erfahrungen zur Fehlervermeidung als Inhalte des *Qualitätslernens* (- *didaktisch-methodisches Konzept*) zu erfassen und zu dokumentieren.

⊃ Befragung

⊃ Arbeitsablauf
⊃ Qualitätslernen – didaktisch-methodisches Konzept

Literatur: Hacker, W. 1992, S. 80; Hacker, W.; Skell 1993, S. 53 f.; Rühle 1988

CNC-WERKZEUGMASCHINEN Frei programmierbare Werkzeugmaschinen für die spanende Bearbeitung haben mit der Entwicklung leistungsfähiger Mikrocomputer ihre heutige Bedeutung erlangt. Dabei unterstützt der Computer die meist recht aufwendigen Berechnungen der Werkzeugbahnen. Häufig auftretende Arbeitsabläufe (z.B. Gewindeschneiden, Taschenfräsen) sind fest programmiert und können bearbeitungsgerecht abgerufen werden. Weitere Vorteile gegenüber einer herkömmlichen Werkzeugmaschine:

- Bedienfeld für Eingaben,
- elektronische Verarbeitung der Eingaben,
- elektronisch geregelter Hauptantrieb,
- elektronisch geregelter Vorschub und
- elektronische Meßsysteme für jede Bearbeitungsachse.

Eine CNC-W. wird als Bearbeitungszentrum (BAZ) bezeichnet, wenn durch sie verschiedene Fertigungsverfahren gleichzeitig oder nacheinander verfügbar sind sowie eine Reihe von Operationen (z.B. Werkzeugwechsel) automatisch abgearbeitet wird. Die Werkstücke werden, im Unterschied zum Nockenfräsen-BAZ in der MOTKomponenten GmbH, in der Regel komplett, d. h. ohne Maschinenwechsel gefertigt. BAZ werden vornehmlich für die Bohr- und Fräsbearbeitung angewendet.

Literatur: Klenk u.a. 1979, S. 540

Lehrplan ↩   **CURRICULUM**   siehe *Lehrplan*

DIDAKTIK   Die allgemeine D. ist eine Disziplin der Er-
ziehungswissenschaften, die sich grundlegend mit den
Prozessen, Methoden sowie Mitteln einschließlich der
Medien des Lehrens und Lernens sowie den ihnen zugrun-
Didaktische Prinzipien ↩   de liegenden *didaktischen Prinzipien*, Strukturen usw. be-
faßt.

Die Wortgruppe „didaktisch-methodisch" bezieht sich
darauf und unterscheidet zugleich das Methodenver-
ständnis der allgemeinen D. von anderen fachspezifischen
Methodenauffassungen, z.B. von den allgemeinen und
spezifischen Methoden des Qualitätsmanagements.
Literatur: Heursen 1989a, S. 307 f.; Klingberg 1989[7], S. 31 f

DIDAKTISCH-METHODISCHE KOMPETENZEN   D.-m. K.
umfassen spezielle Kenntnisse aus dem Bereich der *Di-*
Didaktik ↩   *daktik* sowie die Fähigkeiten und Fertigkeiten, sie gezielt
für das Lernen, die Organisation von Lehr- und Lernpro-
zessen einzelner Mitarbeiter oder von Mitarbeitergrup-
pen zu nutzen. Das schließt die Erstellung und den
Einsatz von Medien ein. D.-m. K. sind unerläßliche Vor-
Qualitätslernen ↩   aussetzungen für das *Qualitätslernen* in Arbeitssystemen
Transfer von ↩   als *Transfer von Qualitätswissen*.
Qualitätswissen

DIDAKTISCH-METHODISCHES KONZEPT   Nach Erkennt-
Didaktik ↩   nissen und Prinzipien der *Didaktik* entwickeltes Konzept
zur Gestaltung von Lehr- und Lernprozessen. Mit der Erstellung des d.-m. K. wird die unmittelbare Planungsphase dieser Prozesse eingeleitet. Nur so ist es möglich, sie
zielgerichtet zu gestalten und vorausschauend die für den
Lernerfolg notwendigen organisatorischen u.a. Bedingungen zu schaffen. Das d.-m. K. wird entfaltet, indem die
folgenden allgemeinen didaktischen Leitfragen möglichst
konkret, beginnend mit den Lehr- und Lernzielen im Sinne einer Checkliste in der dargestellten Reihenfolge be-
antwortet und die Antworten schriftlich festgehalten werden (*Tabelle 3.1*).

Auf dieser Grundlage wurde das für arbeitssystembezogenes Qualitätslernen entwickelte und im Rahmen der
Qualitätslernen – ↩   Pilotumsetzung erprobte Konzept (*Qualitätslernen –*
didaktisch-methodisches   *d.-m. K.*) erarbeitet. Mitarbeiter, die am Qualitätslernen
Konzept   teilnehmen, sollten möglichst früh und partizipativ ein-

Leitfragen	Dimensionen
Wozu wird gelernt?	Ziele
Wer lernt?	Zielgruppen
Was wird gelernt?	Lehr-/Lerninhalte
Wie wird gelernt?	Methoden
Wo wird gelernt?	Lernorte
Mit welchen Mitteln wird gelernt?	Medien als Mittel

Tabelle 3.1 Leitfragen zur Erstellung eines Lernkonzeptes

bezogen werden, damit sie die in der Planungsphase getroffenen Entscheidungen als eigene, selbstbestimmte Festlegungen mittragen können. Das wirkt motivierend und beeinflußt unmittelbar den Lernerfolg.

DIDAKTISCHE PRINZIPIEN D. P. sind allgemeine Grundsätze für die Gestaltung von Schulungen (*Schulungsmethoden*). Diese Prinzipien gelten nicht nur für das arbeitssystembezogene Qualitätslernen bei der Einführung und kontinuierlichen Weiterentwicklung von Qualitätsmanagementsystemen, sondern für alle inner-, überbetrieblichen und weitere institutionalisierte Qualifizierungsmaßnahmen.

➲ Schulungsmethoden

Innerhalb der Didaktik gibt es derzeit sehr unterschiedliche Auffassungen zur Einteilung und Gültigkeit dieser Prinzipien. Für die betriebliche Praxis sind die d. P. der Anschaulichkeit, der Faßlichkeit, des individuellen Eingehens, der ständigen *Lernerfolgskontrolle* (Ergebnissicherung), der Planmäßigkeit und Systematik, der Selbsttätigkeit und der Verbindung von Praxis und Theorie von besonderer Bedeutung. Die Beachtung dieser Prinzipien hilft dem Lehrenden, arbeitssystembezogenes Qualitätslernen nicht nur als Medium der Inhaltsvermittlung zu betrachten, sondern auch seinen Verlauf, seine Ergebnisse sowie Reaktionen der Teilnehmer ideell vorwegzunehmen und sich bereits in der Vorbereitung darauf einzustellen.

➲ Lernerfolgskontrolle

D. P. DER ANSCHAULICHKEIT Die Forderung, Schulungen anschaulich zu gestalten, gehört zu den ältesten, klassischen Grundsätzen des Lehrens und Lernens. Die Inhalte (Gegenstände) des Lehrens und Lernens sollen „lebendig anzuschauen", sinnlich zu erfassen, konkret „zu begreifen" sein, damit die Schulungsteilnehmer „innere Anschauungen", d. h. klare Bilder und Vorstellungen von ihnen gewinnen können. Lebendiges Anschauen, sinnliches Erfassen und konkretes Begreifen, mit einem Wort – das Ansprechen aller Sinne der Lernenden, sind Fundamente des Lehrens und Lernens.

D. P. DER FASSLICHKEIT Aus dem d. P. der Faßlichkeit leitet sich eine Reihe von anerkannten Regeln des Lehrens und Lernens ab: vom Einfachen zum Komplizierten, vom Nahen zum Entfernten, vom Bekannten zum Unbekannten, vom Leichten zum Schwierigen und vom Konkreten zum Abstrakten.

Dem Grundsatz der Faßlichkeit liegt das Grundproblem der didaktischen Vereinfachung (Reduktion) zugrunde. Durch die Kunst der Vereinfachung sollen die Schulungsinhalte für die Lernenden durchschaubar werden, damit sie im Komplizierten und Komplexen das Einfache entdecken, das Vielfache und Vielfältige auf das „gute Einfache" zurückführen sowie im scheinbar Fraglosen das Fragwürdige sehen lernen.

Vom „guten Einfachen" ist zu sprechen, weil didaktische Vereinfachung nicht mit Simplifizierung gleichgesetzt werden darf. Es sollen immer solche Leistungs- und/ oder Verhaltensanforderungen gestellt werden, die von den Lernenden mit gewissen Anstrengungen erfüllt werden können. Das trägt zur Erhöhung der Leistungsbereitschaft bei.

D. P. DES INDIVIDUELLEN EINGEHENS Das Eingehen auf die individuellen Besonderheiten der lernenden Mitarbeiter ist eine der komplizierteren Aufgaben, vor denen der Lehrende steht. Ihre Lösung setzt voraus, daß er die Eigenarten der Lernenden gut kennt. Diese Besonderheiten sind vor allem dann zu beachten, wenn die Wirksamkeit ganzer Mitarbeitergruppen für das Erreichen spezieller Unternehmensziele, z. B. die Umsetzung eines umfassenden Qualitätsmanagements erhöht werden soll. Folgende Aspekte sind dabei von besonderem Gewicht: Berücksichtigung unterschiedlichen Arbeitstempos, u. a. durch unterschiedliche praktisch ausführende, planend-dispositive Aufgabenstellungen; Beeinflussung der Lerneinstellungen, u. a. durch erreichbare Zielsetzungen, Reflexion ihrer Sinnhaftigkeit, Motivation, Anerkennung;

Lenkung der Interessen, u.a. durch Gewinnung von Mitarbeitern für unterschiedliche Problemlösungs-, Projektgruppen, Teams; Aktivierung besonderer Erfahrungen, Qualifikationen von Mitarbeitern.

D. P. DER STÄNDIGEN LERNERFOLGSKONTROLLE (Ergebnissicherung) Die Betonung liegt auf dem Beiwort „ständig". *Lernerfolgskontrolle* ist keine Angelegenheit eines einmaligen Feedbacks am Ende einer Schulung, sondern betrifft alle ihre verschiedenen Phasen. Zu ihnen gehören neben der interessanten Eröffnung und dem großen Problemaufriß auch die begeisternde, fesselnde Erzählung, der lebendige Diskurs, die Wiederholung, Systematisierung, das vielfältige Üben durch Anwenden und die Kontrolle des Erreichten. Bereits die Vermittlung neuer Inhalte muß so angelegt werden, daß ein hoher Grad von Einprägsamkeit und damit Dauerhaftigkeit erreicht wird.

⊃ Lernerfolgskontrolle

D. P. DER PLANMÄSSIGKEIT UND SYSTEMATIK Dieser Grundsatz zielt auf die fachliche Richtigkeit und Systematik der Schulungsinhalte. Er ist jedoch nicht darauf gerichtet, der Vermittlung der Inhalte die Systematik ihrer Fachwissenschaft zugrunde zu legen. Der systematische Charakter von Schulungen kommt vor allem in ihrer Planmäßigkeit und in ihren Zielsetzungen zum Ausdruck. Für den Lehrenden heißt das u.a., daß er vorausschauend Qualifizierungserfordernisse ermitteln, Vorgehensweisen sowie Bedingungen ihrer Realisierung planen und vorbereiten muß. Dazu gehören vor allem die klare Untergliederung der Schulungsziele in Teilziele sowie die für den Lernenden überschaubare Strukturierung der Inhalte und der verschiedenen Schulungsphasen (Einführung, Erarbeitung, Festigung usw.). Festigung durch die praktische Anwendung der Inhalte (Übung, Wiederholung, Systematisierung) dient der Ausprägung von anwendungsbereiten Kenntnissen (*Können*) und muß deshalb besonders gut vorbereitet werden.

⊃ Können

D. P. DER SELBSTTÄTIGKEIT Das d. P. der Selbsttätigkeit ist Ausdruck des Zusammenhangs zwischen Tätigkeit und Persönlichkeitsentwicklung. Selbsttätigkeit bedeutet, daß die Lernenden die Ziele, Inhalte, Methoden und Mittel des Qualitätslernens aktiv, bewußt und in wachsendem Maße kreativ mit auswählen, mit gestalten und damit die Entwicklung ihrer Individualität ebenfalls entscheidend beeinflussen.

Selbsttätigkeit sollte nicht mit einem konzeptionslosen, durch die aktuellen Wünsche und Interessen der Teilnehmer oder des Lehrenden begründeten Inhalt und Verlauf des Qualitätslernens verwechselt werden. Seine begründete, kluge, differenzierte Vorbereitung und Gestaltung durch den Lehrenden ist im Gegenteil Voraussetzung für die Entfaltung der Selbsttätigkeit der Lernenden.

D. P. DER VERBINDUNG VON PRAXIS UND THEORIE Die Beachtung dieses Prinzips ist für arbeitssystembezogenes Qualitätslernen wichtig, weil auf Grund der Vorrangigkeit der Arbeitsabläufe und ihrer wirtschaftlichen Zielsetzungen häufig allein praktisches Handeln den Schulungsinhalt bestimmt. Der ganzheitliche Bezug auf fachliche, soziale und didaktisch-methodische Kompetenzen bzw. Lerninhalten sollte darüber nicht verlorengehen. Das integrative Qualitätslernen im Arbeitsablauf am einzelnen Arbeitsplatz oder in einem Arbeitssystem mit verschiedenen Arbeitsplätzen hat sich bewährt. Werden andere Lernorte in ihrer Nähe gewählt, dann sollten diese Kompetenzen gleichwertig berücksichtigt werden. Verbindungen von betrieblicher Praxis und Theorie können u.a. erfolgen durch das Herstellen von Beziehungen zwischen Lerninhalten und persönlichen Arbeitsaufgaben, Erfahrungen, Beobachtungen der Mitarbeiter. Exkursionen in andere Abteilungen, Bereiche, zu anderen Standorten und Unternehmen tragen ebenso dazu bei wie die Arbeit mit Modellen, Szenarien und Simulationen.

Literatur: Klingberg 1989[7], S. 209 f., 223–232

Handlungsregulations- ⊂
theorie

ERFAHRUNGSWISSEN E. wird von Mitarbeitern individuell durch die Verinnerlichung von Arbeitshandlungen (*Handlungsregulationstheorie*), die selbständig und über längere Zeiträume an einzelnen Arbeitsplätzen oder in Arbeitssystemen ausgeführt werden, erworben. Auf der Grundlage von E. werden durch Mitarbeiter sowohl eintreffende Informationen gegliedert und interpretiert als auch die für die adäquate Ausführung von Arbeitsaufgaben notwendigen Handlungen erzeugt. Als handlungsleitendes „schweigendes" Wissen entzieht sich E. weitgehend dem Versuch, es durch Worte wiederzugeben. Es ist daher häufig nur in „Kopf, Herz und Hand" als bewußtseinsfähiger Wissensinhalt (*Bild 3.1*), überwiegend nur gefühls-

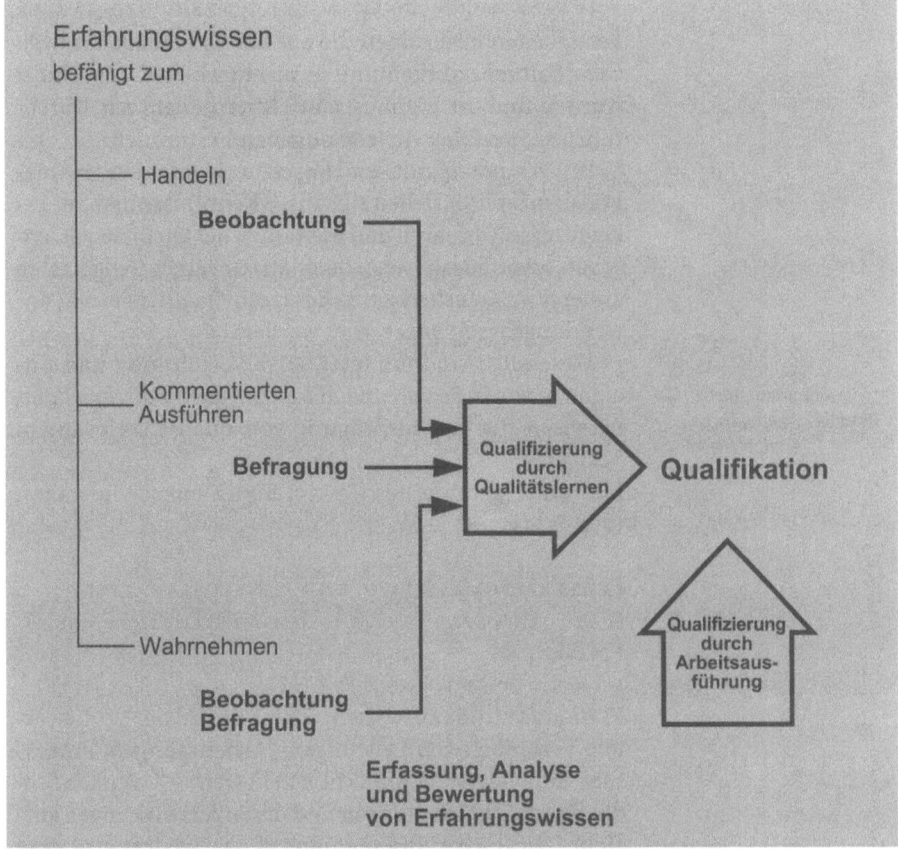

Bild 3.1   Grenzen und Möglichkeiten des Transfers von Erfahrungswissen

mäßig und zumeist nur in dem Augenblick verfügbar, in
dem die Arbeitshandlung ausgeführt wird.

Als prozedurales Wissen kann es durch *Befragung* und
Beobachtung erfaßt, mit Hilfe der *Prozeß-FMEA* präzisiert
und vertieft und durch didaktisch-methodische Aufbereitung dem arbeitssystembezogenen Qualitätslernen
zugänglich werden. E. als Inhalt von Qualitätslernen ist
ausgerichtet auf die bewußte Vermeidung von Fehlern
(*Fehlleistungsaufwand; Fehlervermeidungswissen*) durch
qualitätsrelevantes Verhalten.
Literatur: Berger 1994, S. 4; Hacker, W. 1992, S. 77–91

➲ Befragung, Beobachtung;
Prozeß-FMEA

➲ Fehlleistungsaufwand,
Fehlervermeidungswissen

FACHKOMPETENZ Als F. werden allgemein, zusammenfassend anwendungsbereite Kenntnisse, Fähigkeiten und

Fertigkeiten bezeichnet, die auf der Grundlage fachwissenschaftlicher Erkenntnisse vermittelt bzw. angeeignet wurden und die Eignung eines Mitarbeiters zur Durchführung spezieller Arbeitsaufgaben bestimmen.

In Verbindung mit der Umsetzung umfassender Qualitätskonzepte beziehen sich diese Kenntnisse usw. auf Erkenntnisse, Verfahren und Methoden der Qualitätswissenschaft sowie aus weiteren qualitätsrelevanten Teilgebieten anderer Wissensbereiche, die durch Qualitätslernen anwendungsbereit angeeignet werden.

Sozialkompetenz, ⊂
Didaktisch-methodische
Kompetenzen

Wesentlich sind die integrative Vermittlung und Aneignung von F., *Sozial-* und *didaktisch-methodischen Kompetenzen* für die Ausprägung von qualitätsrelevantem Verhalten.

Literatur: Kamiske 1993, S. 29; König 1992; Wildemann 1993, S. 153

Prozeß-FMEA ⊂

FEHLERMÖGLICHKEITS- UND -EINFLUSSANALYSE
(FAILURE MODE AND EFFECTS ANALYSIS – FMEA) siehe *Prozeß-FMEA*

FEHLLEISTUNGSAUFWAND Unter F. wird der „... bewertete Verbrauch von Leistungen (Arbeitsgängen, Prozessen) und Gütern (Produktionsfaktoren) ... verstanden, der durch Fehlhandlungen und deren Auswirkungen entsteht." (Kamiske; Brauer 1995², S. 55) Weder wird eine Werterhöhung am Produkt erzielt, noch wird der Kundennutzen gesteigert. F. ist daher für Unternehmen gleichbedeutend mit Verlusten an Produktivität und Wirtschaftlichkeit. Der Begriff F. wurde von Masing geprägt, der damit klarstellt, daß nicht Qualität, sondern ihr Nichterzielen den Unternehmen Kosten verursacht.

F. entsteht in Arbeitssystemen u.a. besonders häufig durch routinebedingtes Fehlverhalten hochqualifizierter Mitarbeiter, fehlerhaftes Identifizieren von Teilen, ungenügende oder fehlende Qualifikationen, aber auch durch unvollständige oder nicht vorhandene Qualitätsstandards.

Literatur: Kamiske; Brauer 1995²; Hirano 1992, S. 30 ff.; Masing 1988

Qualitätswissen ⊂

FEHLERVERMEIDUNGSWISSEN F. ist *Qualitätswissen*. Es umfaßt die Kenntnisse, Fähigkeiten sowie Fertigkeiten und das Verhalten, die Mitarbeiter benötigen, um Fehler, d. h. *Fehlleistungsaufwand* bewußt zu vermeiden bzw. zu reduzieren.

➲ Fehlleistungsaufwand

F. wird von Mitarbeitern durch die berufliche Ausbildung, vor allem jedoch auf der Grundlage von Erfahrungen gesammelt, die in Verbindung mit der oftmals langjährigen Ausführung von Arbeitsaufgaben gewonnen und dabei verinnerlicht, angeeignet werden. F. ist daher ein spezifischer, auf die Vermeidung von Fehlern gerichteter Bestandteil von *Erfahrungswissen*, der als „schweigendes Wissen" schwer oder gar nicht in Worten wiedergegeben werden kann. Die Aufforderung zum lauten Denken (*Befragung*) und die Aufarbeitung im Team (*Prozeß-FMEA*) sind geeignete Möglichkeiten, um F. für das arbeitssystembezogene Qualitätslernen zu erschließen.

➲ Erfahrungswissen

➲ Befragung
➲ Prozeß-FMEA

HANDLUNGSREGULATIONSTHEORIE Der arbeitspsychologischen H. liegt die Auffassung zugrunde, daß jede Arbeitstätigkeit als äußere Handlung eine bestimmte psychische Struktur hat, die die Art und Weise bestimmt, in der die Tätigkeit vom Mitarbeiter ausgeführt wird. In diesem Zusammenhang ist zum einen die Frage bedeutsam, wie äußere Handlungen zu inneren psychischen Erscheinungen werden. Zum anderen wird das Problem angesprochen, wie diese psychischen Erscheinungen wiederum äußere Handlungen steuern. Damit berührt die H. nicht nur ein Kernproblem produktionswirksamer arbeitspsychologischer Forschung, sondern bietet sich auch als methodische Grundlage zur Analyse und Beschreibung psychologischer Voraussetzungen, Bedingungen von Arbeitstätigkeiten an:

- Handlungen werden, ausgehend von der Einheit von Denken und Tun, auf der sensumotorischen, sinnlich-begrifflichen und intellektuellen Ebene analysiert und beschrieben.

  Die Ausführung von Arbeitstätigkeiten wird als schrittweises Ableiten von Handlungen und Operationen aus übergeordneten Zielstellungen, wie z.B. Arbeitsaufgaben, erklärt. Dabei wird Handeln als zielgerichtete Einwirkung des Menschen auf seine Umwelt verstanden, die ihrerseits als Rückwirkungen vom Handelnden verinnerlicht werden.

- Verinnerlichung ist ein Transferprozeß, durch den Handlungen nicht 1 : 1 in der Psyche abgebildet, sondern auch als Wissensinhalte für andere äußere Handlungen durch Verallgemeinerung, Verbalisierung (innere Sprache), Verkürzung weiterentwickelt werden.

- Diese Weiterentwicklung führt zur Ausprägung bewußtseinspflichtiger und bewußtseinsfähiger Wissensinhalte. Während bewußtseinspflichtige Inhalte sprachlich wiedergegeben werden können, entziehen sich die bewußtseinsfähigen als Handlungsroutinen, d. h. als „schweigendes" handlungsleitendes Wissen weitgehend der Verbalisierung.

Fehlervermeidungs-, ⊆ Erfahrungswissen

Deshalb geht arbeitssystembezogenes Qualitätslernen von der Strukturierung der Arbeitsabläufe und von der Erfassung von Arbeitshandlungen aus, um „schweigendes" handlungsleitendes *Fehlervermeidungswissen* als *Erfahrungswissen* zu erkennen und durch didaktisch-methodische Aufbereitung als Qualitätswissen dem Lernen zu erschließen.

Literatur: Fuchs-Frohnhofen 1993, S. 22 ff.; Hacker, W. 1986, S.160 ff.; Hacker, W.; Skell 1993, S. 28–34; Krogoll u.a. 1988, S. 28–33; Volpert 1985; 1987; 1992

KERNKOMPETENZ   K. werden als Bündelung verschiedener Fähigkeiten und Technologien eines Unternehmens verstanden. Werden Ressourcen in bezug auf Funktionsbereiche von Unternehmen gebündelt, so können sich daraus aufgaben- bzw. handlungsspezifische Funktionskompetenzen ergeben. Prozeßbezogene K. äußern sich wiederum in der Effizienz von Wertschöpfungsprozessen, die durch Bündelung und Koordination von Ressourcen verbessert wird. K. bestehen in der überragenden Beherrschung von Schlüsselgeschäftsprozessen wie Geschwindigkeit, Qualität, Präzision, Kosten und Service. Charakteristische Merkmale von K. sind u.a. die Schwierigkeiten des Imitierens und Substituierens durch Wettbewerber, die Kombination und Koordination von Ressourcen, ein hoher Beitrag zur Wertschöpfung und ein ebensolcher Kundennutzen. K. tragen zum strategischen Unternehmenserfolg bei, indem sie vor allem durch unternehmensinterne Lernprozesse ausgeprägt sowie durch ständiges Praktizieren und Kumulieren von Erfahrungen weiter vertieft werden. Zugleich kann das Outsourcing von Tätigkeiten, die nicht zu den K. gehören, vor allem kleine und mittelständische Unternehmen zu einer höheren Abhängigkeit von der Lieferantenschaft führen. Als Ausweg bieten sich nicht nur die weitere Konzentration auf K., sondern auch die Einführung eines umfassenden Qualitätsmanagements im Sinne von TQM sowie die Entwicklung zwischenbetrieblicher Kooperationen als *Wertschöpfungspartnerschaft* an.

➲ Wertschöpfungspartnerschaft

Literatur: Friedrich 1995, S. 88; Jagodejkin 1995, S. 13; Kollowa 1995, S. 22; Prahalad; Hamel 1990; Suter 1995, S. 92

KÖNNEN K. wird als Begriff sehr uneinheitlich verwendet. Im allgemeinen wird damit die Gesamtheit aller Fähigkeiten und Fertigkeiten des Individuums zur Ausführung einer oder verschiedener Tätigkeiten bezeichnet.

In Verbindung mit arbeitssystembezogenem *Qualitätslernen* wird darunter die durch Fähigkeiten und Fertigkeiten begründete Eignung eines Mitarbeiters verstanden, Arbeitstätigkeiten in Übereinstimmung mit festgelegten und vorausgesetzten Erfordernissen (*Qualität*) auszuführen. Dieses Können wird durch Qualitätslernen als anwendungsorientierte Vermittlung und Aneignung von *Qualitätswissen* erworben. K. (Expertise) auf der Grundlage von *Wissen* wird in einem dreistufigen Prozeß ausgeprägt:

➲ Qualitätslernen

➲ Qualität

➲ Qualitätswissen

KOGNITIVE STUFE Arbeitshandlungen werden im Prozeß ihrer Ausführung verinnerlicht (*Handlungsregulationstheorie*) und im Gedächtnis als deklaratives Wissen in Wenn-dann-Strukturen kodiert. Handlungen werden durch bewußtes oder erfahrungsgeleitetes (*Erfahrungswissen*) Abarbeiten dieser Strukturen ausgeführt, wie z. B. beim Autofahren: Vor dem Losfahren muß zunächst die Handbremse gelöst, die Kupplung getreten, der erste Gang eingelegt, ... werden.

➲ Handlungsregulationstheorie

➲ Erfahrungswissen

ASSOZIATIVE STUFE Methoden, mit denen Handlungen auszuführen sind, werden bewußt oder erfahrungsgeleitet ausgearbeitet. Durch wiederholtes Probieren und Ausführen werden mögliche Fehler der Wenn-dann-Strukturen aufgedeckt und korrigiert. Handlungen und Ausführungsmethoden werden psychisch assoziiert, wechselseitig verstärkt und in handlungsleitende Elemente transferiert. Dadurch gewinnt die Ausführung von Arbeitshandlungen an Sicherheit und Schnelligkeit.

AUTONOME STUFE Durch wiederholtes, selbständiges
Ausführen werden Arbeitshandlungen als Schrittfolgen
von Teilhandlungen automatisiert und Handlungsroutinen ausgebildet. Durch Routinen gewinnen Arbeitshandlungen nur dann weiterhin an Sicherheit, wenn sie auf
der Grundlage bewußten qualitätsrelevanten Verhaltens
ausgeführt werden. Das verdeutlicht die Fallstudie zum
Qualitätslernen im Arbeitssystem Nockenfräsen-BAZ der
MOTKomponenten GmbH.

KUNDEN-LIEFERANTEN-BEZIEHUNGEN KLB sind Formen zwischenbetrieblicher Kooperationen, die primär auf
eine verstärkte Zusammenarbeit zwischen den beteiligten Partnern gerichtet sind. Je nach Art, Umfang und In-
tensität der Zusammenarbeit können Kooperationen ver-
schieden gestaltet werden(*Bild 3.2*).
- Horizontale Kooperationen bestehen zwischen
  Unternehmen gleicher Wertschöpfungsstufe. Sie
  können sich auf nahezu alle Bereiche der unterneh-
  merischen Tätigkeit, wie Beschaffung, Produktion,
  Forschung und Entwicklung erstrecken. Durch den
  Aufbau horizontaler Kooperationen können insbesondere kleine und mittelständische Unternehmen
  knappe Ressourcen ausgleichen und die Abhängigkeit von Zulieferern reduzieren.
- Kooperationen auf vertikaler Ebene bestehen
  zwischen Unternehmen vor- oder nachgelagerter
  Wertschöpfungsstufen. Bei dieser Kooperationsform
  geht es darum, die Wettbewerbssituation durch die
  Verbesserung von Produkten bzw. Prozessen entlang
  Wertschöpfungs- ⊂ der Wertschöpfungskette (*Wertschöpfungs-*
  partnerschaft   *partnerschaft*) zu stärken.

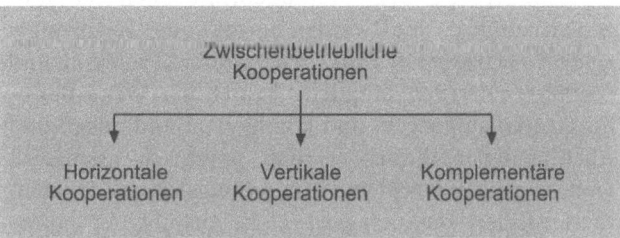

Bild 3.2   Formen zwischenbetrieblicher Kooperationen

- Als komplementär werden Kooperationen zwischen Unternehmen bezeichnet, die sich in ihrem Produktionsprogramm ergänzen. Sie bieten sich vor allem im Bereich neuartiger, komplexer und mit hohen Investitionsvolumina verbundenen Technologien an.

KLB können vielfältige Formen annehmen. Sinnvoll ist eine Typologisierung nach folgenden Kriterien: technologische Kompetenz des Lieferanten bezogen auf sein Produktions- und Produkt-Know-how sowie hinsichtlich seiner Initiative und Bereitschaft zur Risikoübernahme. Die Organisation von KLB kann auf der Basis verschiedener Konzepte (*Bild 3.3*) erfolgen.

- Bei Entwicklungspartnerschaften verfügt der Lieferant sowohl über Produktions- als auch Produkt-Know-how. Sein Leistungsspektrum liegt schwergewichtig auf Produkten und Prozessen, die vom Kunden definiert sind. Zwar wirkt er bei der Entwicklung und Konstruktion dieser Produkte mit, Initiative und Risikoübernahme verbleiben jedoch beim Kunden.
- In Fertigungspartnerschaften liegt die Kompetenz des Lieferanten ausschließlich auf der Produktionsebene. Allerdings schließt sein Leistungsspektrum nicht nur vom Kunden definierte Produkte und Prozesse ein. Zusätzlich werden eigene Problem-

Leistungs- spektrum des Lieferanten Technologische Kompetenz des Lieferanten	Vordefinierte Produkte und Prozesse	Initiative und Risikoübernahme bei Entwicklungsprozessen
Produktions- Know-how	Teilefertigung	Fertigungs- partnerschaften
Produktions- und Produkt- Know-how	Entwicklungs- partnerschaften	Wertschöpfungs- partnerschaften

Bild 3.3   Konzepte zur Gestaltung von Kunden-Lieferanten-Beziehungen

lösungs- sowie Entwicklungsbeiträge erbracht. Sein hohes Produktions-Know-how befähigt den Lieferanten, komplexe, qualitätskritische Teile mit großer Prozeßsicherheit zu fertigen.

- Im Rahmen von Teilefertigungen bildet der Lieferant die verlängerte Werkbank des Kunden. Die Auftragsvergabe erfolgt entsprechend dem Auslastungsgrad in der Fertigung des Kunden. Die Beziehungen zwischen den Partnern sind u.a. durch ständige Preisverhandlungen, ein gegenseitiges Abgrenzungsverhalten, unzureichende Informationsflüsse und dadurch gekennzeichnet, daß dem Lieferanten zur Erfüllung seiner Dienste Werkzeuge und Vorrichtungen vom Kunden zur Verfügung gestellt werden.

Literatur: Bullinger u.a. 1993, S. 215; Groth; Kammel 1993, S. 72; Tönshoff u.a. 1993, S. 433 ff.; Wildemann 1992, S. 400

Didaktisch-methodisches ⊂
Konzept; Qualitätslernen –
didaktisch-methodisches
Konzept

LEHR- UND LERNKONZEPT siehe *Didaktisch-methodisches Konzept; Qualitätslernen – didaktisch-methodisches Konzept*

LEHREN Tätigkeit zur Führung und Gestaltung von Lernprozessen, die sich als Anregung und Regulierung von Lernhandlungen und sozialen Beziehungen von

Lernerfolgskontrolle ⊂

Lernenden, in der Übermittlung von Inhalten, in der *Lernerfolgskontrolle* sowie in der Sicherung der für erfolgreiches Lernen notwendigen Bedingungen äußert (*Schulungsmethoden*).

Schulungsmethoden ⊂

LEHRPLAN Hauptaufgabe eines traditionellen L. (Curriculums) ist es, Vorgaben besonders zu Zielsetzungen, zu Inhalten in Umfang und Reihenfolge sowie zu Methoden des Lehrens und Lernens in einer bestimmten Schulart bzw. -stufe und -klasse festzulegen.

Tätigkeitsbegleitende ⊂
Arbeitsanweisung

Die *Tätigkeitsbegleitende Arbeitsanweisung* nimmt diese Aufgaben, bezogen auf das Qualitätslernen in Arbeitssystemen, wahr, indem sie fehlerkritische Vorgangsstufen in der Reihenfolge des Arbeitsablaufs als einzelne Lerneinheiten durch Arbeitsblätter ausweist und so Qualitätswissen tätigkeitsorientiert zusammenführt.

Literatur: Hacker, H. 1989, S. 972 f.

LERNEN Der L.-begriff wird in vielen unterschiedlichen Bedeutungen, vielfach jedoch im Sinne der erfahrungsbedingten Modifikation von Verhalten verwendet. In Verbindung mit arbeitssystembezogenem *Qualitätslernen* wird er als gezielte, anwendungsorientierte Aneignung von *Qualitätswissen* verstanden. Dadurch werden einzelne oder Gruppen von Mitarbeitern zu qualitätsrelevantem Verhalten befähigt, d. h. Arbeitstätigkeiten bewußt in Übereinstimmung mit festgelegten und vorausgesetzten Erfordernissen (*Können; Qualität*) auszuführen (*Schulungsmethoden*).

➲ Qualitätslernen

➲ Qualitätswissen

➲ Können; Qualität; Schulungsmethoden

LERNERFOLGSKONTROLLE Mit L. wird weitgehend synonym die Beurteilung und Messung von Leistungen bezeichnet, die durch geplantes Qualitätslernen in Arbeitssystemen erbracht werden. Durch L. werden Lehrende und Lernende motiviert, Lernergebnisse positiv durch Anerkennung zu bestätigen, Defizite zu korrigieren und auszugleichen, weitere Lernschritte bzw. -prozesse vorzubereiten sowie die Bedingungen für erfolgreiches Qualitätslernen ständig zu verbessern.
Literatur: Ingenkamp 1989, S. 988

LERNINHALTE siehe *Qualitätslernen – didaktisch-methodisches Konzept*

➲ Qualitätslernen – didaktisch-methodisches Konzept

LERNMEDIEN siehe *Qualitätslernen – didaktisch-methodisches Konzept*

LERNMETHODEN siehe *Qualitätslernen – didaktisch-methodisches Konzept; Schulungsmethoden*

➲ Schulungsmethoden

LERNORTE siehe *Qualitätslernen – didaktisch-methodisches Konzept*

LERNZIELE siehe *Qualitätslernen – didaktisch-methodisches Konzept*

(LERN)ZIELGRUPPE siehe *Qualitätslernen – didaktisch-methodisches Konzept*

PROZESSFÄHIGKEIT Unter P. wird die Güte eines Prozesses im Verhältnis zu seiner Spezifikation (Toleranz) ver-

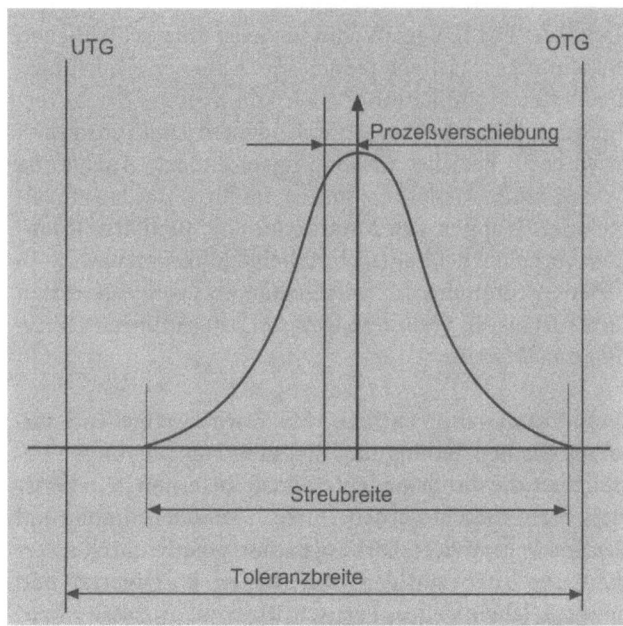

Bild 3.4   Prozeßfähigkeit

standen. Dabei ist die Prozeßfähigkeit ein Maß für die langfristige Merkmalsstreuung, die von Mensch, Maschine, Material, Methode und Arbeitsumgebung beeinflußt wird. Die P. wird, analog zu den Kennwerten der Maschinenfähigkeit, durch die Kennwerte (P.-indizes) cp und cpk dargestellt (*Bild 3.4*). Während der cp-Wert nur die Streuung berücksichtigt, wird durch den cpk-Wert auch die Lage des Mittelwertes innerhalb des Toleranzfeldes beschrieben.

Ein Prozeß wird als qualitätsfähig bezeichnet, wenn cp und cpk ≥ 1,33 erreichen. Anzustreben sind cpk-Werte >1,67, da *Fehlleistungsaufwand* im Sinne von Ausschuß und Nacharbeit nicht mehr auftritt. (*Statistische Prozeßregelung*)

Fehlleistungsaufwand ⊆
Statistische ⊆
Prozeßregelung

Literatur: Kamiske; Brauer 1995², S. 227 f.; Kirstein 1987

PROZESS-FEHLERMÖGLICHKEITS- UND -EINFLUSSANA-LYSE (Prozeß-FMEA) Die FMEA als spezifische Methode des Qualitätsmanagements hat das Ziel, mögliche Probleme, Risiken, Fehler sowie ihre Folgen bereits vor ihrer Entstehung geordnet und vollständig zu erfassen, um *Fehlleistungsaufwand* durch präventive Maßnahmen zu ver-

Fehlleistungsaufwand ⊆

Bild 3.5 Ziele und Nutzen der FMEA

meiden (*Bild 3.5*). Die Methode wird daher am wirksamsten in den frühen Prozeßphasen der Produktentstehung (Entwicklung, Konstruktion, Planung) eingesetzt. Nach dem Zeitpunkt der Anwendung wird daher zwischen Konstruktions-, Prozeß- und System-FMEA unterschieden. Die FMEA-Anwendung kann mit anderen Methoden des Qualitätsmanagements, z.B. der *Statistischen Prozeßregelung* kombiniert und damit ihre Erfolgssicherheit weiter erhöht werden.

➲ Statistische Prozeßregelung

Mit Hilfe der P. wird der Prozeß der Produkterstellung einschließlich der Herstellungsverfahren bereits in der Phase der Prozeßplanung auf mögliche Probleme, Risiken, Fehler und ihre Folgen untersucht. Durch arbeitssystembezogenes Qualitätslernen wird die Methode genutzt, um die Fähigkeit „lebender" Prozesse der Produkterstellung aüfrechtzuerhalten bzw. den dabei auftretenden Fehlleistungsaufwand ohne Verfahrensänderungen zu reduzieren. Dabei wurde durch die Pilotumsetzung die Methodenanwendung auf die Erfassung des Fehlervermeidungswissens der in den drei Arbeitssystemen der Pilotumsetzung beschäftigten Mitarbeiter konzentriert.

PROZESS-FMEA – ABLAUF Die Erstellung einer FMEA vollzieht sich in fünf aufeinanderfolgenden Schritten, der

ORGANISATORISCHEN VORBEREITUNG Die Bestimmung der Zielsetzung, die Auswahl, Strukturierung und

Arbeitsablauf ↻ dokumentierte Erfassung des *Arbeitsablaufs*, der mit Hilfe der P. betrachtet werden soll, gehen der organisatorischen Vorbereitung der eigentlichen Analyse der Fehlermöglichkeiten voran. Wichtigster Schritt ist jetzt die Bildung und, wenn erforderlich, die Schulung des FMEA-

Prozeß-FMEA – Team; ↻ Teams sowie die Benennung eines Moderators (*Prozeß-*
-Schulung *FMEA – Team; – Schulung*).

INHALTLICHEN VORBEREITUNG Die dokumentierte Erfassung des zu analysierenden Arbeitsablaufs wird für alle Teammitglieder ebenso bereitgestellt wie Einzelteile, Baugruppen, Modelle und die dazugehörenden Fertigungsunterlagen, die das Produkt in verschiedenen Ablaufabschnitten veranschaulichen.

DURCHFÜHRUNG DER ANALYSE Anhand der dokumentierten Erfassung prüft und bewertet das Team die Fehlermöglichkeiten aller Vorgangselemente des Arbeits-

Prozeß-FMEA – Bewertung ↻ ablaufs (*Prozeß-FMEA – Bewertung*). Es bespricht Möglichkeiten, diese Fehler zu vermeiden, und legt weitere Vermeidungsmaßnahmen fest. Die Ablaufdokumentati-

Fehlervermeidungswissen ↻ on wird durch die Bewertungsergebnisse, das *Fehlervermeidungswissen* und eventuell durch weitere Maßnahmen der Fehlervermeidung vervollständigt.

AUSWERTUNG DER ANALYSEERGEBNISSE Auf Grundlage der Dokumentation werden nach der Höhe der Risi-

Prozeß-FMEA – Bewertung ↻ koprioritätszahl (RPZ; *Prozeß-FMEA – Bewertung*) die fehlerkritischsten Vorgangselemente des betrachteten Arbeitsablaufs als Inhalte arbeitssystembezogenen Qualitätslernens ausgewählt. Besonders wichtig und genau zu prüfen ist die Festlegung der Höhe der RPZ als Auswahlkriterium. Wird die Auswahlgrenze sehr niedrig angelegt, dann müssen unter Umständen sehr viele fehlerkritische Vorgangselemente als Lerninhalte didaktisch-methodisch aufbereitet werden. Wird die Auswahlgrenze hoch angesetzt, dann konzentriert sich Qualitätslernen exemplarisch auf die Vorgangselemente mit dem höchsten Risiko.

KONTROLLE Die im Team getroffene Auswahl der Vorgangselemente wird von weiteren Mitarbeitern aus dem Arbeitssystem und in anderen Abteilungen oder Funktionen nochmals überprüft. Dabei wird das in der Ablauf-

dokumentation bereits enthaltene Fehlervermeidungswissen möglicherweise ergänzt und präzisiert.

Damit ist die P. abgeschlossen und die didaktisch-methodische Aufbereitung des Fehlervermeidungs- zu Qua-
litätswissen durch die Erstellung der *Tätigkeitsbegleiten-*   ➲ Tätigkeitsbegleitende
den Arbeitsanweisung beginnt.   Arbeitsanweisung

PROZESS-FMEA – BEWERTUNG   Jede Fehlermöglichkeit
wird nach den drei Kriterien „Wahrscheinlichkeit des Auftretens" (A), „Wahrscheinlichkeit der Entdeckung (E)"
und „Bedeutung (Auswirkung) für den Kunden (B)" bewertet. Die Bewertung erfolgt auf der Grundlage einer
zehnstufigen Punkteskala. Vor der Bewertung ist im
FMEA-Team zu prüfen, ob vielfach angebotene standardisierte Skalen für den ausgewählten Arbeitsablauf modifiziert verwendet werden können oder Skalen selbst
entwickelt werden müssen.

- Mit dem Bewertungskriterium A wird danach
  gefragt, wie hoch die Wahrscheinlichkeit ist, daß der
  Fehler auftritt. Ein Punkt steht dafür, daß der Fehler
  nicht auftritt, während neun und zehn Punkte dafür
  stehen, daß der Fehler äußerst häufig vorkommt.
- Mit Hilfe des Kriteriums E wird die Entdeckungswahrscheinlichkeit des Fehlers bewertet. Ein Punkt
  wird vergeben, wenn der Fehler zwangsläufig durch
  folgende Arbeitsschritte entdeckt wird. Zehn Punkte
  stehen dafür, daß es keine Chance der Fehler-
  entdeckung gibt.
- Das Kriterium B steht für die Frage, welche Bedeutung (Auswirkung) ein Fehler für bzw. auf den
  Kunden hat. Wenn keine Auswirkungen zu befürch-
  ten sind, wird ein Punkt vergeben. Für die ungünstigsten Fälle, nachhaltige Verärgerung, Gefährdung oder
  Schädigung des Kunden durch ein fehlerhaftes
  Produkt und die Verletzung von einschlägigen
  Rechtsvorschriften, werden zehn Punkte vergeben.

Grundsätzlich werden die Fehlermöglichkeiten nach den
ungünstigsten Fällen bewertet, die den drei Kriterien zugrunde gelegt werden können. Danach wird die Risikoprioritätszahl (RPZ) durch die Multiplikation der Punkte
(A x E x B = RPZ) berechnet.

Jede RPZ sollte kritisch reflektiert werden, weil sie nicht nur von der Genauigkeit und Objektivität der dokumentierten Erfassung des Arbeitsablaufs, von der Fehleranalyse selbst, sondern auch von den subjektiven Bewertungen und Einschätzungen des FMEA-Teams und weiterer Mitarbeiter abhängig ist. Außerdem ergeben sich Inkonsistenzen durch die einfache Multiplikation der Punktzahlen, die zur verzerrten Widerspiegelung von Fehlermöglichkeiten führen können.

PROZESS-FMEA – SCHULUNG Die FMEA-Schulung wird erforderlich, wenn die Teammitglieder nur sehr geringe Vorkenntnisse mit dieser spezifischen Methode des Qualitätsmanagements verbinden.

Schulungsziel ist die anwendungsorientierte Wissensvermittlung zu Anliegen, Möglichkeiten, Nutzen und Grenzen dieser Methode sowie die Übung von Vorgehensweisen und Techniken ihrer Anwendung.

Ein inhaltlicher Schwerpunkt ist die Verständigung zur Skalierung der drei Bewertungskriterien (⊞). Die Skalierung muß zum einen prozeß- und produktspezifisch modifiziert werden. Zum anderen soll erreicht werden, daß die Bewertung von Fehlermöglichkeiten nach einheitlichen Maßstäben erfolgt. Die ausführliche Diskussion dient schließlich auch dazu, die Verwendung von Begriffen zu vereinheitlichen.

Für Übungen werden die Einzelteile, Baugruppen, Modelle und Fertigungsunterlagen bereitgestellt, die das Produkt in verschiedenen Ablaufabschnitten seiner Erstellung veranschaulichen (*Prozeß-FMEA – Ablauf*) und die auch zur Analyse und Bewertung der Fehlermöglichkeiten herangezogen werden. Übungen zur Fehlererkennung sind insbesondere für die Teammitglieder bedeutsam, die zwar den Arbeitsablauf genau kennen, aber nur mittelbar in ihn einbezogen sind.

Besonders schwierig ist dabei die Formulierung des Erfahrungswissens zur Fehlervermeidung. Die Schwierigkeit wird stärker, wenn die Schulung an einem Lernort (*Qualitätslernen - didaktisch-methodisches Konzept*) durchgeführt wird, an dem der Arbeitsablauf nicht so unmittelbar wie im Arbeitssystem wahrgenommen werden kann.

Als Schulungsmethode hat sich, abhängig von der Größe des FMEA-Teams bzw. der Projektgruppe, eine Gruppenarbeit mit Workshopcharakter während der Pilotumsetzung bewährt. Dafür sollte ein Zeitumfang von zweimal
sechzig Minuten geplant und den Teammitgliedern Schulungsmaterial (*Anhang 4.1*) zur Verfügung gestellt werden.

PROZESS-FMEA-TEAM Im Team zur P.-FMEA werden
Mitarbeiter aus dem *Arbeitssystem* und aus weiteren Bereichen oder Funktionen (z.B. Entwicklung, Konstruktion, Arbeitsvorbereitung, Fertigung, Vertrieb, Beschaffung,
Buchhaltung, Qualitätswesen) des Unternehmens (*Bild
3.6*) zusammengeführt. Die Teammitglieder, nicht mehr
als sechs bis acht, sollten den Ablauf im *Arbeitssystem* mit   ⊃ Arbeitssystem
seinen Fehlermöglichkeiten möglichst genau kennen.

Das Fehlervermeidungswissen dieser Experten, das
vielfach in Unternehmen zerstreut und ohne direkt er-
kennbaren Zusammenhang existiert, wird auf diese Weise ebenfalls prozeß- und produktbezogen zusammengeführt und konzentriert. Wesentlich ist die konsensfähige
Auswahl des Moderators. Er sollte über hervorragendes
allgemeines und spezifisches Qualitätswissen zum Arbeitsablauf als Fachkompetenz und gleichzeitig über die
für den Teamerfolg und das Qualitätslernen notwendi-

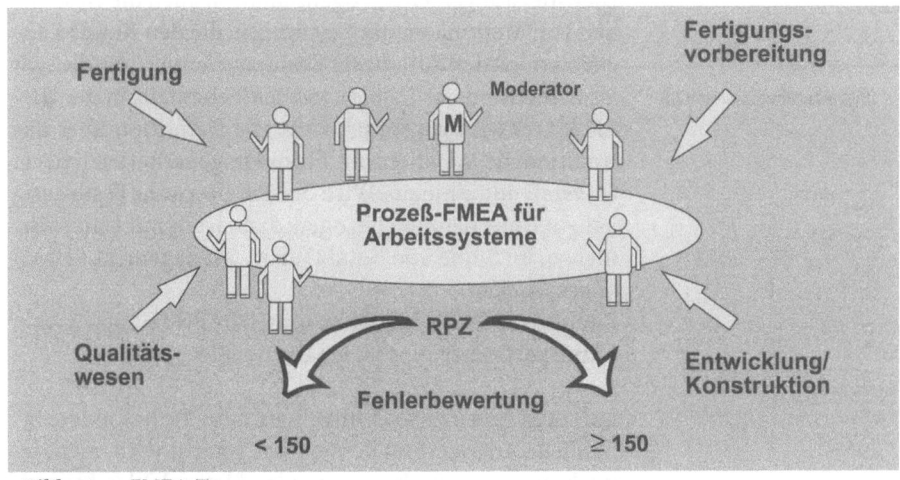

Bild 3.6   FMEA-Team

gen sozialen und didaktisch-methodischen Kompetenzen verfügen.

Werden die zehn „goldenen Regeln" der Gruppenarbeit beachtet, dann ist die Arbeit des FMEA-Teams geeignet,

Erfahrungswissen ☾

- Fehlervermeidungs- als „schweigendes" *Erfahrungswissen* zu aktivieren, systematisch zu erfassen, zu dokumentieren,
- im Tagesgeschäft oftmals übersehene Fehler zu entdecken,
- schwerwiegende Fehlerfolgen gedanklich vorwegzunehmen und präventive Maßnahmen gemeinsam festzulegen,
- bewährte Arbeitsmethoden und -tätigkeiten zu verallgemeinern, fehlerhafte aber zu korrigieren sowie
- durch Schulung Wissen zur FMEA als spezifisches Qualitätswissen in das Unternehmen zu transferieren.

Literatur: DIN 25448: 1990; Hacker, W. 1992, S. 76; Pfeifer 1993, S. 64; Schubert 1993; Zimbardo 1993, S. 304 ff.

QUALITÄT(SBEGRIFF) Die internationale Norm DIN EN ISO 8402 definiert Q. als „Die Gesamtheit von Merkmalen einer Einheit bezüglich ihrer Eignung, festgelegte und vorausgesetzte Erfordernisse zu erfüllen".

Durch die Definition wird die Komplexität von Q. beinahe betrachtet. Es werden nicht nur Produkte oder Dienstleistungen einbezogen, sondern auch die Gesamtheit von Merkmalen der Leistungen, die den Kunden angeboten werden. Mit dieser Kundenorientierung, die sich

Qualitätsmanagement ☾

als Dimension des *Q.-managements* ebenfalls in der DIN EN ISO 9004: 1994 findet, weist die Definition über das traditionelle, vor allem auf Produkteigenschaften fixierte Q.-verständnis hinaus. Wird die definitorische Festlegung auf ein Unternehmen bezogen, dann ist damit Unternehmensq. im Sinne von Total Quality Management (TQM) angesprochen.

Literatur: DIN EN ISO 8402: 1995; DIN EN ISO 9004: 1994; Kamiske; Brauer 1995², S. 126-131; 1996, S. 57–59

QUALITÄTSLERNEN Q. allgemein hebt die besondere inhaltliche Ausrichtung dessen, was gelernt wird, nicht jedoch eine spezifische Form oder Methode des Lernens im Unternehmen hervor. Q. bezeichnet die Fähigkeit jedes einzelnen Mitarbeiters, gleich ob Werker oder Führungskraft, sich *Qualitätswissen* zu erwerben, ständig aufrechtzuerhalten und weiterzuentwickeln, das erforderlich ist, um

⊃ Qualitätswissen

- übertragene Aufgaben nach den Wünschen interner/externer Kunden zu erfüllen,
- Produkte, Dienstleistungen, Prozesse, Abläufe und Strukturen im Unternehmen mit seinen Arbeitssystemen in Übereinstimmung mit diesen Wünschen zu gestalten und
- dadurch ständig zur erfolgreichen Umsetzung und Verbesserung der unternehmensspezifischen Qualitätspolitik beizutragen.

Arbeitssystembezogenes Q. im besonderen soll Mitarbeiter befähigen, diesen Anforderungen zu entsprechen und so Arbeitsaufgaben in ihren Arbeitssystemen dauerhaft in Übereinstimmung mit den Dimensionen eines umfassenden Qualitätsmanagements zu erfüllen. Es ist deshalb sowohl auf die Vermittlung und Aneignung von speziellem als auch von übergreifendem Qualitätswissen sowie auf Verhaltensänderungen gerichtet. Es orientiert sich an den Strukturen dieser Systeme und folgt der Tätigkeitslogik ihrer Abläufe (*Arbeitsablauf*).

⊃ Arbeitsablauf

Q. vollzieht sich in Verbindung mit den konkreten Arbeitstätigkeiten und ist daher immer aktiv. Es ist eine der speziellen Tätigkeiten – wie Spielen und Arbeiten – in der sich die Besonderheiten des einzelnen Mitarbeiters, seine Individualität im Arbeitssystem unverwechselbar ausprägt und widerspiegelt.

Diese Logik wird durch Methoden der *Befragung* und *Beobachtung* erschlossen, erfaßt und durch didaktisch-methodische Aufbereitung zur tätigkeitsorientierten Aneignungslogik des Q. im Arbeitssystem (*Q. - didaktisch-methodisches Konzept*). Q. als individuelles oder kooperatives Lernen erfordert, daß Mitarbeiter über *didaktisch-methodische Kompetenzen* verfügen, das Lernen lernen, damit sie die Lernpotentiale ihrer Arbeitsaufgaben erkennen und selbständig erschließen können.

⊃ Befragung
⊃ Beobachtung

⊃ Qualitätslernen – didaktisch-methodisches Konzept

⊃ Didaktisch-methodische Kompetenzen

QUALITÄTSLERNEN – DIDAKTISCH-METHODISCHES KONZEPT Das für die Pilotumsetzung entwickelte d.-m.

Didaktisch-methodisches ☉
Konzept

K. arbeitssystembezogenen Q. wurde durch die Anwendung der allgemeinen didaktischen Leitfragen (*didaktisch-methodisches Konzept*) zur Organisation von Lehr- und Lernprozessen auf die Gesetzmäßigkeiten und Besonderheiten von Arbeitssystemen erstellt:

WOZU WIRD GELERNT? Ziel des Q. ist es, Mitarbeiter zu befähigen, alle Arbeitsaufgaben und -abläufe im Arbeitssystem in Übereinstimmung mit den Anforderungen interner und externer Kunden zu realisieren. Dazu müssen alle Mitarbeiter über Qualitätswissen verfügen, das sich auf die unternehmensspezifische Qualitätspolitik und auf das Arbeitssystem bezieht, in dem sie tätig sind. Dieses Wissen ist zugleich Grundlage ihres qualitätsbewußten Verhaltens.

Die drei Fallstudien verdeutlichen sowohl die Ähnlichkeiten als auch die Unterschiede in den Zielsetzungen, die durch die Besonderheiten der ausgewählten Arbeitssysteme der Pilotumsetzung hervorgerufen werden.

WER LERNT? Zielgruppen des Q. sind einzelne Mitarbeiter und/oder Gruppen von Mitarbeitern. Das Q. muß also unter Beachtung der entsprechenden *didaktischen*

Didaktische Prinzipien ☉

Prinzipien auch den individuellen oder den Lernvoraussetzungen (z.B. Qualifikationsniveau, Erfahrungen, Gewohnheiten, Auffassungsgabe) einer Mitarbeitergruppe Rechnung tragen. Die Pilotumsetzung konzentrierte sich vor allem auf Mitarbeiter der ausführenden Ebene sowie auf Führungskräfte des unteren Managements.

Durch kooperatives Q. wird die Bindung der Lernfähigkeit an den einzelnen nicht aufgehoben. Indem jedoch Mitarbeiter einer Gruppe gemeinsam, zweckgerichtet, geplant und bewußt lernen, entsteht ein gemeinsam entwickeltes, geteiltes und interpretiertes Qualitätswissen, das als Synergieeffekt auf alle direkt oder indirekt Beteiligten (Mitarbeiter, Gruppe, Unternehmen) zurückwirkt. Allerdings können die individuelle Verfügbarkeit des Qualitätswissens und die Lernfähigkeit u.a. durch wechselseitige Sympathien oder Antipathien in der Gruppe, durch die Stellung der Gruppenmitglieder im Arbeitsprozeß von der Arbeitsorganisation gefördert oder gehemmt werden. Wichtige Voraussetzungen für kooperatives Q. sind:

• die Übereinstimmung der Ziele,
• die miteinander verschränkten Arbeitsaufgaben,

- das gemeinsam geteilte und das spezifische
  Qualitätswissen,
- die partnerschaftliche Realisierung der Lernschritte
  sowie
- die Zuwendung, die Kommunikation der Gruppenmitglieder untereinander.

Die Fallstudien zur Pilotumsetzung verdeutlichen, daß individuelles und kooperatives Q. in den drei Unternehmen in verschiedener Weise gestaltet wurde (*Bild 3.7*).

WAS WIRD GELERNT? Inhalte des Q. und die Mitarbeiter als Lernende sind gleichermaßen durch die Arbeitsaufgabe, den Arbeitsablauf und das Arbeitssystem in den
Arbeitsprozeß als Handlungsprozeß eingebettet. Deshalb
können die Inhalte des Q. nur durch die Analyse der Anforderungen ermittelt werden, die die qualitätsgerechte
Realisierung der Aufgaben im Arbeitssystem an den Mitarbeiter stellt. Eine Vorgehensweise wurde für die Pilotumsetzung entwickelt und erfolgreich erprobt:

In den drei Arbeitssystemen der Pilotumsetzung wur-
den dazu die *Arbeitsabläufe* systematisch bis zu den ein-   ⊃ Arbeitsablauf
zelnen Vorgangselementen strukturiert und erfaßt. Durch
Anwendung der *Prozeß-FMEA* wurden die Fehlermög-   ⊃ Prozeß-FMEA

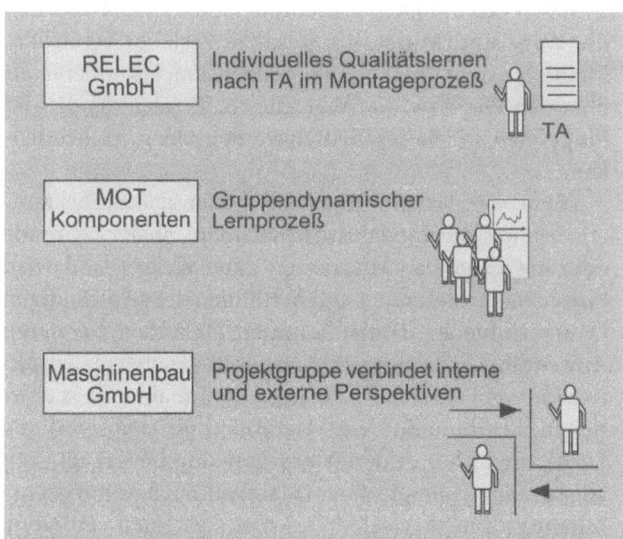

Bild 3.7   Individuelles, kooperatives Qualitätslernen in der
               Pilotumsetzung

lichkeiten und die Anforderungen an ihre Vermeidung im Team erkannt, bewertet und festgelegt. Das Wissen zur Fehlervermeidung bei besonders kritischen Elementen wurde für das einzelne Arbeitssystem als Inhalt des Q. ausgewählt und anschließend didaktisch-methodisch aufbereitet.

Der Umfang, in dem die Inhalte des Q. vermittelt bzw. angeeignet werden müssen (Lernbedarf), wird durch den Soll-Ist-Vergleich zwischen notwendigem und vorhandenem Qualitätswissen bestimmt, über das die Mitarbeiter aktuell verfügen. Im Arbeitssystem Nockenfräsen-BAZ der MOTKomponenten GmbH z.B. wurden die aktuell verfügbaren Qualifikationen der Mitarbeiter durch Selbsteinschätzung festgestellt. Durch Q. wurde Wissen zu fehlerkritischen Elementen vermittelt, für die nach Selbsteinschätzung der Mitarbeiter keine oder nur wenige anwendungsorientierte Kenntnisse, Fähigkeiten und Fertigkeiten vorhanden waren.

Allerdings kann sich Q. nicht allein auf die Vermittlung bzw. Aneignung fachlicher Kompetenzen beschränken. Integrativ müssen *Sozial-* und *didaktisch-methodische Kompetenzen* einbezogen sein, damit Qualitätslernen kooperativ und selbständig von Mitarbeitern als Element des Arbeitsablaufs kontinuierlich gestaltet werden kann.

Sozialkompetenz ⊂
Didaktisch-methodische ⊂
Kompetenzen

WIE WIRD GELERNT? Methoden des Q. kennzeichnen die Wege und Mittel, um gesetzte Ziele zu erreichen. Methoden des Q. heißt daher zunächst nichts anderes, als über den Weg bzw. die Wege, die zur Erreichung der dafür gesetzten Ziele beschritten werden sollen, nachzudenken.

Für arbeitssystembezogenes Q. bieten sich alle bekannten *Schulungsmethoden* an. Je nachdem, ob der Lehrende oder die lernenden Mitarbeiter dabei aktiver sind, wird zwischen darbietenden und Methoden des selbständigen Q. unterschieden. Hinzu kommen Methoden, bei deren Anwendung Lehrender und Lernende gleichermaßen aktiv sind, weil sie sich gemeinsam die Inhalte zuerst erarbeiten. Erarbeitende und Methoden des selbständigen Lernens wurden in der Pilotumsetzung bevorzugt, weil alle Lernenden bereits über Qualifikationen und Wissensinhalte zu den ausgewählten Arbeitssystemen verfügten.

Schulungsmethoden ⊂

Tätigkeitsbegleitende ⊂
Arbeitsanweisung

Nach der Einführung der *Tätigkeitsbegleitenden Arbeitsanweisung* (TA) erarbeiteten die Mitglieder des

FMEA-Teams (RELEC GmbH) und der Projektgruppe (Maschinenbau GmbH) zunächst mit den Mitarbeitern die Wissensinhalte gemeinsam. Danach, in der Begleitungsphase, erschlossen sich die Mitarbeiter Wissensinhalte weitgehend mit Methoden selbständigen Lernens.

Letztere sind auch dann besonders wichtig, wenn die lernenden Mitarbeiter selbständig bereits erworbenes Qualitätswissen auf andere Aufgaben, Situationen und Problemfelder sinnvoll übertragen, transferieren sollen. Q. ist dann besonders anregend und wertschöpfend, wenn eine Vielzahl wechselnder Arbeitsaufgaben geübt wird, bei denen unterschiedliche, einfache, schwierige und komplexe Lernanforderungen zu bewältigen sind. Dadurch werden besonders die Transferfähigkeiten des Mitarbeiters gefördert. Zugleich erfordern Methoden des selbständigen Lernens eine erhöhte *Lernerfolgskontrolle*.

➲ Lernerfolgskontrolle

Wo WIRD GELERNT? Orte des Q., die (Lern)Orte, an denen Qualitätswissen, bezogen auf die Anforderungen der Arbeitsaufgabe, erworben bzw. entfaltet werden soll. Der unmittelbare Tätigkeitsbezug arbeitssystembezogenen Q. bewirkt, daß aus der Vielzahl denkbarer Lernorte eigentlich nur zwei in Frage kommen, das Arbeitssystem, in dem der oder die Mitarbeiter tätig sind, und die Lernstatt.

Im Arbeitssystem ist der Tätigkeitsbezug direkt wirksam und vom Mitarbeiter zu erleben. Allerdings findet dort ein anderer Lernprozeß als im überbetrieblichen Qualitätsseminar oder während einer Vorlesung statt. Arbeitssystembezogenes Q. folgt Gesetzen und Regeln, die der Logik des Arbeitsablaufs in diesem System und den Einflüssen seiner Umgebung entspringen. Das hat den Vorzug, daß Q. die Prozeßorientierung modernen Qualitätsmanagements aufnimmt und arbeitssystembezogen umsetzt.

Der Qualitätszirkel, das Gruppengespräch, die zeitweilige Projektgruppe, das FMEA-Team, der Qualitätsrundgang usw. können im Sinne des didaktischen Lernstattkonzepts ebenfalls für arbeitssystembezogenes Q. genutzt werden. Sie sind in der räumlichen, optischen, akustischen, vor allem jedoch problembezogenen Nähe des Arbeitssystems angesiedelt. In der Lernstatt wird der Tätigkeitsbezug nicht so unmittelbar wahrgenommen, doch die Ziele, Inhalte und Strukturen des Lernprozesses folgen der tätigkeitsorientierten Logik so weitgehend, daß auch hier von arbeitssystembezogenem Q. zu sprechen ist. Vor allem die Prozeßorientierung modernen Qualitätsmanagements verweist zunehmend über den einzelnen Arbeitsplatz hinaus auf Arbeitssysteme als Lernorte.

MIT WELCHEN MITTELN WIRD GELERNT? Medien als Mittel des Q. sind u.a. Filme, Videosequenzen, Diapositive, Fotografien, aber auch Modelle, Schulungsmaschinen, Einzelteile und Baugruppen eines Produkts. Die Medien des Q. gehören zu den Mitteln, mit denen die Lerninhalte veranschaulicht und für den Lernenden faßlich Didaktische Prinzipien ⊂ (*didaktische Prinzipien*) werden. Alle Medien, von A wie Arbeitsblatt bis Z wie Zeichnung, können für die Zwecke arbeitssystembezogenen Q. genutzt werden.

Allerdings hängt die konkrete Auswahl von den Zielsetzungen, den Lerninhalten sowie von Besonderheiten ab, die aus der Spezifik des Arbeitssystems, in dem gelernt werden soll, aus der Logik des Arbeitsablaufs sowie aus den Eigenarten der Zielgruppe resultieren.

Das Arbeitssystem gibt durch seine Spezifik die Auswahl weitgehend vor, z.B. wird man ein Video in Systemen einsetzen, in denen Mitarbeiter keine Schutzbrillen tragen. Ähnliches gilt für die Verwendung gedruckter Lernmedien in feuchten oder staubbelasteten Arbeitssystemen.

Die Medien sollen die Logik des Arbeitsablaufs adäquat widerspiegeln oder abbilden können. Ein Film gibt z.B. mit verschiedenen Bildeinstellungen und -sequenzen das automatischen Bonden von Chips, das sich der direkten sinnlichen Wahrnehmung entzieht, besser wieder als jede wortreiche Erklärung.

Die Medien des Q. müssen sich durch ihre inhaltliche Gestaltung den Besonderheiten der Zielgruppen annähern, indem sie z.B. die im Arbeitssystem verwendeten Begrifflichkeiten aufgreifen oder der unterschiedlichen Sprachbeherrschung ausländischer Mitarbeiter Rechnung tragen.

Für die Arbeitssysteme der Pilotumsetzung wurden als Tätigkeitsbegleitende ⊂ Medien des Q. Arbeitsblätter (*Tätigkeitsbegleitende Ar-*
Arbeitsanweisung *beitsanweisung*) didaktisch-methodisch gestaltet. Diese Entscheidung wurde getroffen, weil es sich dabei um Mittel handelt, die relativ leicht, ohne großen technischen und ohne besonderen Schulungsaufwand in Unternehmen selbst gestaltet und verändert werden können. Arbeits-

blätter haben darüber hinaus den Vorzug, daß sie für die
Lernenden stets dann verfügbar sind, wenn sie in der Begleitungsphase *Qualitätswissen* mit Methoden selbständigen Lernens erwerben oder für die Lösung anderer
Aufgaben transferieren.   ➲ Qualitätswissen
Literatur: Berger; Brauer 1995; Heursen 1989a; Klingberg
1989[7]

QUALITÄTSMANAGEMENT Q. ersetzt nach DIN EN ISO
8402:1995 den bislang verwendeten Begriff Qualitätssicherung. Zugleich werden durch diese Norm mit Q. „…
alle Tätigkeiten des Gesamtmanagements" definiert, „die
im Rahmen des Qualitätsmanagementsystems die
Qualitätspolitik, die Ziele und Verantwortungen festlegen sowie diese durch Mittel wie Qualitätsplanung,
Qualitätslenkung, Qualitätssicherung/Qualitätsmanage-
ment-Darlegung und Qualitätsverbesserung verwirkli-
chen". Dabei sind die Führungsverantwortung der obersten Leitung ebenso zu beachten wie Gesichtspunkte der
Wirtschaftlichkeit. Die entscheidenden Dimensionen
eines umfassenden Q. sind die Führungsverantwortung
des Managements, die Kunden-, die Prozeß- und die
Mitarbeiterorientierung.

Unternehmensqualität ist entscheidend von den Mitarbeitern abhängig. Nur sie verfügen über die durch Qualitätslernen stets erneuerbaren und der kontinuierlichen
Weiterentwicklung zugänglichen Qualifikations- und
Kompetenzressourcen.

Dazu sollte allerdings die Gesamtheit der aufbau- und
ablauforganisatorischen Strukturen nicht nur unter Qua-
litätsaspekten lernförderlich gestaltet sein bzw. werden.
Literatur: Bühner 1993; DIN EN ISO 8402:1995; Kamiske;
Brauer 1996, S. 59–62; Zink 1992, S. 18–23

QUALITÄTSWISSEN Q. umfaßt, auf der Basis der unternehmensspezifischen Qualitätspolitik, integrativ mit *So-
zial-* und *didaktisch-methodischen Kompetenzen* die
Gesamtheit anwendungsbereiter allgemeiner und spezi-   ➲ Sozialkompetenz;
fischer Kenntnisse, Fähigkeiten und Fertigkeiten aus dem   Didaktisch-methodische
Qualitätsbereich, die einen Mitarbeiter oder eine Mitar-   Kompetenzen
beitergruppe befähigen, Arbeitsaufgaben in Übereinstim-
mung mit festgelegten und vorausgesetzten Erfordernissen zu erfüllen (*Qualität*).   ➲ Qualität

Prozeß-FMEA ⊂

Qualitätslernen – ⊂
didaktisch-methodisches
Konzept

Erfahrungswissen ⊂

Insbesondere sind die spezifischen Kenntnisse weitgehend an das Arbeitssystem gebunden, in dem die Aufgaben in der Arbeitstätigkeit realisiert werden. Diese Kenntnisse beziehen sich beispielsweise auf Anwendungen einzelner Methoden und von Werkzeugen des Qualitätsmanagements, z.B. die *Prozeß-FMEA* oder die 7 M (New Seven Tools for Quality Control). Letztere unterstützen besonders Problemlösungsprozesse im Rahmen arbeitssystembezogenen kooperativen *Qualitätslernens* (- *didaktisch-methodisches Konzept*).

Anwendungsbereit bzw. -orientiert ist Q. dann, wenn es von Mitarbeitern nicht nur als theoretischer Wissensvorrat, sondern durch Qualitätslernen bei der Lösung unterschiedlicher praktischer Aufgaben erworben und zweckmäßig für die Lösung weiterer Probleme des Alltagsgeschäfts genutzt, transferiert werden kann. In diesem Sinne schließt Q. *Erfahrungswissen* zur Fehlervermeidung ein und ist Teil von Handlungs-(prozeduralem) wissen.

Literatur: Martin; Rose 1990, S. 36

SCHULUNGSMETHODEN   Methoden sind das wichtigste Mittel bei der Durchführung von Schulungen, denn mit ihrer Hilfe werden sie organisiert und als Schrittfolgen strukturiert. Für S. gibt es derzeit keine allgemein akzeptierte Definition. Es ist ein Sammelbegriff, der eine Vielfalt einzelner Methoden zusammenfassend bezeichnet. Diese Vielfalt kann nach verschiedenen Kriterien, u.a. danach geordnet werden, ob Methoden eher das Lehren oder die Arbeits- als Lerntätigkeiten von Mitarbeitern kennzeichnen. Drei Grundformen von S. sind zu unterscheiden:

SCHULUNGSMETHODEN DARBIETENDEN LEHRENS: Der Lehrende agiert durch Vortragen, Vormachen, Vorzeigen und Vorführen. Die Kunst des „Vor..." liegt darin, es so zu tun, daß die Lernenden die Aufforderung zur eigenen Aktivität möglichst stark verspüren. Zu den S. des darbietenden Lehrens gehören z.B. der entwickelnde, der problemorientierte Vortrag, die Vortragsunterbrechung durch Fragen und die Aufgabenstellungen zu Vortragsbeginn.

SCHULUNGSMETHODEN SELBSTÄNDIGEN LERNENS: Vom Lehrenden aufgeworfene Probleme werden selbständig

durch einen einzelnen Mitarbeiter (individuell) oder kooperativ in einer kleinen Gruppe bearbeitet und gelöst.
Die Anwendung dieser Methoden setzt voraus, daß die
Lernenden zum selbständigen Wissenserwerb in der Lage
und am Lernort alle Bedingungen zur selbständigen Wissensaneignung gegeben sind. Um einer Überforderung
lernungewohnter Mitarbeiter vorzubeugen, sollte dem
selbständigen Qualitätslernen möglichst eine Phase vorausgehen, in der Methoden des gemeinsamen erarbeitenden Lernens Anwendung finden. Bei der Nutzung von S.
selbständigen Lernens sind drei Phasen zu unterscheiden,
Vorbereitung der Lernenden auf das selbständige Pro-
blemlösen z.B. durch ein hinführendes Gespräch, die
selbständige Problembearbeitung (Lerntätigkeit) und die
Lernerfolgskontrolle.

SCHULUNGSMETHODEN DES GEMEINSAMEN ERARBEI-
TENDEN LERNENS: Dazu gehören alle Formen des Dia-
logs (Diskussion, Gespräch, Seminar) zwischen Lehren-
dem und Lernendem. Die Erarbeitung im Dialog bietet
sich immer dann an, wenn auf der Grundlage bereits er-
lernter Inhalte neue Einsichten in bestimmte Sachverhal-
te (Zusammenhänge, Urteile, Schlüsse usw.) gewonnen
werden sollen. Ein „guter" Dialog ist gegenstands-, sach-
gebunden, zielgerichtet, und er wird unter gleichberech-
tigten, sachkundigen Partnern geführt.

Die Auswahl der S. für arbeitssystembezogenes Qualitätslernen wird in erster Linie von den damit verbundenen Zielsetzungen, den Wissensinhalten, von den Bedingungen ihrer Durchführung (Lernort, -mittel usw.) sowie
von den Lernbesonderheiten der Teilnehmer, aber auch
von den Ansprüchen bestimmt, die sie und der Lehrende
an den Lernprozeß stellen.

SOZIALKOMPETENZ S. umfaßt Kenntnisse, Fähigkeiten
und Fertigkeiten, die sich auf den zwischenmenschlichen
Umgang, auf das Erleben und Verhalten des einzelnen
gegenüber anderen sowie darauf beziehen, mit anderen
Menschen kommunikativ, kooperativ, konsensorientiert
zusammenzuleben und zusammenzuarbeiten. Das
schließt gruppenorientiertes Verhalten und Übernahme
von Verantwortung für die Gemeinschaft ein. Zu den S.
gehören u.a. Führung, Mitarbeitermotivation, Gruppen-
arbeits- und Konfliktlösungstechniken. Sie werden inte-

Fachkompetenz ↻
Didaktisch-methodische
Kompetenzen

Didaktisch- ↻
methodisches Konzept

grativ mit *Fach-* und *didaktisch-methodischen Kompetenzen*, jedoch nur zum Teil durch Wissensvermittlung und -aneignung erworben. Als ein fördernder Faktor kooperativen Qualitätslernens (*didaktisch-methodisches Konzept*) tragen sie dazu bei, Qualitätsprobleme in Arbeitssystemen, in deren Umfeld und darüber hinaus zu lösen. **Literatur:** Heursen 1989b; Kamiske u.a. 1996², S. 21 f.

Arbeitssystem ↻

SOZIO-TECHNISCHES SYSTEM siehe *Arbeitssystem*

Prozeßfähigkeit ↻

Prozeß-FMEA ↻

STATISTISCHE PROZESSREGELUNG (SPR; Statistical Prozeß Control – SPC) Die St. P. wird zumeist in der laufenden Serienfertigung eingesetzt und dient dazu, die erreichte *Prozeßfähigkeit* durch Beobachtung nach mathematisch-statistischen Gesichtspunkten zu erhalten oder weiter zu verbessern. Weil diese Methodik bei laufenden Prozessen angewendet wird, können zwar kleinere Abweichungen korrigiert, aber keine grundlegenden Prozeßveränderungen vorgenommen werden. Das ist mit der *Prozeß-FMEA* in der Planungsphase möglich.

Für die Prozeßbeobachtung werden Merkmale definiert, deren Maßgröße charakteristisch für den Prozeß

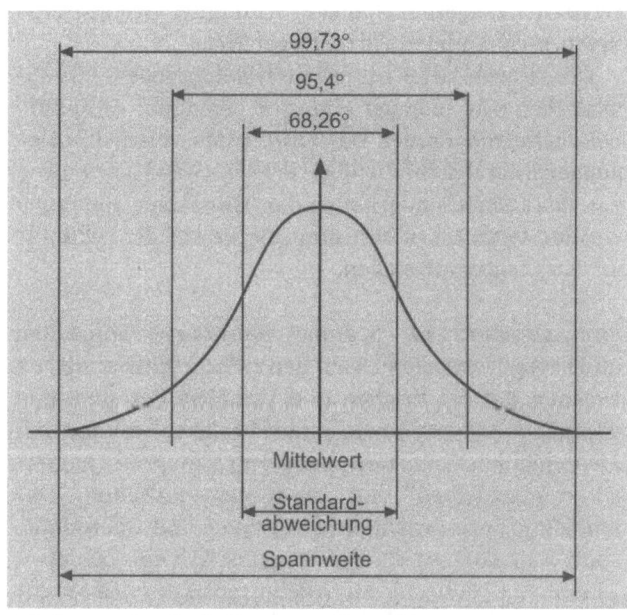

Bild 3.8   Standardisierte Normalverteilung

und das Produkt ist. Als Maßgrößen dienen die Standard-
abweichung, die Spannweite und der Mittelwert einer
Stichprobe. Mit diesen Größen kann das Abweichungs-
verhalten eines Merkmales von seinem Sollwert (*Bild 3.8*)
charakterisiert werden.

Im Prinzip gilt: Ein Prozeß ist fähig, wenn die Streu-
breite der Abweichungen eines Merkmals vom Mittelwert
langfristig gering ist.
Literatur: Kamiske; Brauer 1995², S.221–232; Rinne;
Mittag 1989;

Tätigkeitsbegleitende Arbeitsanweisung *(TA)*
Die Bezeichnung TA verweist darauf, daß sie *Qualitäts-*
als *Fehlervermeidungswissen* in der Reihenfolge des
Arbeitsablaufs in einem *Arbeitssystem* für Mitarbeiter
verbindlich darstellt und ihr Qualitätslernen als Lern-
werkzeug (-mittel) begleitet. Die TA sollte deshalb als Dokument im Element „Schulung" des Qualitätsmanagementsystems ausgewiesen werden.

➲ Qualitätswissen;
Fehlervermeidungs-
wissen; Arbeitsablauf;
Arbeitssystem

Das Qualitätswissen wurde durch die Anwendung einer modifizierten *Prozeß-FMEA* gewonnen und bewertet. Danach wird es durch die Gestaltung von Arbeitsblättern didaktisch-methodisch für das *Qualitätslernen*
(*didaktisch-methodisches Konzept*) aufbereitet. Jedes Arbeitsblatt hat den gleichen Aufbau, sofern die einzelnen
Gestaltungselemente (*Bild 3.9*) in Abhängigkeit von der
Spezifik des Arbeitssystems notwendig sind. Die Anzahl
der Arbeitsblätter in der TA ergibt sich aus der Menge

➲ Prozeß-FMEA

➲ Qualitätslernen –
didaktisch-methodisches
Konzept

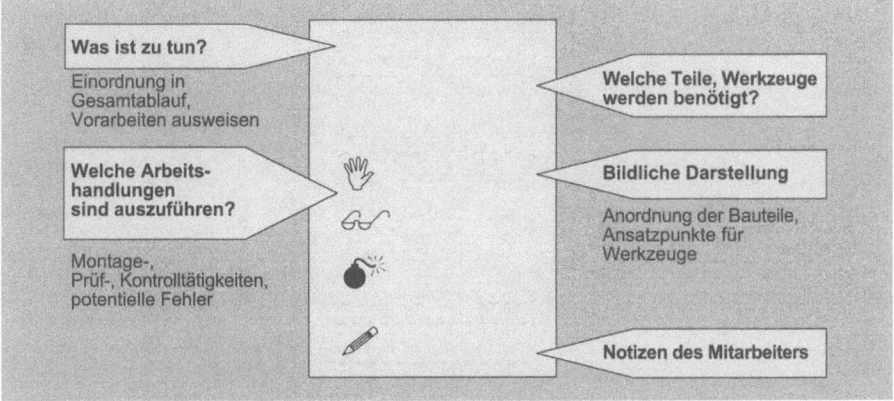

Bild 3.9   Gestaltungselemente eines Arbeitsblattes

der fehlerkritischen Vorgangsstufen, die durch die FMEA ermittelt wurden.

Die Einordnung in den Gesamtablauf erfolgt durch die Kopfzeile. Dort werden u.a. der Produkttyp, die Ablauf- und die Vorgangsstufe sowie weitere Informationen eingeordnet, die das Arbeitssystem eindeutig kennzeichnen. Bei Montageabläufen können dort auch die dafür benötigten Einzelteile (Stückliste) und Betriebsmittel oder Hinweise auf andere betriebliche Funktionen eingeordnet werden.

Die Piktogramme verweisen in der Reihenfolge des Arbeitsablaufs auf auszuführende Vorgangselemente, die daneben knapp, zur Ausführung auffordernd beschrieben werden. Den Beschreibungen können wiederum grafische Darstellungen zugeordnet werden, die relevante Zusammenhänge der Fehlervermeidung veranschaulichen.

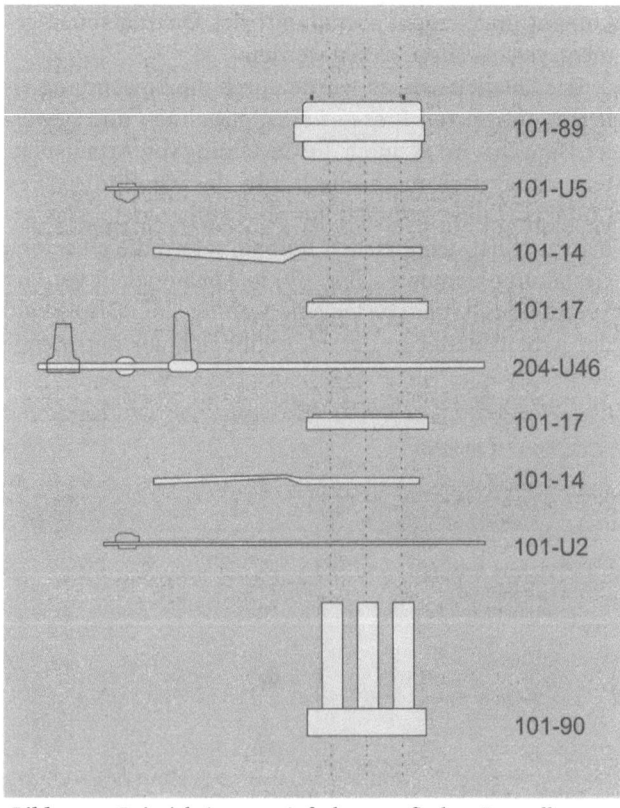

Bild 3.10   Beispiel einer vereinfachten grafischen Darstellung

Die Darstellungen sind vereinfacht (*Bild 3.10*). Sie sollen technische Zeichnungen nicht ersetzen, sondern den unterschiedlichen Fähigkeiten von Mitarbeitern zum Lesen und Verstehen dieser Fertigungsunterlagen Rechnung tragen.

Die TA soll vom Mitarbeiter individuell genutzt und ergänzt werden. Die grafischen Darstellungen sind deshalb auch so ausgeführt, daß der Mitarbeiter Einzelheiten hervorheben kann, die für ihn wesentlich sind. Das Feld für Notizen soll seine Kommentare aufnehmen.

Diese Gestaltungshinweise (⌸) sind ebenfalls in der TA enthalten, damit Mitarbeiter bei Produkt- oder Prozeßänderungen selbständig Arbeitsblätter gestalten können.

Nach der didaktisch-methodischen Aufbereitung wird mit Hilfe der TA das arbeitssystembezogene Qualitätslernen in verschiedenen Phasen gestaltet:

VORBEREITUNGSPHASE In der Vorbereitungsphase werden Experten und andere lernerfahrene Mitarbeiter in die TA (Funktion, Inhalt, Gestaltung) eingeführt, damit sie das Qualitätslernen der Mitarbeiter im Arbeitssystem in der Unterstützungs- und Begleitungsphase anleiten können.

UNTERSTÜTZUNGSPHASE Während der Unterstützungsphase werden die fehlerkritischen Vorgangsstufen im Arbeitsablauf von den lernenden Mitarbeitern nach den Arbeitsblättern unter Anleitung der Experten wiederholt ausgeführt und geübt, damit sie sich das Qualitätswissen aneignen. Die TA hat deshalb auch die Funktion eines *Lehrplans*. Die Zeit, die für diese Phase eingeplant werden sollte, hängt nicht nur von den Besonderheiten des Arbeitssystems und -ablaufs, sondern auch von den individuellen Besonderheiten der Lernenden (*Didaktische Prinzipien; Qualitätslernen – didaktisch-methodisches Konzept*) ab.

⊃ Lehrplan

⊃ Didaktische Prinzipien; Qualitätslernen – didaktisch-methodisches Konzept

Die lernenden Mitarbeiter werden dabei von den Mitgliedern des FMEA-Teams (RELEC GmbH), ihrer Gruppe (MOTKomponenten GmbH) oder der Projektgruppe (Maschinenbau GmbH und Lieferanten) direkt unterstützt.

BEGLEITUNGSPHASE In der folgenden Begleitungsphase hat die TA die Funktion einer „Gedächtnisstütze", die die selbständige Tätigkeit der Mitarbeiter im Arbeitssystem begleitet. Die Experten werden in dieser Phase nur noch bedarfsorientiert konsultiert.

Bei der Pilotumsetzung haben die lernenden Mitarbeiter bereits in der Unterstützungsphase, noch stärker jedoch in der Begleitungsphase, auf den Arbeitsblättern Einzelheiten hervorgehoben und Kommentare eingetragen. Diese individuellen Anmerkungen sollten regelmäßig ausgewertet werden. Sie können dem Qualitätslernen zusätzliche Impulse geben oder zur Veränderung von Arbeitsblättern führen. Deshalb ist auf jedem Arbeitsblatt ein Änderungsdienst ausgewiesen.

TRANSFER VON QUALITÄTSWISSEN Die Bedeutung, die dem T. v. Q. zukommt, wächst mit dem Qualifikationsbedarf bei der Einführung und Weiterentwicklung umfassender Qualitätskonzepte. Dabei werden Qualifizierungsmaßnahmen zunehmend auf die Führungsverantwortung, die Kunden-, Mitarbeiter- und Prozeßorientierung als entscheidende Dimensionen des *Qualitätsmanagements* ausgerichtet. Alle Mitarbeiter eines Unternehmens müssen die Möglichkeit erhalten, die für die Umsetzung dieser Dimensionen erforderlichen *fachlichen, sozialen* und *didaktisch-methodischen Kompetenzen* durch Qualitätslernen integrativ zu erwerben.

Qualitätsmanagement ⊂

Fach-, Sozial-, didaktisch- ⊂
methodische Kompetenzen

Ein entscheidender fördernder Faktor für den erfolgreichen T. v. Q. in der Pilotumsetzung ist die Identität des Arbeitssystems als Ort des Arbeitens, der Wissensvermittlung und -anwendung. Im Unterschied zum T. v. Q. aus dem überbetrieblichen Seminar in das Unternehmen ist beim arbeitssystembezogenen *Qualitätslernen (– didaktisch-methodisches Konzept)* nicht nur diese Identität, sondern auch die der Ziele, Inhalte, Methoden und Medien des Lernens und Arbeitens gegeben. Allerdings kann dies nur eine Form des innerbetrieblichen T. v. Q. sein, wenn er über die Grenzen und das Umfeld des Arbeitssystems hinaus über Hierarchieebenen und betriebliche Funktionen hinweg erfolgreich sein soll. Notwendig sind ergänzende Formen des individuellen und kooperativen Qualitätslernens, wie z.B. Qualitätszirkel, Problemlösungsgruppen, KVP-Teams, Steuerkreise, TQM-Koordinatoren, also Unternehmensstrukturen, die den Wissenstransfer zulassen und fördern. Ein weiterer, für den erfolgreichen T. v. Q. nicht zu unterschätzender fördern-

Qualitätslernen – ⊂
didaktisch-methodisches Konzept

der Faktor ist die permanente Verbindung der verschiedenen Formen des Qualitätslernens mit der *Lernerfolgskontrolle*. Nur dann, wenn es ständig gelingt, aus der Kontrolle des Lernerfolgs Rückschlüsse auf die Ziele, Inhalte usw. und die Weiterführung aller Formen des innerbetrieblichen Qualitätslernens zu ziehen, wird es zu einem festen Bestandteil des Arbeitsprozesses und der Unternehmenskultur.

↪ Lernerfolgskontrolle

Literatur: Kamiske u.a. 1996[2], S. 17 f. u. 27 f.; Laur-Ernst 1986, S. 103; Zink u.a. 1993

WERTSCHÖPFUNG W. kommt als Begriff aus der mikroökonomischen Volkswirtschaftslehre und kennzeichnet die Differenz zwischen den Kosten der Faktoren, die in den Produktionsprozeß eingehen, und dem Wert der Produkte oder Leistungen, die vom Unternehmen erstellt werden.

Literatur: Collins 1991, S. 631

WERTSCHÖPFUNGSKETTE W. bezeichnet die einzelnen Stufen des Transformationsprozesses, den ein Produkt oder eine Leistung durchläuft. Integrale Bestandteile von W. sind nicht nur Prozesse, sondern auch die mit ihrer Durchführung betrauten Unternehmen. Je nach Betrachtungsebene und Stellung von Unternehmen in der W. (*Bild 3.11*) kommt ihnen die Rolle eines Lieferanten, Kunden oder Endabnehmers zu (*Kunden-Lieferanten-Beziehungen*).

↪ Kunden-Lieferanten-Beziehungen

WERTSCHÖPFUNGSPARTNERSCHAFT Die W. ist die intensivste Form der Zusammenarbeit (*Kunden-Lieferanten-Beziehungen*) zwischen Unternehmen. Sie basiert (*Bild 3.12*) auf der gemeinsamen strategischen Zielsetzung,

↪ Kunden-Lieferanten-Beziehungen

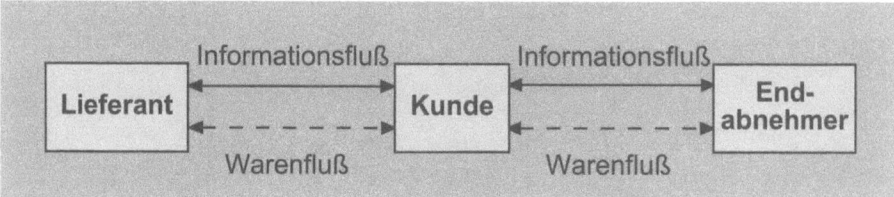

Bild 3.11   Beziehungen in der Wertschöpfungskette

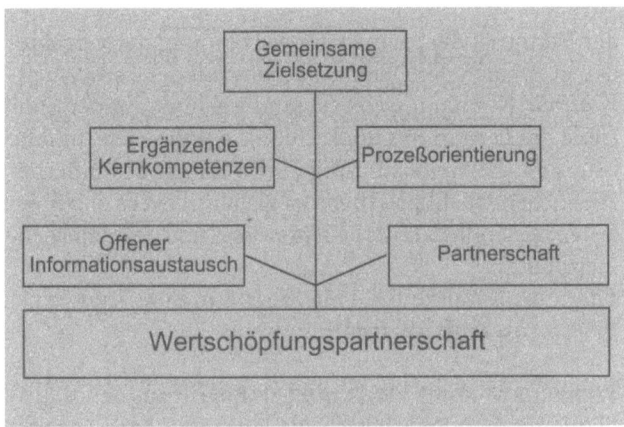

Bild 3.12   Merkmale von Wertschöpfungspartnerschaften

Kernkompetenz ⊂   zu deren Erreichung unternehmensspezifische *Kernkompetenzen* aufeinander abgestimmt werden.

In der W. liegen die gemeinsamen Geschäftsziele vor allem in der unternehmensübergreifenden gesamtheitlichen Gestaltung effizienter Produktionsstrukturen, um zum beiderseitigen Nutzen strategische Wettbewerbsvorteile hinsichtlich der Faktoren Kosten, Zeit, Qualität und

Bild 3.13   Schlüsselprozesse in Unternehmen

Innovationen zu erzielen. In die Optimierung werden sämtliche Schlüsselprozesse (*Bild 3.13*), die im Einflußbereich der Kooperationspartner liegen, einbezogen.

Erforderlich ist die betriebliche Abstimmung sämtlicher Teilaufgaben und ihre Zusammenfassung zu Prozeßketten innerhalb und zwischen den an der W. beteiligten Unternehmen. Dadurch weichen starre Unternehmensgrenzen zunehmend auf, und die Trennlinien von Verursachungs-, Verantwortungs- und Risikosphären werden fließend. W. sind als strategische Allianzen durch folgende Merkmale gekennzeichnet:

- Kooperation zweier oder mehrerer selbständiger Unternehmen, die rechtlich selbständig bleiben,
- gemeinsame Erreichung langfristiger Ziele, indem individuelle Stärken zielführend eingesetzt und aufeinander abgestimmt werden,

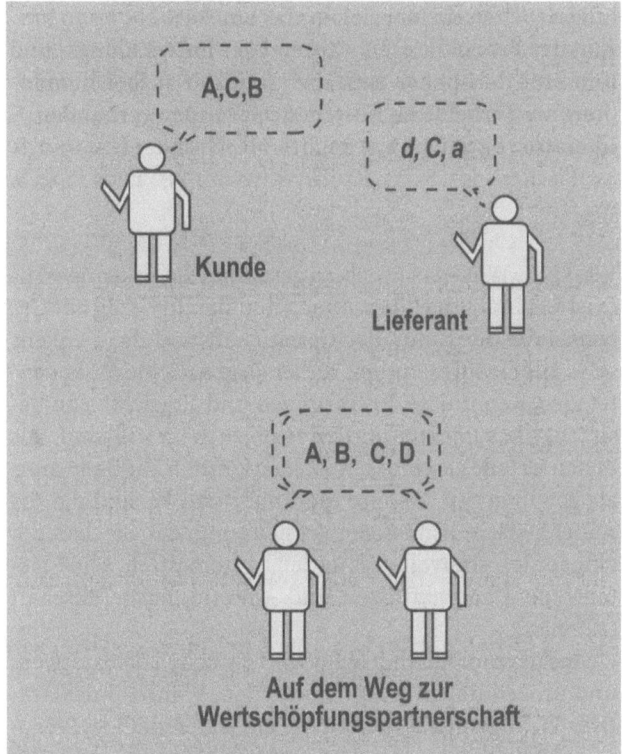

Bild 3.14   Gemeinsame Ziele und Sprache in der Wertschöpfungspartnerschaft

- Ausrichtung auf und Koordination von Interessen in bestimmten Geschäftsfeldern und Produkten.

Aufgrund des fließenden Übergangs von Verursachungs-, Verantwortungs- und Risikosphären werden an die Wertschöpfungspartner hohe Ansprüche gestellt. Ihnen obliegt die Pflicht, Entwicklung, Fertigung und Vermarktung der Produkte gemeinsam zu fördern. Dabei sind zwischenbetriebliche Arbeitsteilungen so zu gestalten, daß jeder seine Kernkompetenzen zielführend einbringen kann.

In W. muß der Informationsaustausch (*Bild 3.14*) im Vergleich zu anderen Kunden-Lieferanten-Beziehungen besonders stark ausgeprägt sein, da gemeinsame Optimierungsbemühungen nicht an Unternehmensgrenzen haltmachen. Wechselseitig sind genaue Kenntnisse der Strukturen, Abläufe und Anforderungen zwischen den Partnern erforderlich. Die Partner sind frühzeitig, z. B. in Entwicklungsarbeiten einzubeziehen, da zumeist mehr als 70 Prozent der Produktkosten während der Entwicklungs- und Konstruktionsphase entstehen. Mit der frühen Einbindung sind erhebliche Kosteneinsparungen verbunden.

Literatur: Backhaus u. a. 1990, S. 1 ff.; Bronder u. a. 1991, S. 44; Fischer 1993, S. 313; Kröck; Schwab 1995; Loos 1994, S. 103 ff.

WISSEN W. ist das Ergebnis gestalthaften Erkennens. Es existiert individuell personengebunden in bezug auf Gegenstände der Natur, der Gesellschaft und des Denkens oder auf eine Gesamtheit dieser Gegenstände. W. bedeutet also, Kenntnisse, Erfahrungen und Einsichten zu besitzen, die subjektiv und/oder objektiv gewiß sind, aus denen Urteile geschlossen werden können, die dann auch als gewiß gelten. Weitere Merkmale von W. sind die Art seiner gedächtnismäßigen Verankerung, z. B. mechanisch eingeprägt, sinnvoll verbunden, systematisch, seine Detailtreue, Dauerhaftigkeit und Anwendungsbereitschaft

Können ↩ (*Können*).

Aus psychologischer Sicht wird zwischen deklarativem und prozeduralem W. unterschieden. Während deklaratives W. allgemeine Kenntnisse zu Sachverhalten, Personen, Maßnahmen usw. umfaßt, bezeichnet prozedurales W. das Können bzw. die Fähigkeiten, Fertigkeiten und Verhaltensweisen, die zur anforderungsgerechten Ausführung von Aufgaben erforderlich sind (*Erfahrungs-; Qualitätswissen*) und durch *Lernen* erworben werden. W. ist damit Grundlage des Denkens, Wahrnehmens, Sprechens und des Handelns.

Mit W. werden ferner durch die Wissenschaften gewonnene und systematisch aufbereitete Erkenntnisse bezeichnet.

Literatur: Grubitzsch 1990, S. 1228 ff.; REFA 1985, S. 80, 252; Sarges; Fricke 1986, S. 605 ff.; Steindorf 1985, S. 19 ff., 27–29, 43

⊃ Erfahrungswissen; Qualitätswissen; Lernen

ZIELGRUPPE siehe *Qualitätslernen – didaktisch-methodisches Konzept*

⊃ Qualitätslernen – didaktisch-methodisches Konzept

Schulungsmaterial
zur Prozeß-FMEA
in der RELEC GmbH

Fraunhofer Institut
Produktionsanlagen und
Konstruktionstechnik

Abt. Arbeitswirtschaft
Gruppe Betriebliche Bildung

Dr. habil. K. Berger
cand. M. A. T. Kopka   Tel.: (0 30) 39 00 62 67
Pascalstr. 8-9, 10587 Berlin   Fax: (0 30) 3 91 10 37

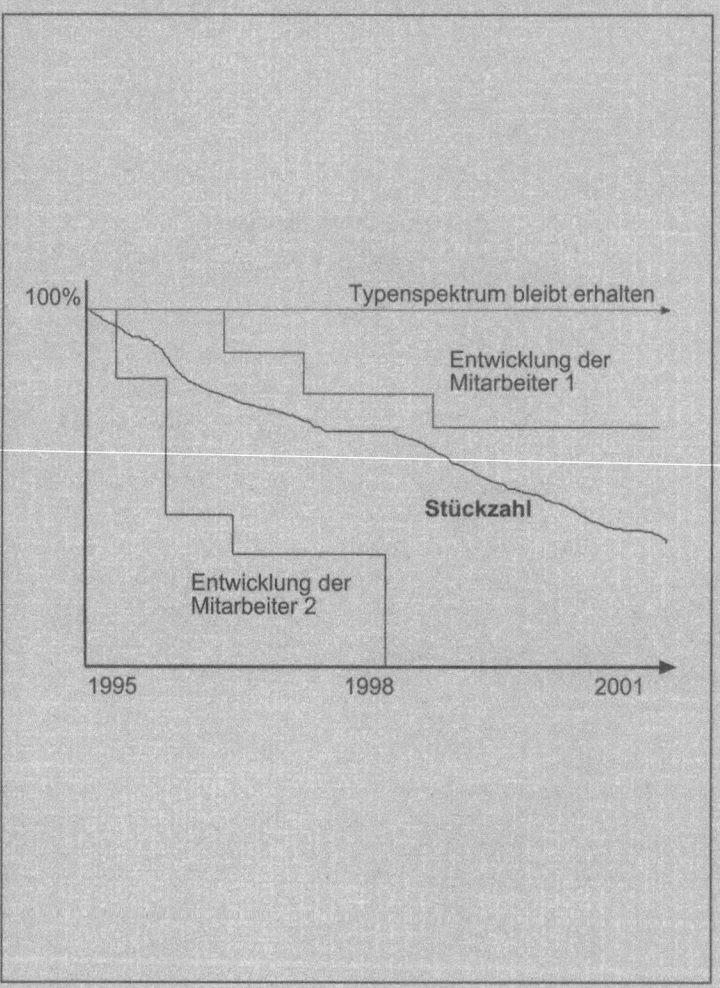

Entwicklung der Mitarbeiterzahl

* **Szene 1:**

  Die Zahl der kundigen Mitarbeiter bleibt höher als benötigt.

* **Szene 2:**

  Die Zahl der kundigen Mitarbeiter nimmt schneller ab als benötigt.

In jedem Fall müssen die Kenntnisse ausscheidender Mitarbeiter auf verbleibende oder neue Mitarbeiter übertragen werden.

| RELEC GmbH | **Prozeß-FMEA** | Qualitätswesen Dipl.-Ing. F. F. Zuther |

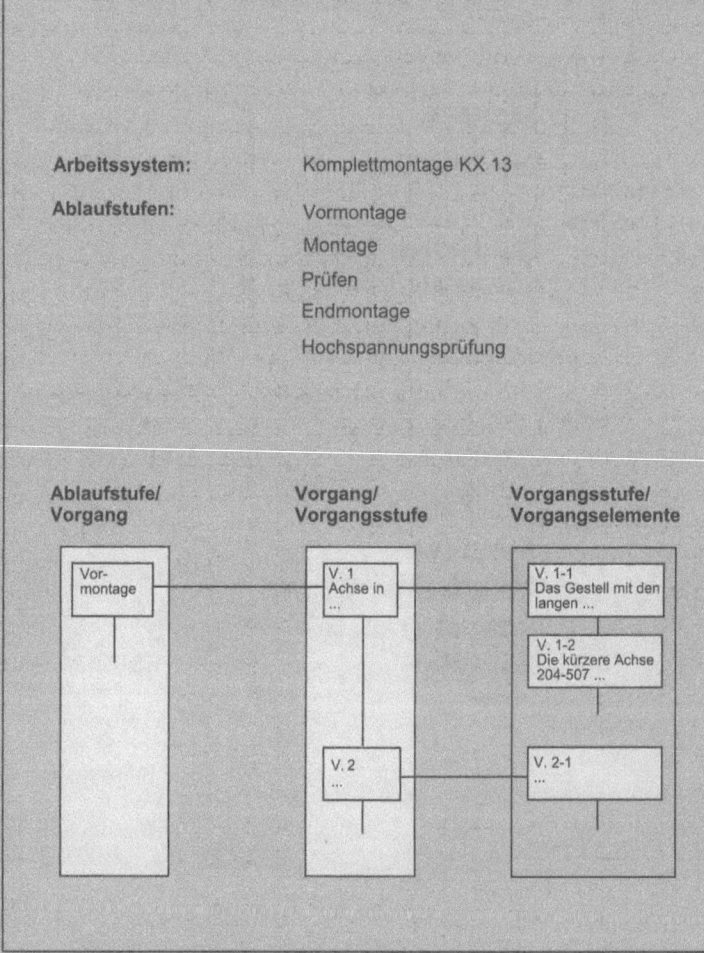

Arbeitssystem KX 13
Komplettmontage: Strukturen

Arbeitssystem: Komplettmontage KX 13

Ablaufstufen: Vormontage

     Montage

     Prüfen

     Endmontage

     Hochspannungsprüfung

Ablaufstufe/ Vorgang	Vorgang/ Vorgangsstufe	Vorgangsstufe/ Vorgangselemente
Vor- montage	V. 1 Achse in ...	V. 1-1 Das Gestell mit den langen ...
		V. 1-2 Die kürzere Achse 204-507 ...
	V. 2 ...	V. 2-1 ...

	Prozeß-FMEA	

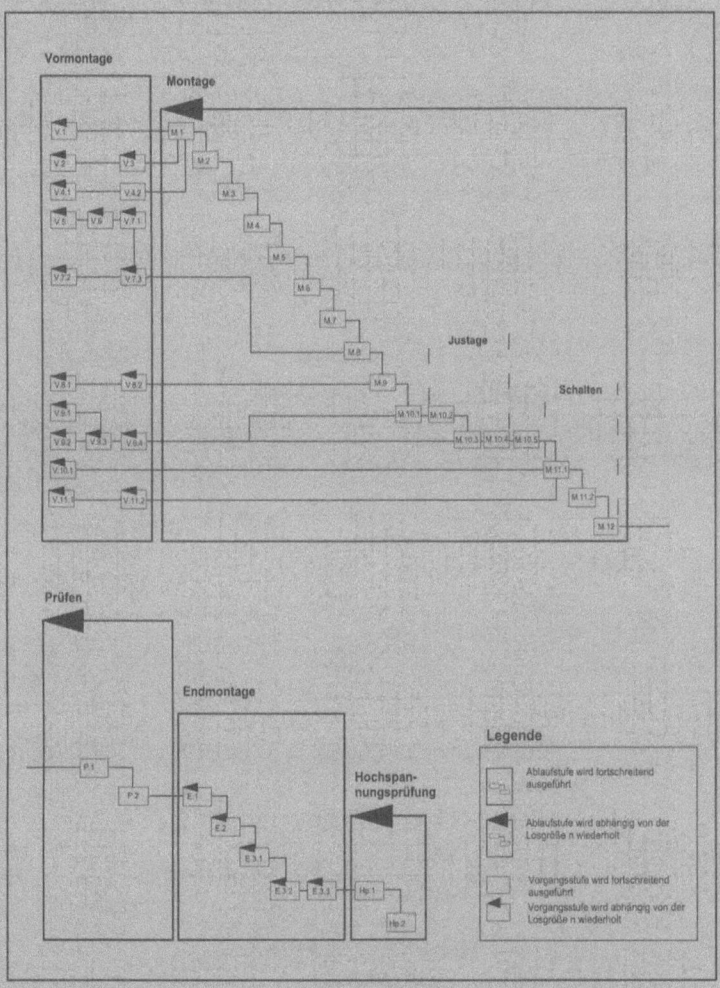

Komplettmontage KX 13
Ablauf- und Vorgangsstufen

Ablaufstufe		Vorgangsstufe
Vormontage	V.1	Achsen in Gestell drücken
	V.2	Motor mit Litzen bestücken
	V.3	Motor mit Kappe auf Vorgelege montieren
	V.4.1	Spule und Magnet montieren
	V.4.2	Hebel auf Magnet mit Spule montieren
	V.5	Zeitscheibe auf die Umschaltachse montieren
	V.6	Einstellachse in die Oberplatine montieren
	V.7.1	Spiralfeder abknicken
	V.7.2	Rad vormontieren
	V.7.3	Rad in Oberplatine montieren
	V.8.1	Skala in Drehknopf kleben
	V.8.2	Schraube und Mutter in Drehknopf einsetzen
	V.9.1	Kontaktsatz 204.97 vormontieren
	V.9.2	Kontaktsatz 204.93 vormontieren
	V.9.3	Kontaktsätze verzinnen
	V.9.4	Schrauben in Kontaktsätze einsetzen
	V.10	Leiterplatte bestücken
	V.11.1	Klemmen und Federn in Unterteil montieren
	V.11.2	Klemmen biegen und Leiterplattenhalter montieren
Montage	M.1	Vorgelege, Magnet mit Spule und Gestell montieren
	M.2	Führung mit Schieber auf das Gestell montieren
	M.3	Auslösehebel und Hebel mit Buchse auf Gestell montieren
	M.4	Justieren des Arbeitsluftspalts
	M.5	Hebel ("Magnethebel") und Hebel mit Buchse biegen
	M.6	Fetten der Hauptbaugruppen
	M.7	Rad auf Achse und Umschaltachse mit Zeitscheibe auf Gestell montieren
	M.8	Oberplatine auf Gestell montieren
	M.9	Drehknopf auf Oberplatine montieren
(Justage)	M.10.1	Einstellschieber und Kontaktsatz "97" auf Leiste montieren
	M.10.2	Kontaktsatz "97" justieren
	M.10.3	Kontaktsätze "93" auf Leiste montieren und justieren
	M.10.4	Relaiskontakt 204-U78 justieren
	M.10.5	Kontrolle des Hebels mit Buchse und des Arbeitsluftspalts
(Schalten)	M.11.1	Leiterplatte in Unterteil montieren und Litzen anlöten
	M.11.2	Relais verdrahten ("schalten")
	M.12	Hauptbaugruppen in Unterteil schrauben und Typenschild auf Unterteil kleben
Prüfen	P.1	Relais in Prüfgerät setzen
	P.2	Relais prüfen
Endmontage	E.1	Hebel stempeln
	E.2	Uhrglas in Zeitrad kleben
	E.3.1	Kappe aufbohren
	E.3.2	Schrauben in Kappe setzen und Klemmschaltbild aufkleben
	E.3.3	Dichtung und Kappe montieren
H.-prüfung	Hp.1	Funktionsprüfung des Hochspannungsprüfgeräts
	Hp.2	Relais prüfen auf Hochspannungslesigkeit

Prozeß-FMEA

Fehlermöglichkeits- und -einflußanalyse (FMEA)

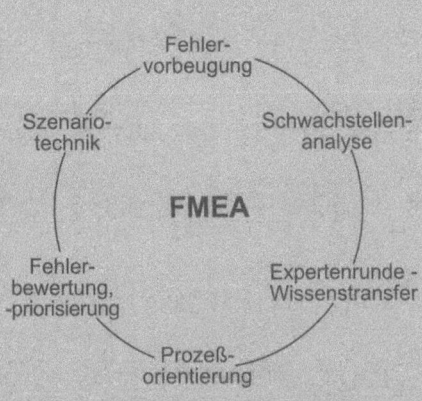

Ziel:
Qualität, die den Wünschen des Kunden
entspricht

Nutzen:
- Hohe Prozeßfähigkeit
- Kostenminderung
- Ausschalten von Wiederholungsfehlern
durch Erfahrungswissen

	Prozeß-FMEA	

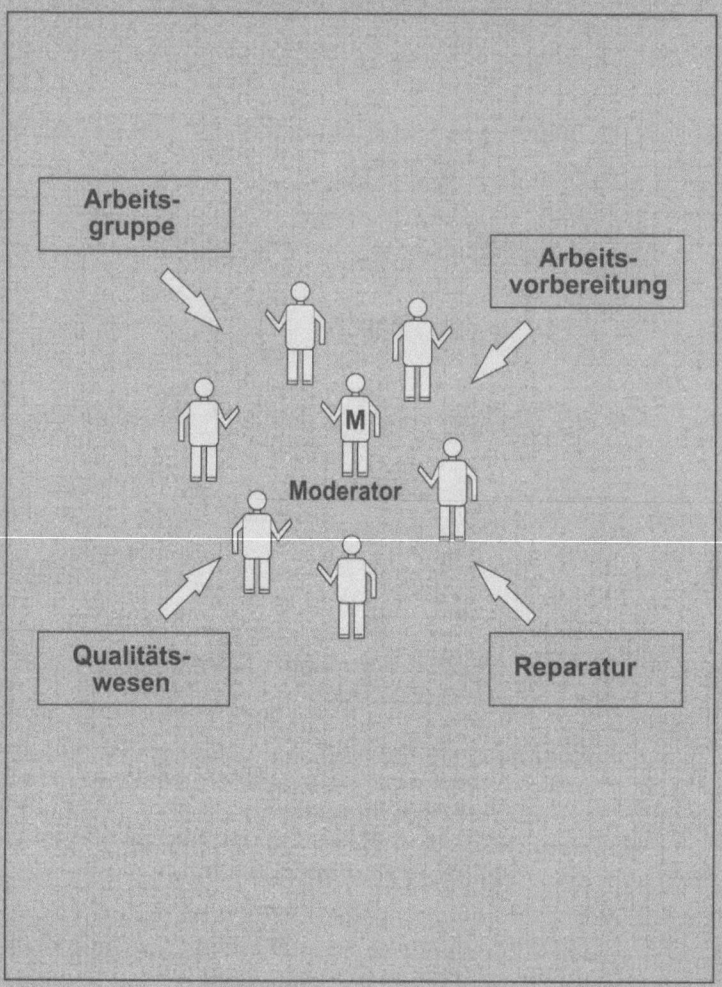

FMEA - Fehlerbewertung

	Vorgangselemente	Potentielle Fehler	Fehler-bewertung			Fehlervermeidung
			Auftreten	Entdeckung	Bedeutung	
Arbeitsplatz:						
1.	Das Gestell mit den langen "Gestelltürmen" nach oben in die Presse legen	Gestell falsch positioniert				
2.	Die kürzere Achse 204-	Achse schief in das ...				
...	...	...				

Wahrscheinlichkeit des Auftretens (Fehlerhäufigkeit)

unwahrscheinlich	= 1
sehr gering	= 2 - 3
gering	= 4 - 6
mäßig	= 7 - 8
hoch	= 9 - 10

Wahrscheinlichkeit der Entdeckung (vor Auslieferung an den Kunden)

hoch	= 1
mäßig	= 2 - 5
gering	= 6 - 8
sehr gering	= 9
unwahrscheinlich	= 10

Bedeutung (Auswirkungen auf den Kunden)

kaum wahrnehmbare Auswirkungen	= 1
unbedeutender Fehler	= 2 - 3
mittelschwerer Fehler	= 4 - 6
schwerer Fehler, Verärgerung des Kunden	= 7 - 8
äußerst schwerwiegender Fehler	= 9 - 10

**Arbeitsblatt erstellen für Fehler höchster Priorität
(= Auftreten x Entdeckung x Bedeutung)**

Prozeß-FMEA

FMEA
Beispiele typischer Fehlerursachen

Einflußbereich:	Fehlerursachen:
• **Mensch** **(Information)**	• Bauteil verwechselt • Arbeitsgang nicht ausgeführt • Falsche Werkzeugeinstellung • Handlungsfehler • Beschädigung durch unsachgemäßes Handeln
• **Maschine** **(Werkzeug)**	• Falsche Maschineneinstellung • Werkzeugverwechslung • Vorschub zu groß • Anzieh-Drehmoment zu niedrig
• **Methode** **(Verfahren)**	• Klebstoff in beweglichen Teilen • Falsche Wärmebehandlung • Anziehreihenfolge falsch
• **Material**	• Materialverwechslung • Dichtfläche porös • Material-Überlappung
• **Milieu** **(Umwelt)**	• Unsaubere Umgebung • Wärmeeinstrahlung • Einschraubtiefe nicht erreicht • Korrosion durch Lagerung

Nach: Kersten 1991, Anhang 7.1.

	Prozeß-FMEA	

FMEA-Fehlerbewertung:
Auftretenswahrscheinlichkeit

Bewertung der Auftretenswahrscheinlichkeit

Frage: Wie hoch ist die Wahrscheinlichkeit, daß der Fehler auftritt?

Auftretens-wahrscheinlichkeit	
Hoch: Es ist nahezu sicher, daß der Fehler auftritt.	10
	9
Mäßig: Der Fehler tritt oft auf.	8
	7
Gering: Der Fehler tritt gelegentlich auf.	6
	5
	4
Sehr gering: Der Fehler tritt selten auf.	3
	2
Unwahrscheinlich: Es ist unwahrscheinlich, daß der Fehler auftritt.	1

	Prozeß-FMEA	

FMEA-Fehlerbewertung:
Entdeckungswahrscheinlichkeit

Bewertung der Entdeckungswahrscheinlichkeit

Frage: Wie groß ist die Wahrscheinlichkeit, den
           Fehler zu entdecken, bevor das Erzeugnis
           den Kunden erreicht?

Hinweis: Im Vordergrund steht die Frage nach der
           Wirksamkeit von Prüfmaßnahmen.

Entdeckungs- wahrscheinlichkeit	
Unwahrscheinlich: Fehler wird nicht entdeckt bzw. kann nicht entdeckt werden. Weniger als 10% der fehlerhaften Teile werden entdeckt.	10
Sehr gering: Fehler ist nicht leicht zu erkennen. Mehr als 10% der fehlerhaften Teile werden entdeckt.	9
Gering: Fehler ist leicht zu erkennen. Mehr als 98% werden entdeckt.	8 7 6
Mäßig: Fehler ist augenscheinlich. Mehr als 99% werden entdeckt.	5 4 3 2
Hoch: Fehler, der bei nachfolgenden Arbeitsgängen bemerkt wird.	1

	Prozeß-FMEA	

FMEA-Fehlerbewertung:
Bedeutung

Bewertung der Bedeutung eines Fehlers für den Kunden

Frage: Wie schwer sind die Auswirkungen des Fehlers auf den Kunden?

Hinweis: Die Bewertungszahlen 10 und 9 werden vergeben, wenn die Einhaltung gesetzlicher Vorschriften beeinträchtigt ist.

Auswirkung auf den Kunden	
Äußerst schwerwiegender Fehler, der die Sicherheit und/oder Einhaltung gesetzlicher Vorschriften beeinträchtigt.	10
	9
Schwerer Fehler, der Verärgerung des Kunden auslöst.	8
	7
Mittelschwerer Fehler, der Unzufriedenheit beim Kunden auslöst.	6
	5
	4
Unbedeutender Fehler, der den Kunden kaum belästigt.	3
	2
Es ist **unwahrscheinlich,** daß der Fehler irgendeine wahrnehmbare Auswirkung hat.	1

	Prozeß-FMEA	

FMEA
Beispiel eines potentiellen Fehlers

Typ: KX 13, Vs. M.5	Stückliste:			Werkzeuge:
	Teilenr.	Bezeichnung	Menge	Biegewerkzeug:
Ablaufstufe/ Vorgang: Montage				"Hebel AN"
				Halbzeug "Hülse"
				Fühlerlehre (durch
Vorgangsstufe M.5: Hebel AN ("Magnethebel"), und Hebel mit Buchse biegen				Augenmaß ersetzt) "Flachzange"

	Vorgangselemente	Potentielle Fehler	Fehlerbewertung			Fehlervermeidung
			Auftreten	Entdeckung	Bedeutung	

Arbeitsplatz: 'Montage Hauptbaugruppe'.

	Vorgangselemente	Potentielle Fehler				Fehlervermeidung
1.	Biegewerkzeug "Hebel AN" auf "Magnethebel" schieben					
2.	Biegewerkzeug so lange nach oben schwenken, bis der Spalt S1 8/10 mm beträgt, siehe Bild M.5-1	Spaltmaß außerhalb der Toleranz. Folge: Relais löst nicht aus				
3.	Halbzeug "Hülse" auf "Gestellturm" schieben, siehe Bild M.5-2	"Hülse" nicht aufgeschoben. Folge: Relais fällt nicht zurück. Beim Prüfen "wackelt " der Zeiger oder die Zeitnahme bricht unvermutet ab.				
4.	Hebel mit Buchse mit "Flachzange" an Punkt P2 greifen, siehe Bild M.5-2					
5.	Hebelarm so lange biegen, bis der Spalt S2 8/10mm beträgt					
6.	"Hülse" vom Turm nehmen.					

Prozeß-FMEA

Leistung und Nutzen der Werkzeuge

● Erhöhung bzw. Sicherung erreichter Prozeßfähigkeit

● Beitrag zum QMS nach DIN EN ISO 9001 ff.

● Unterstützung von Gruppen-arbeit durch Nutzung von Erfahrungswissen

● Werkzeug baut auf vorhandenem Know-how auf

● Werkzeug ist auf andere Arbeitssysteme übertragbar

	Prozeß-FMEA	

**Arbeitsanweisung
für das**

KX 13

Arbeitsauftrag: Montage komplett

RELEC GmbH

Überreicht an: -

Erstellt am: -

Geändert am: -

Fraunhofer Institut
Produktionsanlagen und
Konstruktionstechnik

Inhaltsverzeichnis

Fraunhofer Institut
Produktionsanlagen und
Konstruktionstechnik

Abt. Arbeitswirtschaft
Gruppe Betriebliche Bildung

Dr. habil. K. Berger
cand. M. A. T. Kopka   Tel.: (0 30) 39 00 62 67
Pascalstr. 8-9, 10587 Berlin   Fax: (0 30) 3 91 10 37

Nutzungs- und Pflegehinweise

Inhalt und Zweck:

Diese Arbeitsanweisung beschreibt die Vermeidung von Fehlern bei besonders kritischen Vorgangsstufen. Sie enthält Erfahrungen und Wissen Ihrer Arbeitskollegen sowie weiterer Mitarbeiter, die mit der Produktion des Relais zu tun haben.

Sie hilft Ihnen, Relais nach den Wünschen Ihrer Kunden zu montieren. Sie dient dem Lehrenden als Unterweisungsmittel und hilft dem Lernenden, Fehler zu vermeiden.

Nutzungshinweise:

Dies ist Ihre persönliche Arbeitsanweisung. Sie muß am Arbeitsplatz vorhanden sein. Jedes Arbeitsblatt besteht aus einer Doppelseite. Links wird die dargestellte Vorgangsstufe im Montageablauf hervorgehoben, rechts wird die Vermeidung möglicher Fehler dargestellt. Weitere Erläuterungen finden Sie auf den letzten Seiten. Die Stückliste enthält jeweils nur die Teile, die in der Vorgangsstufe dem Gerät hinzugefügt werden. Nummern in Klammern verweisen auf Teile, die bereits in vorgegangenen Vorgangsstufen montiert wurden.

In den Arbeitsblättern können Sie persönliche Notizen vornehmen oder in den Darstellungen besonders wichtige Hinweise einzeichnen bzw. markieren. Die Arbeitsanweisung erfüllt ihren Zweck nur, wenn sie von Ihnen genutzt wird.

Pflegehinweise:

In folgenden Fällen ist die Arbeitsanweisung zu überarbeiten:

- Verbesserungsvorschläge,

- Änderungen des Fertigungsverfahrens, z. B. Einführung neuer

  Maschinen, Anlagen oder Werkzeuge,

- Änderungen des Relais.

Sie sollten in diesen Fällen gemeinsam mit Ihren Kollegen und den Verantwortlichen in einem Gruppengespräch prüfen, ob einzelne Arbeitsblätter ergänzt oder verändert werden müssen. Dabei folgen Sie ebenfalls den Erläuterungen zur Gestaltung der Arbeitsblätter auf den Seiten 27-29.

Seite 3

KX 13
Montageablauf - Vorrangstruktur

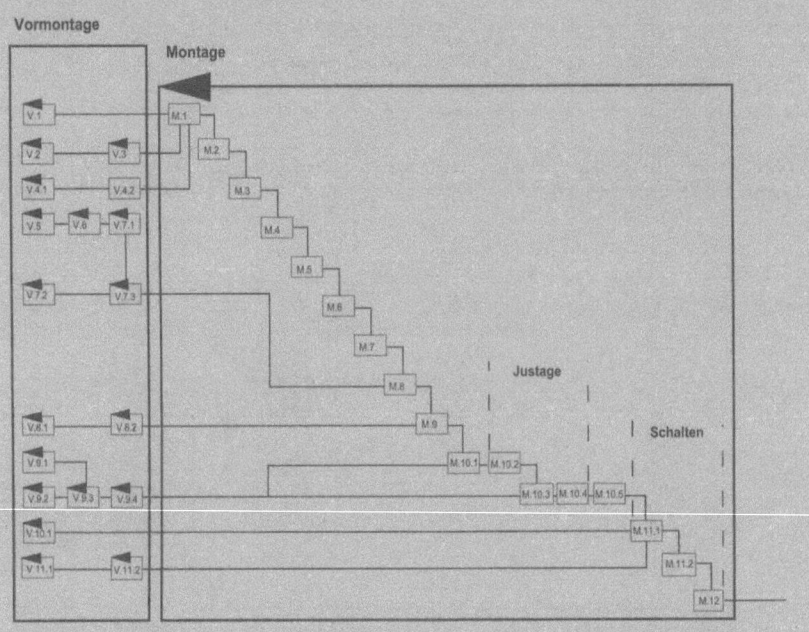

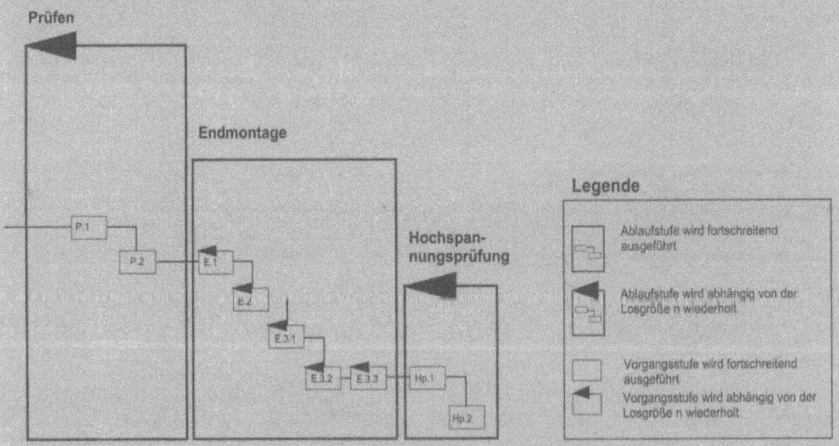

Seite 4

KX 13
Fehlerkritische Vorgangsstufen im Montageablauf

Ablaufstufe		Vorgangsstufe	
Vormontage	V.1	Achsen in Gestell drücken	
	V.2	Motor mit Litzen bestücken	
	V.3	**Motor mit Kappe auf Vorgelege montieren**	
	V.4.1	**Spule und Magnet montieren**	
	V.4.2	**Hebel auf Magnet mit Spule montieren**	
	V.5	Zeitscheibe auf die Umschaltachse montieren	
	V.6	Einstellachse in die Oberplatine montieren	
	V.7.1	Spiralfeder abknicken	
	V.7.2	Rad vormontieren	
	V.7.3	Rad in Oberplatine montieren	
	V.8.1	Skala in Drehknopf kleben	
	V.8.2	Schraube und Mutter in Drehknopf einsetzen	
	V.9.1	Kontaktsatz 204.97 vormontieren	
	V.9.2	Kontaktsatz 204.93 vormontieren	
	V.9.3	Kontaktsätze verzinnen	
	V.9.4	Schrauben in Kontaktsätze einsetzen	
	V.10	**Leiterplatte bestücken**	
	V.11.1	Klemmen und Federn in Unterteil montieren	
	V.11.2	Klemmen biegen und Leiterplattenhalter montieren	
Montage	M.1	Vorgelege, Magnet mit Spule und Gestell montieren	
	M.2	Führung mit Schieber auf das Gestell montieren	
	M.3	**Auslösehebel und Hebel mit Buchse auf Gestell montieren**	
	M.4	Justieren des Arbeitsluftspalts	
	M.5	**Hebel ("Magnethebel") und Hebel mit Buchse biegen**	
	M.6	**Fetten der Hauptbaugruppen**	
	M.7	Rad auf Achse und Umschaltachse mit Zeitscheibe auf Gestell montieren	
	M.8	Oberplatine auf Gestell montieren	
	M.9	Drehknopf auf Oberplatine montieren	
(Justage)	M.10.1	Einstellschieber und Kontaktsatz "97" auf Leiste montieren	
	M.10.2	Kontaktsatz "97" justieren	
	M.10.3	Kontaktsätze "93" auf Leiste montieren und justieren	
	M.10.4	Relaiskontakt 204-U78 justieren	
	M.10.5	Kontrolle des Hebels mit Buchse und des Arbeitsluftspalts	
(Schalten)	M.11.1	Leiterplatte in Unterteil montieren und Litzen anlöten	
	M.11.2	Relais verdrahten ("schalten")	
	M.12	Hauptbaugruppen in Unterteil schrauben und Typenschild auf Unterteil kleben	
Prüfen	P.1	Relais in Prüfgerät setzen	
	P.2	**Relais prüfen**	
Endmontage	E.1	Hebel stempeln	
	E.2	Uhrglas in Zeitrad kleben	
	E.3.1	Kappe aufbohren	
	E.3.2	Schrauben in Kappe setzen und Klemmschaltbild aufkleben	
	E.3.3	Dichtung und Kappe montieren	
H.-prüfung	Hp.1	Hochspannungsprüfgerät eichen	
	Hp.2	**Relais prüfen auf Hochspannungsfestigkeit**	

KX 13
Fehlerkritische Vorgangsstufen - Übersicht

Ablaufstufe		Vorgangsstufe
Vormontage	V.1	
	V.3	**Motor mit Kappe auf Vorgelege montieren**
	V.4.1	Spule und Magnet montieren
	V.4.2	Hebel auf Magnet mit Spule montieren
	V.10	Leiterplatte bestücken
Montage	M.1	
	M.3	Auslösehebel und Hebel mit Buchse auf Gestell montieren
	M.5	Hebel ("Magnethebel") und Hebel mit Buchse biegen
	M.6	Fetten der Hauptbaugruppen
Prüfen	P.1	
	P.2	Relais prüfen
Endmontage	E.1	
Hochspan-nungsprüfung	Hp.1	
	Hp.2	Relais prüfen auf Hochspannungsfestigkeit

KX 13

V.3   Motor mit Kappe auf Vorgelege montieren

Stückliste:

Teilenr.	Bezeichnung	Menge
229.001/1	Vorgelege	1
V. Nr. 1.2	Motor m. Litzen	1
223-220	Kappe	1
W8001020	Kleber "Delo MI"	
DIN 84 AM		
2,3x3	Schraube	2

Betriebsmittel:

"Karussell-Montagelehre"

Klemmschraubendreher
Kleber

 "Karussell-Montagelehre", Kleber
bereitstellen.

Je ein Vorgelege, einen Motor, eine
Kappe in die Lehre einsetzen.

Schraube im Klemmschraubendreher
verankern; Schraubengewinde mit Kleber
benetzen, Kappe und Motor am
Vorgelege festschrauben.

Achtung

Drehmoment korrekt?
2 Schrauben.

Ungesicherte Schrauben lösen sich durch
Vibrationen des Geräts.

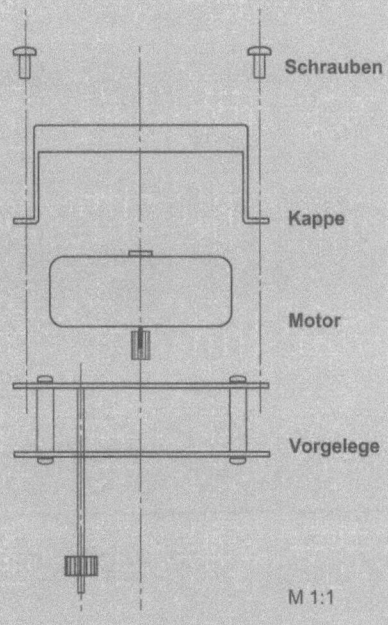

Schrauben

Kappe

Motor

Vorgelege

M 1:1

 Notizen:

Erstellt:	Tag	Name	Seite
Geändert:	Tag	Name	von

KX 13
Fehlerkritische Vorgangsstufen - Übersicht

Ablaufstufe		Vorgangsstufe
Vormontage	V.1	
	·	
	V.3	Motor mit Kappe auf Vorgelege montieren
	·	
	V.4.1	**Spule und Magnet montieren**
	V.4.2	Hebel auf Magnet mit Spule montieren
	·	
	V.1	Leiterplatte bestücken
	·	
	·	
Montage	M.1	
	·	
	M.3	Auslösehebel und Hebel mit Buchse auf Gestell montieren
	·	
	M.5	Hebel ("Magnethebel") und Hebel mit Buchse biegen
	M.6	Fetten der Hauptbaugruppen
	·	
Prüfen	P.1	
	P.2	Relais prüfen
	·	
Endmontage	E.1	
	·	
	·	
Hochspan-nungsprüfung	Hp.1	
	Hp.2	Relais prüfen auf Hochspannungsfestigkeit

KX 13
V.4.1 Spule und Magnet montieren

Stückliste: Teilenr.	Bezeichnung	Menge
204.71/C1	Magnet, vollst.	1
204-234	Leiste	1
S2155	Spule	1
N0611	Schraube	2
102-25/A1	Sicherungsblech	1
W8004010	Molykote BR 2	
N0601	Schraube	1

Betriebsmittel:

"Magnetmontagelehre"

Elektrischer Schraubendreher

Pinsel
Biegewerkzeug

 "Magnetmontagelehre" bereitstellen.

Leiste "Kontaktträger" am Magneten mit
2 Schrauben N0611 festschrauben.

Sicherungsblech in die Spule setzen und
Magnet einschieben.

Achtung

 Molykote BR 2 auf Achse des
Sicherungsblechs (102.05) auftragen -
sonst Ausfallgefahr durch Abnutzung.

 Anker (102.04) in Magnet setzen; Achse
des Sicherungsblechs durch Magnet und
Anker einschieben.

Achtung

 Achse mit Schraube N0601 fest-
schrauben, gleichzeitig wird Spule
arretiert.
Dauerhafte Fixierung der Spule beachten.

 Anker auf leichte Beweglichkeit prüfen.
Schwergängigkeit durch Wegbiegen der
Achsenträger beheben.

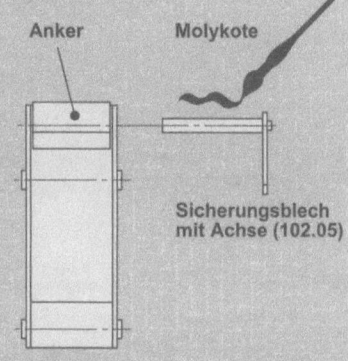

Anker   **Molykote**

Sicherungsblech
mit Achse (102.05)

Magnet, vollständig

M 1:1

Notizen:

Erstellt:		Name	Seite
Geändert:		Name	von

KX. 13
Fehlerkritische Vorgangsstufen - Übersicht

Ablaufstufe		Vorgangsstufe
Vormontage	V.1	
	.	
	V.3	Motor mit Kappe auf Vorgelege montieren
	.	
	V.4.1	Spule und Magnet montieren
	V.4.2	**Hebel auf Magnet mit Spule montieren**
	.	
	V.10	Leiterplatte bestücken
	.	
	.	
Montage	M.1	
	.	
	M.3	Auslösehebel und Hebel mit Buchse auf Gestell montieren
	.	
	M.5	Hebel ("Magnethebel") und Hebel mit Buchse biegen
	M.6	Fetten der Hauptbaugruppen
	.	
Prüfen	P.1	
	P.2	Relais prüfen
	.	
Endmontage	E.1	
	.	
	.	
Hochspan- nungsprüfung	Hp.1	
	Hp.2	Relais prüfen auf Hochspannungsfestigkeit

KX 13
V.4.2 Hebel auf Magnet mit Spule montieren

Stückliste:

Teilenr.	Bezeichnung	Menge
204.91c	Hebel vollst. AN	1
204-295	Betätigungsblech	1
N0611	Schraube	2

Betriebsmittel:

Montagelehre "Hebel an Magnet"
Elektrischer Schraubendreher

Montagelehre bereitstellen.

Magnet mit Spule in die Lehre einsetzen.
Hebel aufschieben.

Beide Bauteile durch Betätigen der Lehre
arretieren.

Betätigungsblech auf den Hebel legen.
Ausrichtung beachten.

2 Schrauben einsetzen, mit dem
elektrischen Schraubendreher
einschrauben.

Achtung

Hebel mit 2 Schrauben am Anker befestigen.
Auf korrektes Drehmoment achten.
Hebel kann sich lösen. Ausfallgefahr.

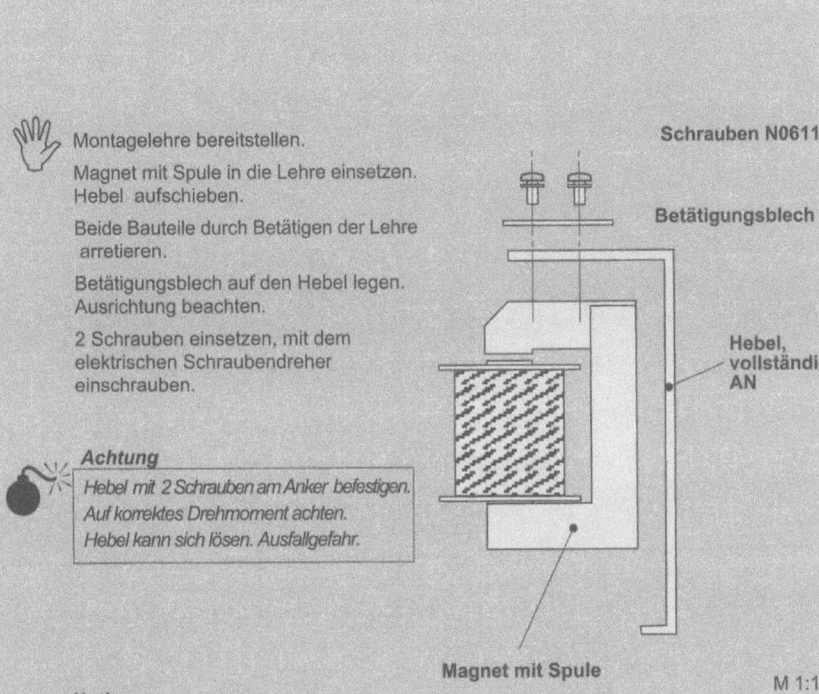

Schrauben N0611

Betätigungsblech

Hebel,
vollständig
AN

Magnet mit Spule

M 1:1

Notizen: ....

....

....

Erstellt:	Tag	Name	Seite
Geändert:	Tag	Name	von

KX 13
Fehlerkritische Vorgangsstufen - Übersicht

Ablaufstufe		Vorgangsstufe
Vormontage	V.1	
	•	
	V.3	Motor mit Kappe auf Vorgelege montieren
	•	
	V.4.1	Spule und Magnet montieren
	V.4.2	Hebel auf Magnet mit Spule montieren
	•	
	V.10	Leiterplatte bestücken
	•	
	•	
Montage	M.1	
	•	
	M.3	Auslösehebel und Hebel mit Buchse auf Gestell montieren
	•	
	M.5	Hebel ("Magnethebel") und Hebel mit Buchse biegen
	M.6	Fetten der Hauptbaugruppen
	•	
Prüfen	P.1	
	P.2	Relais prüfen
	•	
Endmontage	E.1	
	•	
	•	
Hochspan-nungsprüfung	Hp.1	
	Hp.2	Relais prüfen auf Hochspannungsfestigkeit

KX 13
V.10 Leiterplatte bestücken

Stückliste:

Teilenr.	Bezeichnung	Menge
221-114	Leiterplatte	1
R2304/2	Widerstand R1	1
R1327/2	Widerstand R2	1
R6304/20	Widerstand R3	1
C2126	Kondensator C	1
H1406	Gleichrichter Gr	1
N1104	Isolierhülse V1, V2	4

Betriebsmittel:

Vorrichtung

 Vorrichtung bereitstellen. Bauteile in Montagereihenfolge nach Stückliste bereitlegen.

 Vor Ausführung jeweils ein Bauteil der Gesamtmenge auf korrekte Werte überprüfen.

 Widerstände **R1** und **R2** mit Isolierhülsen versehen.

Leiterplatte mit den Bauteilen bestücken. Ausrichtung wie dargestellt.

 Achtung

> *Ausrichtung der Gleichrichteranschlüsse beachten.*

 Widerstand **R3** mit dem Finger auf die Leiterplatte drücken; die Vorrichtung betätigen.

 **Notizen:**

....

....

....

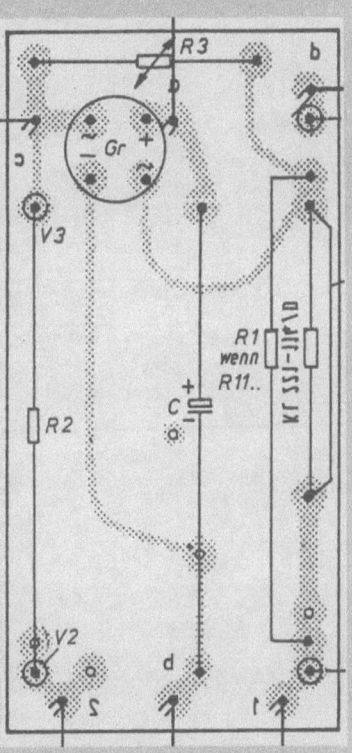

Leiterplatte　　　M 1:2,5

Erstellt:	Tag	Name	Seite
Geändert:	Tag	Name	von

KX 13
Fehlerkritische Vorgangsstufen - Übersicht

Ablaufstufe		Vorgangsstufe
Vormontage	V.1	
	.	
	V.3	Motor mit Kappe auf Vorgelege montieren
	.	
	V.4.1	Spule und Magnet montieren
	V.4.2	Hebel auf Magnet mit Spule montieren
	.	
	V.10	Leiterplatte bestücken
	.	
	.	
Montage	M.1	
	.	
	M.3	**Auslösehebel und Hebel mit Buchse auf Gestell montieren**
	.	
	M.5	Hebel ("Magnethebel") und Hebel mit Buchse biegen
	M.6	Fetten der Hauptbaugruppen
	.	
Prüfen	P.1	
	P.2	Relais prüfen
	.	
Endmontage	E.1	
	.	
	.	
Hochspan- nungsprüfung	Hp.1	
	Hp.2	Relais prüfen auf Hochspannungsfestigkeit

KX 13

M.3 Auslösehebel und Hebel mit Buchse auf Gestell montieren

Stückliste:		
Teilenr.	Bezeichnung	Menge
204.218	Auslösehebel V. AN	1
204-U40	Hebel m. Buchse	1
N0202	Federring	2

Betriebsmittel:

Sicherungsringzange
Montageblech
Pinzette

 Auslösehebel und Hebel mit Buchse auf die Gestellachsen schieben; Kuppelwelle einführen.

 Spreizweite der Sicherungsringzange kontrollieren, maximal 4,1 mm.

 Montageblech über die Achse des Auslösehebels schieben; Federring auf die Achse schieben.

Arbeitsschritt an der Achse des Hebels mit Buchse wiederholen.

 Achtung

Wird der Federring zu weit gespreizt, verliert er Spannkraft und kann sich lösen.

 Zugfeder (204-288) des Auslösehebels mit Pinzette in Öse der Führung mit Schieber (204.220) einhängen.

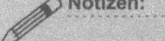 **Notizen:**

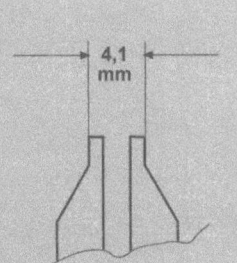

M 1:3

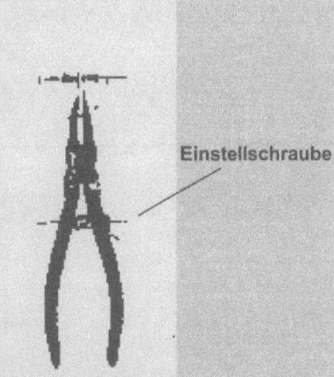

Einstellschraube

Sicherungsringzange

Erstellt:	Tag	Name	Seite
Geändert:	Tag	Name	von

KX 13
Fehlerkritische Vorgangsstufen - Übersicht

Ablaufstufe		Vorgangsstufe
Vormontage	V.	
	•	
	V.3	Motor mit Kappe auf Vorgelege montieren
	•	
	V.4.1	Spule und Magnet montieren
	V.4.2	Hebel auf Magnet mit Spule montieren
	•	
	V.10	Leiterplatte bestücken
	•	
	•	
Montage	M.1	
	•	
	M.3	Auslösehebel und Hebel mit Buchse auf Gestell montieren
	•	
	M.5	**Hebel ("Magnethebel") und Hebel mit Buchse biegen**
	M.6	Fetten der Hauptbaugruppen
	•	
Prüfen	P.1	
	P.2	Relais prüfen
	•	
Endmontage	E.1	
	•	
	•	
Hochspan-nungsprüfung	Hp.1	
	Hp.2	Relais prüfen auf Hochspannungsfestigkeit

Seite 16

KX 13

M.5 Hebel ("Magnethebel") und Hebel mit Buchse biegen

Stückliste:

Teilenr.	Bezeichnung	Menge

Betriebsmittel:

Biegewerkzeug "Hebel AN"

Ausschnitt: M 8:1

0,8 mm

Spaltmaß siehe Ausschnitt prüfen.

Soll: 0,8 mm +/- 0,1 mm.

Spaltmaß falsch: Biegewerkzeug an Position P auf Hebel AN schieben.

Anker beim Biegen auf Spulenkern drücken, um Beschädigungen des Schiebers zu vermeiden.

Hebelzapfen biegen, bis das Spaltmaß **0,8 mm** beträgt.

Position P

Achtung

Falsches Spaltmaß führt zum Ausfall des Geräts.

Hebelzapfen

Schieber

Notizen:

....

....

....

Hebel AN

M 1:1

Erstellt:	Tag	Name	Seite
Geändert:	Tag	Name	von

KX 13
Fehlerkritische Vorgangsstufen - Übersicht

Ablaufstufe		Vorgangsstufe
Vormontage	V.1	
	.	
	V.3	Motor mit Kappe auf Vorgelege montieren
	.	
	V.4.1	Spule und Magnet montieren
	V.4.2	Hebel auf Magnet mit Spule montieren
	.	
	V.10	Leiterplatte bestücken
	.	
	.	
Montage	M.1	
	.	
	M.3	Auslösehebel und Hebel mit Buchse auf Gestell montieren
	.	
	M.5	Hebel ("Magnethebel") und Hebel mit Buchse biegen
	M.6	Fetten der Hauptbaugruppen
	.	
Prüfen	P.1	
	P.2	Relais prüfen
	.	
Endmontage	E.1	
	.	
	.	
Hochspan-nungsprüfung	Hp.1	
	Hp.2	Relais prüfen auf Hochspannungssfestigkeit

KX 13

M.6 Fetten der Hauptbaugruppen

Stückliste:			Betriebsmittel:
Teilenr.	Bezeichnung	Menge	
W8004010	Molykote BR 2 "fest"		Pinsel
	Molykote "flüssig"		

8　Berührungsflächen am Gerät mit Molykote BR 2 "fest" fetten:

1-4: Führung - Schieber
5: Auslösehebel - Schieber
6: Schieber - Hebel
7: Schieber - Kuppelachse
8: Hebel mit Buchse - Hebel

Stellen zählen.

Achtung

Fetten der Kontaktflächen ist Voraussetzung für lange Lebensdauer des Geräts.

Führung mit Schieber

Berührungsfläche Kuppelachse - Hebel mit Buchse **F** mit Molykote "flüssig" fetten.

Hebel mit Buchse

M 1:1

Notizen:

....

....

....

Erstellt:	Tag	Name	Seite
Geändert:	Tag	Name	von

KX 13
Fehlerkritische Vorgangsstufen - Übersicht

Ablaufstufe		Vorgangsstufe
Vormontage	V.1	
	V.3	Motor mit Kappe auf Vorgelege montieren
	V.4.1	Spule und Magnet montieren
	V.4.2	Hebel auf Magnet mit Spule montieren
	V.10	Leiterplatte bestücken
Montage	M.1	
	M.3	Auslösehebel und Hebel mit Buchse auf Gestell montieren
	M.5	Hebel ("Magnethebel") und Hebel mit Buchse biegen
	M.6	Fetten der Hauptbaugruppen
Prüfen	P.1	
	P.2	Relais prüfen
Endmontage	E.1	
Hochspannungsprüfung	Hp.1	
	Hp.2	Relais prüfen auf Hochspannungsfestigkeit

KX 13

P.2   Relais prüfen: Fehlersuche und -behebung

  Prüfung nach gültiger Anweisung durchführen.

Anzugsspannung prüfen:

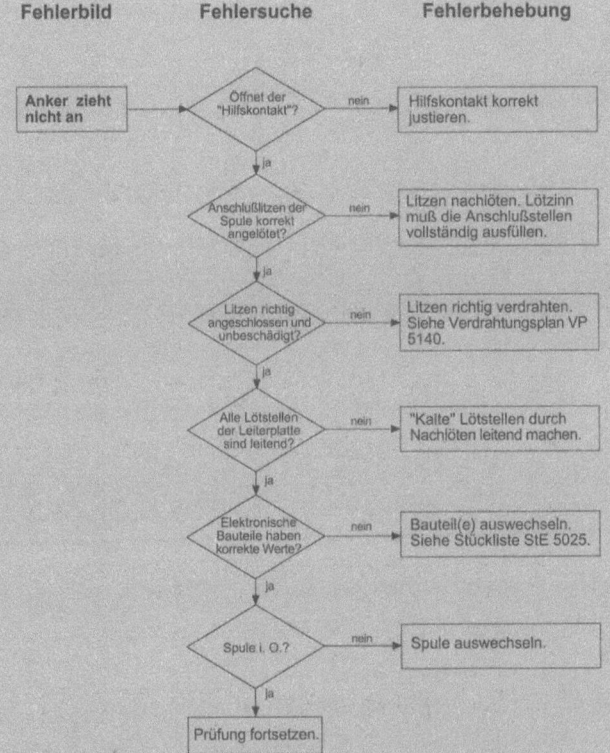

| | Erstellt: | Tag | Name | Seite 1 |
| Geändert: | Tag | Name | von   3 |

KX 13
P.2   Relais prüfen: Fehlersuche und -behebung

Motorlauf prüfen:

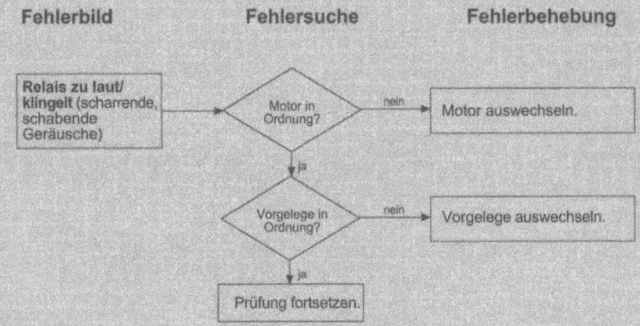

| Fehlerbild | Fehlersuche | Fehlerbehebung |

Relais zu laut/klingelt (scharrende, schabende Geräusche) → Motor in Ordnung? — nein → Motor auswechseln.

↓ ja

Vorgelege in Ordnung? — nein → Vorgelege auswechseln.

↓ ja

Prüfung fortsetzen.

| Erstellt: | Tag | Name | Seite 2 |
| Geändert: | Tag | Name | von 3 |

KX 13
P.2   Relais prüfen: Fehlersuche und -behebung

Kontaktfunktionen prüfen:

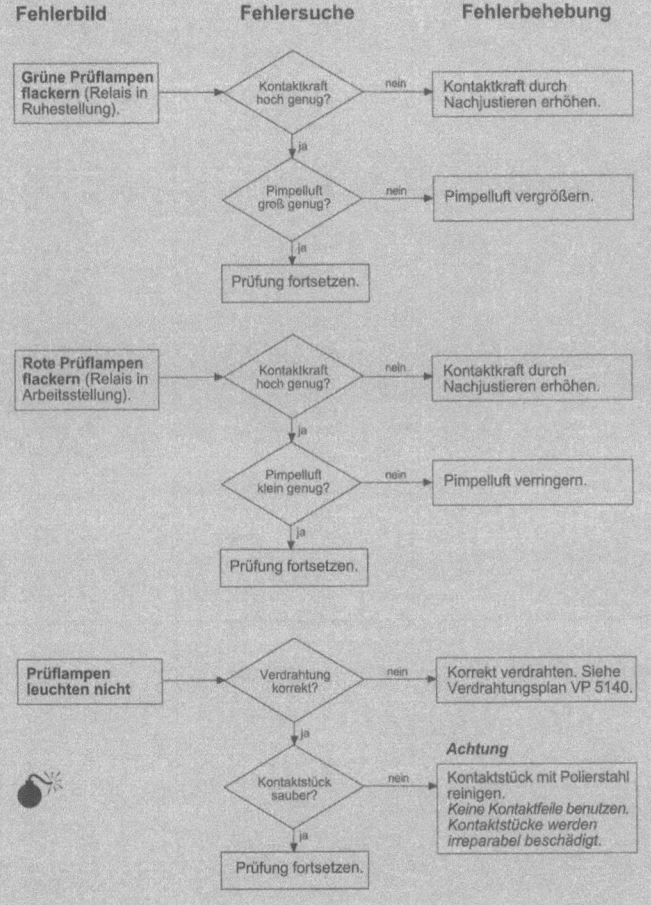

| Fehlerbild | Fehlersuche | Fehlerbehebung |

Grüne Prüflampen flackern (Relais in Ruhestellung).

Kontaktkraft hoch genug? → nein → Kontaktkraft durch Nachjustieren erhöhen.

↓ ja

Pimpelluft groß genug? → nein → Pimpelluft vergrößern.

↓ ja

Prüfung fortsetzen.

Rote Prüflampen flackern (Relais in Arbeitsstellung).

Kontaktkraft hoch genug? → nein → Kontaktkraft durch Nachjustieren erhöhen.

↓ ja

Pimpelluft klein genug? → nein → Pimpelluft verringern.

↓ ja

Prüfung fortsetzen.

Prüflampen leuchten nicht

Verdrahtung korrekt? → nein → Korrekt verdrahten. Siehe Verdrahtungsplan VP 5140.

↓ ja

Achtung

Kontaktstück sauber? → nein → Kontaktstück mit Polierstahl reinigen. *Keine Kontaktfeile benutzen. Kontaktstücke werden irreparabel beschädigt.*

↓ ja

Prüfung fortsetzen.

| Erstellt: | Tag | Name | Seite 3 |
| Geändert: | Tag | Name | von 3 |

KX 13
Fehlerkritische Vorgangsstufen - Übersicht

Ablaufstufe		Vorgangsstufe
Vormontage	V.1	
	.	
	V.3	Motor mit Kappe auf Vorgelege montieren
	.	
	V.4.1	Spule und Magnet montieren
	V.4.2	Hebel auf Magnet mit Spule montieren
	.	
	V.10	Leiterplatte bestücken
	.	
	.	
Montage	M.1	
	.	
	M.3	Auslösehebel und Hebel mit Buchse auf Gestell montieren
	.	
	M.5	Hebel ("Magnethebel") und Hebel mit Buchse biegen
	M.6	Fetten der Hauptbaugruppen
	.	
Prüfen	P.1	
	P.2	Relais prüfen
	.	
Endmontage	E.1	
	.	
	.	
Hochspan- nungsprüfung	Hp.1	
	Hp.2	Relais prüfen auf Hochspannungsfestigkeit

Seite 24

KX 13

Hp.2   Hochspannungsprüfung: Relais prüfen auf Hochspannungsfestigkeit

 Prüfung nach gültiger Anweisung durchführen.

Durch diese Prüfung wird sichergestellt,
daß der Niedervoltbereich des Geräts
nicht unbeabsichtigt mit Hochspannung
versorgt wird.

Erstellt:	Tag	Name	Seite 1
Geändert:	Tag	Name	von 1

Hinweise zur Gestaltung von Arbeitsblättern

Was ist zu tun?

In der Kopfzeile sind

der Relaistyp,

die Ablaufstufe und

die Vorgangsstufe

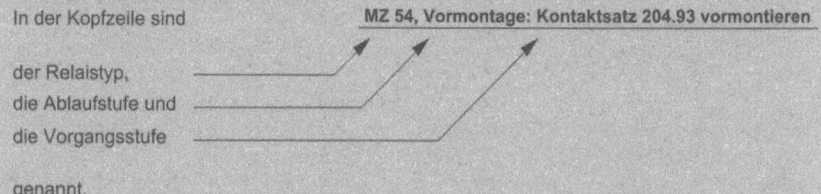

MZ 54, Vormontage: Kontaktsatz 204.93 vormontieren

genannt.

Welche Bauteile, Arbeitsmittel werden benötigt?

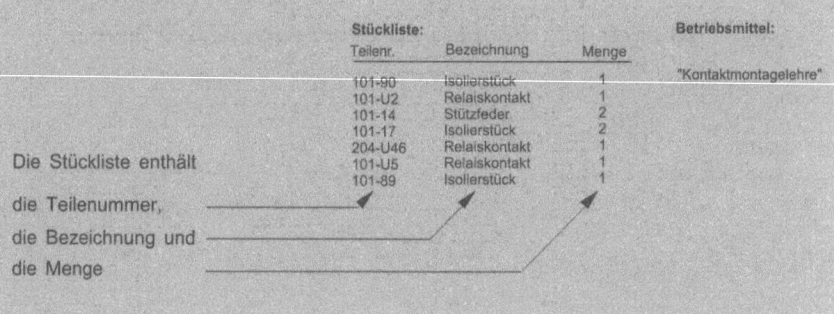

Stückliste:

Teilenr.	Bezeichnung	Menge
101-90	Isolierstück	1
101-U2	Relaiskontakt	1
101-14	Stützfeder	2
101-17	Isolierstück	2
204-U46	Relaiskontakt	1
101-U5	Relaiskontakt	1
101-89	Isolierstück	1

Betriebsmittel:

"Kontaktmontagelehre"

Die Stückliste enthält

die Teilenummer,

die Bezeichnung und

die Menge

der benötigten Bauteile der
Vorgangsstufe.

Die Auflistung der Bauteile und
Werkzeuge entspricht dem
Montageablauf.

Welche Arbeitshandlungen sind auszuführen?

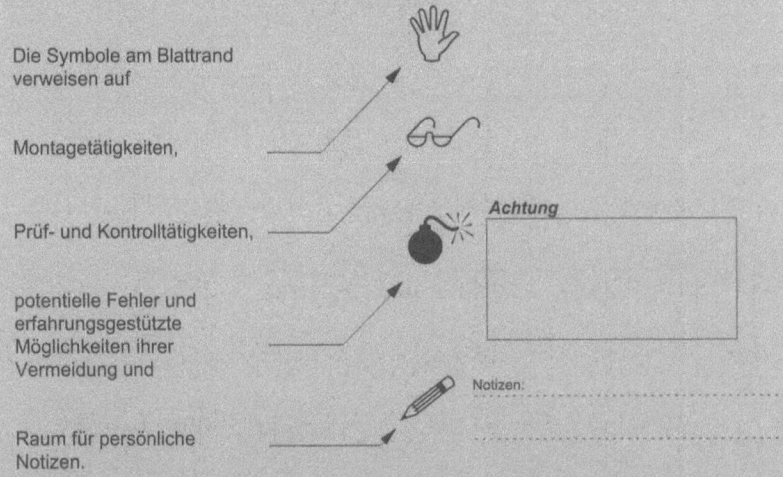

Die Symbole am Blattrand
verweisen auf

Montagetätigkeiten,

Prüf- und Kontrolltätigkeiten,

Achtung

potentielle Fehler und
erfahrungsgestützte
Möglichkeiten ihrer
Vermeidung und

Notizen:

Raum für persönliche
Notizen.

Wie ist die Position und Anordnung der Bauteile zueinander?

Die graphischen Darstellungen sind
vereinfacht und zumeist aus technischen
Zeichnungen abgeleitet.
Sie ersetzen nicht die technischen
Zeichnungen und andere
Fertigungsunterlagen.

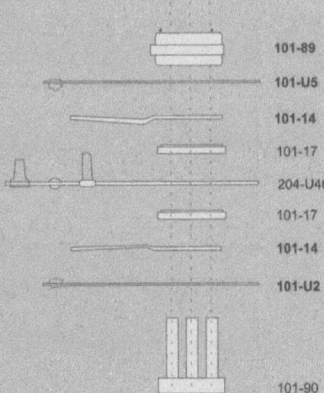

101-89

101-U5

101-14

101-17

204-U46

101-17

101-14

101-U2

101-90

Tätigkeitsbegleitende Arbeitsanweisung

Gruppe: Versteller/Kettenrad

Arbeitssystem: Nockenfräsen - BAZ

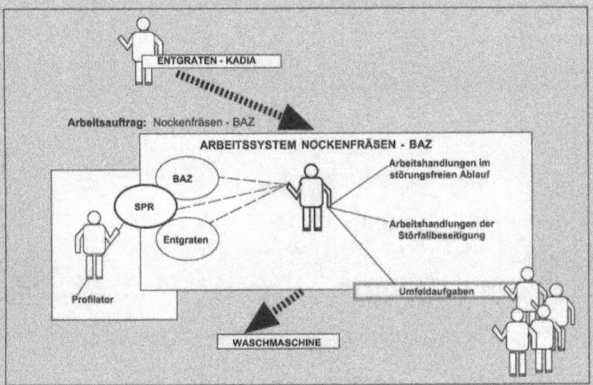

MOTKomponenten GmbH

Überreicht an: -

Erstellt am: -

Geändert am: -

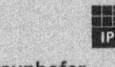

Fraunhofer Institut
Produktionsanlagen und
Konstruktionstechnik

Arbeitssystem Nockenfräsen - BAZ
Inhaltsverzeichnis

Inhaltsverzeichnis:

Fraunhofer Institut
Produktionsanlagen und
Konstruktionstechnik
Abt. Arbeitswirtschaft
Gruppe Betriebliche Bildung
Dr. habil. K. Berger
cand. ing. H.-H. Bruns   Tel.: (0 30) 39 00 62 67
Pascalstr. 8-9, 10587 Berlin   Fax: (0 30) 3 91 10 37

Arbeitssystem Nockenfräsen - BAZ
Benutzungs- und Pflegehinweise

Benutzungshinweise:

Dies ist Ihre persönliche Arbeitsunterstützung.

Sie muß am Arbeitsplatz vorhanden sein.

Sie dient dazu, Ihnen das Arbeiten zu erleichtern.
Deshalb sollen Sie in den Arbeitsblättern persönliche Notizen
vornehmen und in den Darstellungen besondere Hinweise einzeichnen
bzw. markieren.

Die TA erfüllt ihren Zweck nur, wenn sie von Ihnen benutzt wird.

Pflegehinweise:

In folgenden Fällen ist die Arbeitsanweisung zu überarbeiten:

- Verbesserungsvorschläge,

- Änderungen des Fertigungsverfahrens, z. B. Einführung neuer

  Maschinen, Anlagen oder Werkzeuge,

- Produktänderungen.

Sie sollten in diesen Fällen gemeinsam mit Ihren Kollegen und den
Verantwortlichen in einem Gruppengespräch prüfen, ob einzelne Arbeitsblätter
ergänzt oder verändert werden müssen. Dabei folgen Sie ebenfalls den
Erläuterungen zur Gestaltung der Arbeitsblätter auf den Seiten 25-27.

Seite 1

Arbeitssystem Nockenfräsen - BAZ

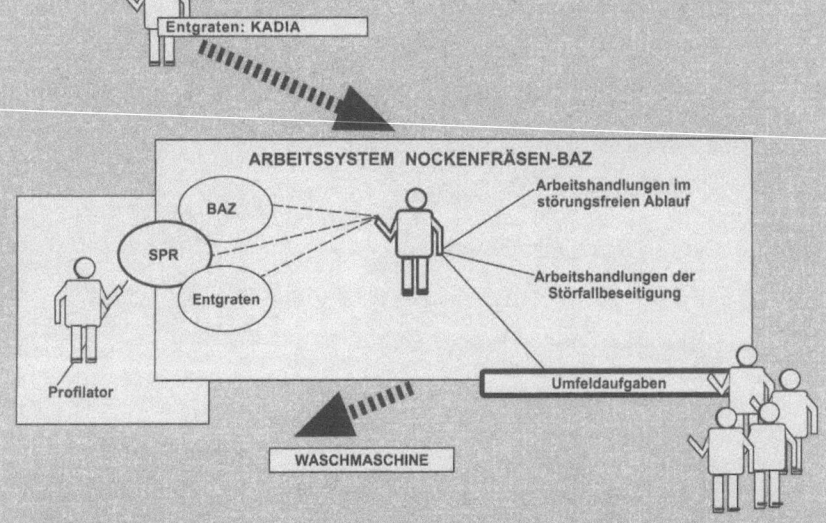

Arbeitssystem Nockenfräsen - BAZ
Vorgangsstufen im störungfreien Ablauf

Werkstücke aufspannen	Palette A
Werkstücke ausspannen	
Werkstücke messen (SPR)	
Handentgraten	
Werkstücke aufspannen	1.1 — Palette B
	BAZ-Automatikbetrieb
Werkstücke ausspannen	1.2
Werkstücke messen (SPR)	2
Handentgraten	3
	Umrüsten
Werkstücke aufspannen	1.1 — Palette A
	BAZ-Automatikbetrieb
Werkstücke ausspannen	1.2
Werkstücke messen (SPR)	2
Handentgraten	3
Werkstücke aufspannen	Palette B
Werkstücke ausspannen	...
Werkstücke messen (SPR)	
Handentgraten	
Wartungs-/ Reinigungsarbeiten	

Arbeitssystem Nockenfräsen - BAZ
Vorgangsstufen im störungsfreien Ablauf
Werkstücke aufspannen

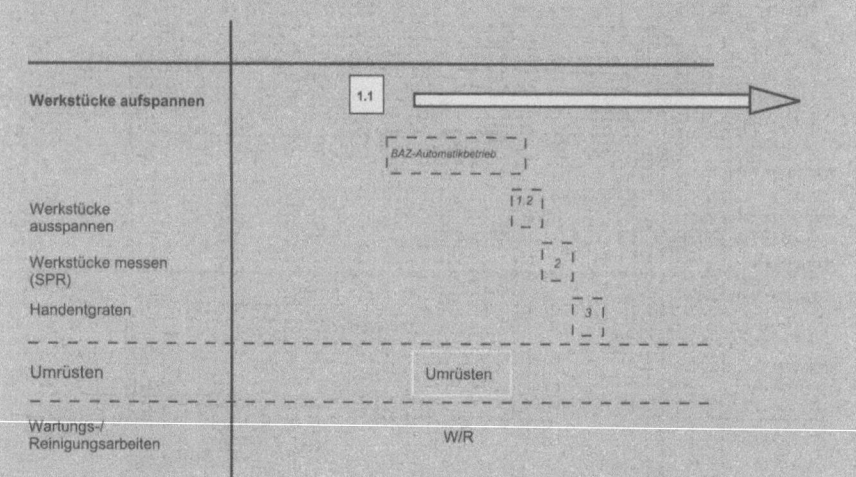

Werkstücke aufspannen   1.1

BAZ-Automatikbetrieb

Werkstücke
ausspannen   1.2

Werkstücke messen
(SPR)   2

Handentgraten   3

Umrüsten   Umrüsten

Wartungs-/
Reinigungsarbeiten   W/R

Die Fügeflächen von Kettenrad und Werkstückaufnahme kontrollieren und säubern.

 Achtung:

Regelmäßig Aufnehmer kontrollieren:
Verunreinigungen der Fügeflächen, beschädigte Aufnehmer, defekte Schrauben oder Bügel beeinflussen die Maßhaltigkeit. Parallelität, Höhe 47,5!

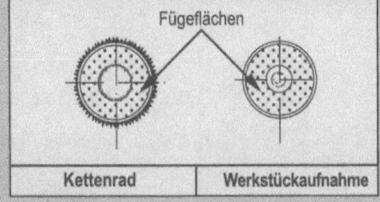

Fügeflächen

| Kettenrad | Werkstückaufnahme |

 Kettenrad auf Werkstückaufnehmer montieren.
Spannscheibe aufsetzen.
Mutter leicht, dann mit Druckluftschrauber anziehen.

 Achtung:

Werkstücksitz überprüfen.
Unzureichende Steifigkeit der Aufspannung führt zu Fertigungsfehlern bei Parallelität und Höhe 47,5.

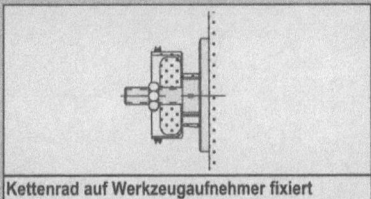

Kettenrad auf Werkzeugaufnehmer fixiert

 Prozeßsicherheit aufgrund SPR-Messung gewährleistet?
Palette freigeben!

 Notizen: . . . .

. . . .

. . . .

| Erstellt: | Tag | Name | Seite |
| Änderung: | Tag | Name | von |

Seite 4

Arbeitssystem Nockenfräsen - BAZ
Vorgangsstufen im störungsfreien Ablauf
Werkstücke messen

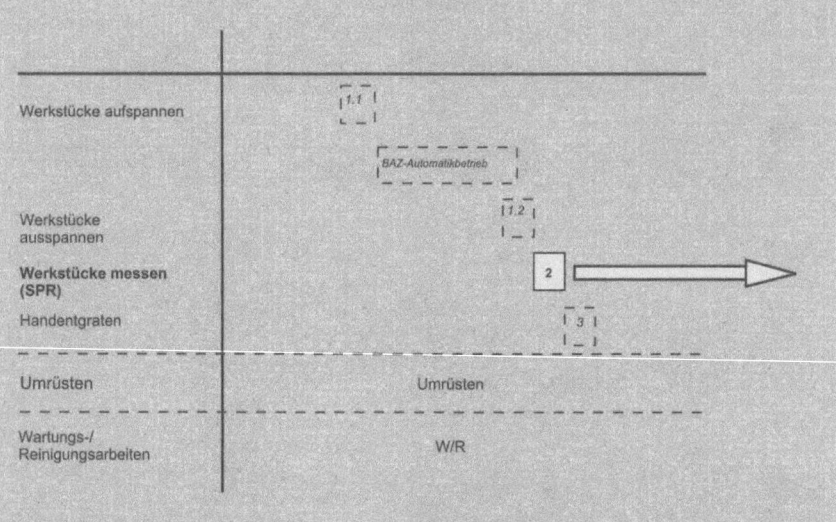

Werkstücke aufspannen

Werkstücke
ausspannen

Werkstücke messen
(SPR)

Handentgraten

Umrüsten   Umrüsten

Wartungs-/   W/R
Reinigungsarbeiten

SPR-Meßvorrichtung auf BAZ umstellen.

 Achtung:

Maschine beobachten.
Crash und starker Werkzeug-
verschleiß sind zu hören.

 Messung vorbereiten: Meß- und Fügeflächen kontrollieren und reinigen.

 Kettenrad in Meßvorrichtung sorgfältig spannen und Messung über Fußpedal auslösen.

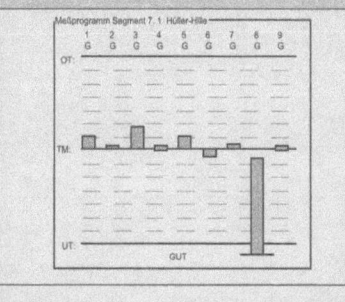

 Meßergebnisse interpretieren: GUT: Messungen und Werkstück i.O.

NACHARBEIT/AUSSCHUSS: Messungen bzw. Werkstück n.i.O.

=> Fehlerinterpretation und Korrekturmaßnahmen.

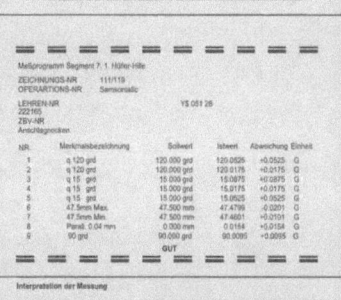

 Notizen:

Seite 5

Arbeitssystem Nockenfräsen - BAZ
Vorgangsstufen im störungsfreien Ablauf
Umrüsten

Werkstücke aufspannen

1.1

BAZ-Automatikbetrieb

Werkstücke
ausspannen

1.2

Werkstücke messen
(SPR)

2

Handentgraten

3

Umrüsten   Umrüsten

Wartungs-/
Reinigungsarbeiten   W/R

Nicht benötigte Werkstückaufnehmer demontieren, reinigen und ablegen.

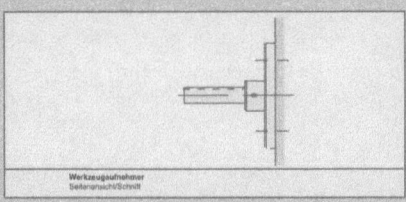

Werkzeugaufnehmer
Seitenansicht/Schnitt

 Kompaktvorrichtung abblasen, Fügeflächen sorgfältig reinigen (Lappen, Abziehstein). Bereitgestellte Aufnehmer, insbesondere Fügeflächen säubern (Lappen, Abziehstein).

 Achtung:

Beim Umrüsten Aufnehmer kontrollieren: Verunreinigung, beschädigte Aufnehmer, defekte Schrauben oder Bügel beeinflussen die Maßhaltigkeit: Parallelität, Höhe 47,5.

 Aufnehmer an der richtigen Position (Beschriftung) montieren.

G54- G55-

G56- -G57-

 Sitz der Aufnehmer kontrollieren. Auf versenkte Befestigungsschrauben achten.

Kompaktvorrichtung
Draufsicht mit Nullpositionen

Kompaktvorrichtung
Seitenansicht

 Achtung:

Unzureichende Steifigkeit der Aufnahme führt zu Fertigungsfehlern bei Parallelität und Höhe 47,5.

 Teile bearbeiten und ausspannen. Teile mit Aufnehmerposition beschriften und messen.

 Notizen: . . . .

. . . .

. . . .

| Erstellt: | Tag | | Name | | Seite |
| Änderung: | Tag | | Name | | von |

Seite 6

Arbeitssystem Nockenfräsen - BAZ
Vorgangsstufen der Störfallbeseitigung

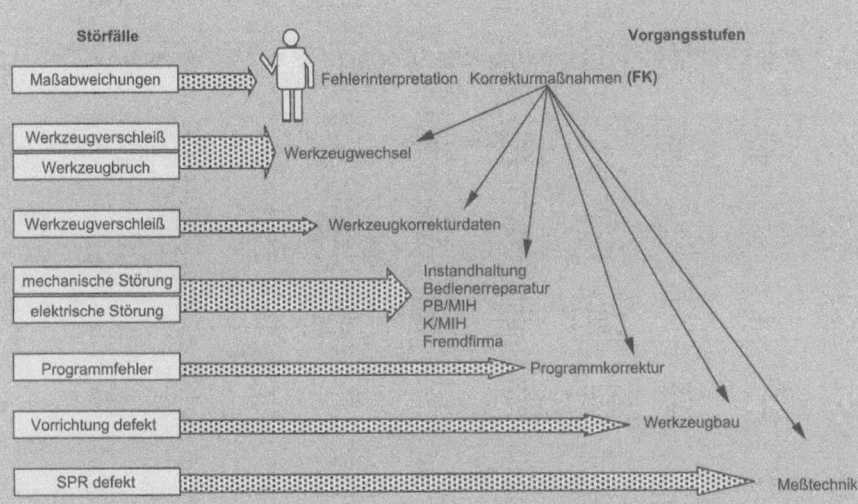

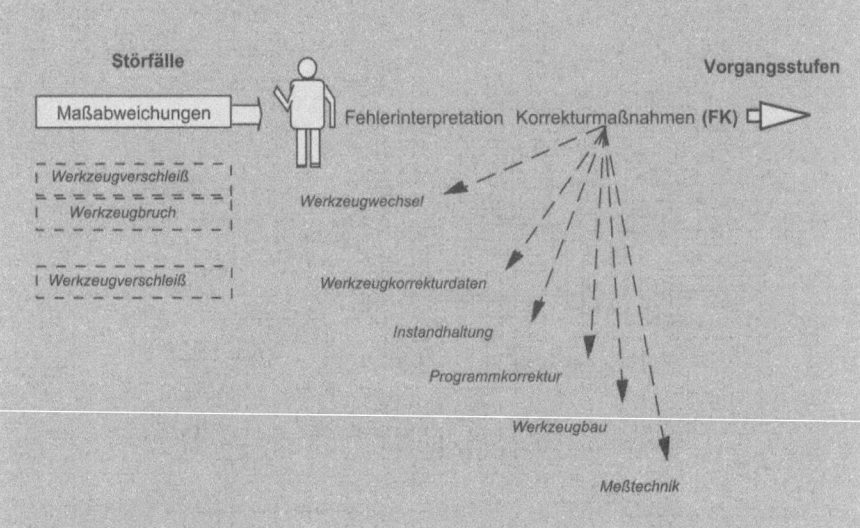

Arbeitssystem Nockenfräsen - BAZ
Vorgangsstufen der Störfallbeseitigung
Fehlerinterpretation und Korrekturmaßnahmen

Störfälle   Vorgangsstufen

Maßabweichungen   Fehlerinterpretation Korrekturmaßnahmen (FK)

Werkzeugverschleiß
Werkzeugbruch   Werkzeugwechsel

Werkzeugverschleiß   Werkzeugkorrekturdaten

                                 Instandhaltung

                                 Programmkorrektur

                                    Werkzeugbau

                                       Meßtechnik

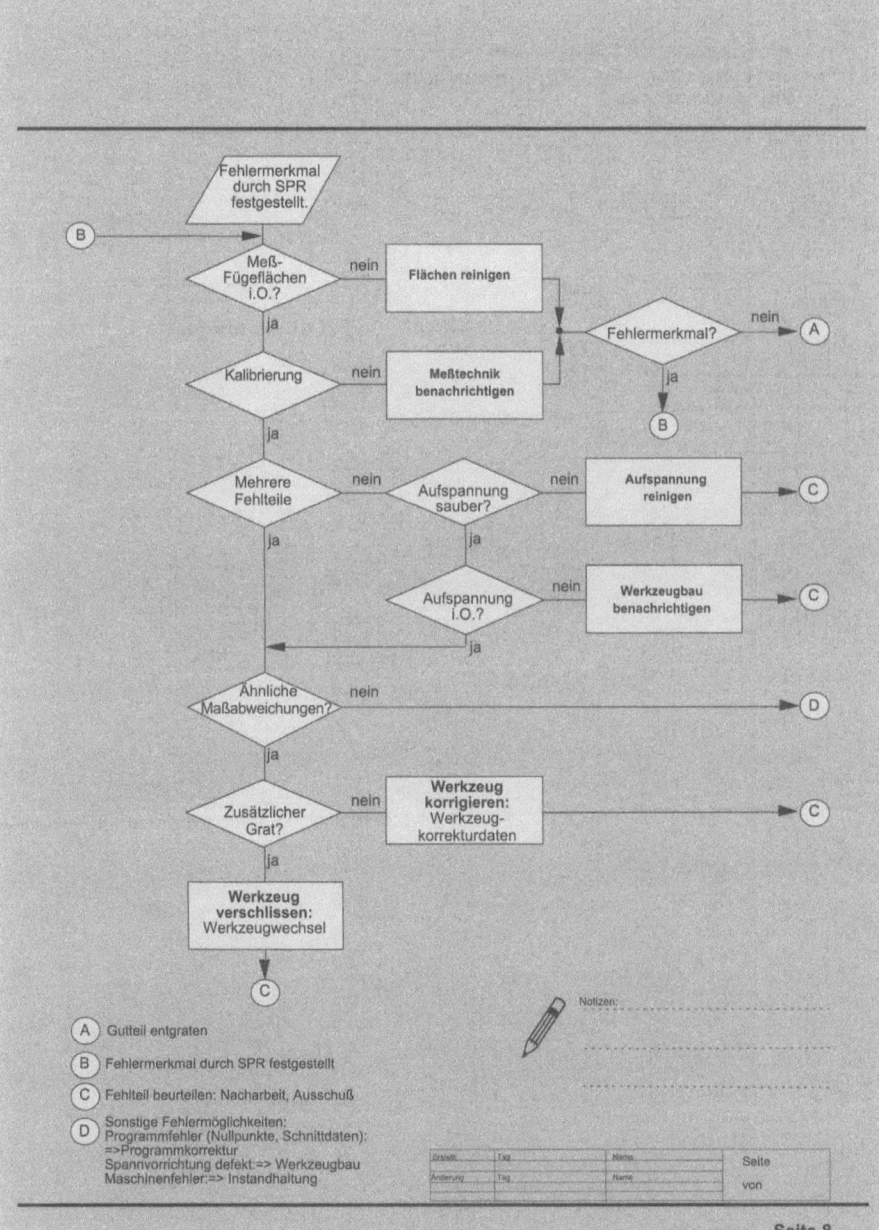

Arbeitssystem Nockenfräsen - BAZ
Vorgangsstufen der Störfallbeseitigung
Werkzeugwechsel

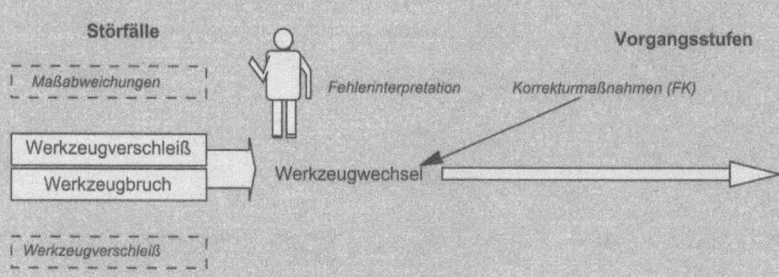

Programm mit RESET-Taste
zurücksetzen.

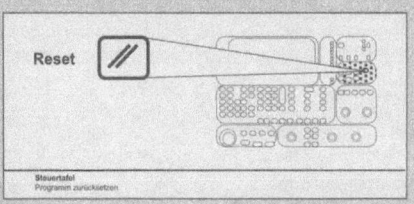

Auf Handsteuerung umschalten:
JOG- dann MDI-Auto-Taste.

Achtung:

Nach Werkzeugbruch:
Werkzeug aus Werkstück
herausfahren: Z+
Werkzeug im Magazin ablegen:
L 982.

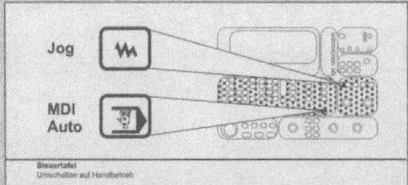

Wechselposition mit MAGAZIN
TAKTEN anfahren und richtigen
Fräser entnehmen.

Verschlissene Schneide markieren
und auswechseln.
Gegebenenfalls Werkzeugdaten im
Meßraum bestimmen lassen.

Eingeben der Werkzeugdaten
Programmeditor öffnen:

Gleichzeitig MDI und
PART PROG-Taste betätigen.
Eingabe neuer Werkzeugdaten
über Tastatur.
Mit AUTO-Taste umschalten auf
Automatik.

Achtung:

Überprüfen der Werkzeugdaten:
korrekter Z-Wert: Höhe 47,5 i.O.
korrekter Radius: Winkel 15° i.O.
Eingabefehler führen zu
Maschinenstillständen.

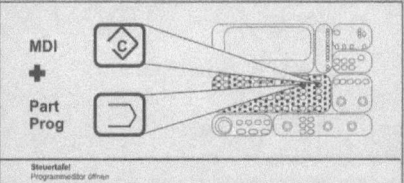

Sonderprogramm %2 (bearbeitet nur
POS. G54) starten.
Gefertigtes Teil i.O.? Hauptprogramm
%1 starten.
Teil n.i.O. Korrektur der Werkzeugdaten.

Notizen: _

_ _

_ _

| Erstellt: | Tag | Name: | Seite |
| Änderung: | Tag | Name: | von |

Seite 9

Arbeitssystem Nockenfräsen - BAZ
Vorgangsstufen der Störfallbeseitigung
Werkzeugkorrekturdaten

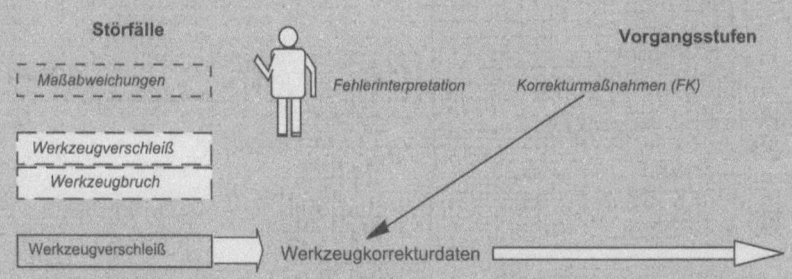

Werkzeugkorrekturdatenfeld öffnen
mit TOOL OFFSET-Taste.

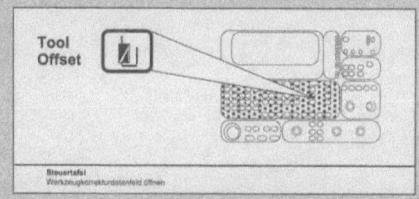

Tool
Offset

Steuertafel
Werkzeugkorrekturdatenfeld öffnen

 Werkzeugkorrekturdaten
auswählen:
CURSOR-Tasten.

 Eingabe neuer
Werkzeugkorrekturdaten über
Tastatur.

 Achtung:

Werkzeugkorrekturdaten überprüfen:
korrekter Z-Wert Höhe 47,5 i.O.
korrekter Radius: Winkel 15° i.O.
Eingabefehler führen zu
Maschinenstillständen.

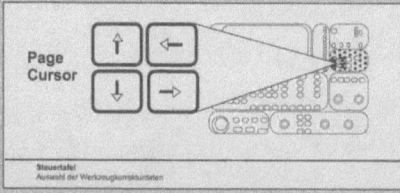

Page
Cursor

Steuertafel
Auswahl der Werkzeugkorrekturdaten

 Umschalten auf Bearbeitungsfeld
mit AUTO-Taste.

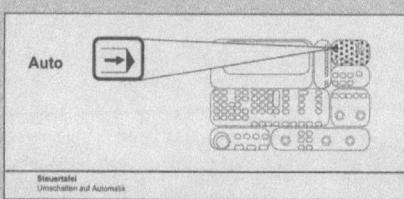

Auto

Steuertafel
Umschalten auf Automatik

 Achtung:

Änderung der
Werkzeugkorrekturdaten wird erst
beim erneuten Aufruf des
Werkzeugs wirksam.

 Notizen: ....

....

....

Erstellt	Tag	Name	Seite
Änderung	Tag	Name	von

Seite 10

Arbeitssystem Nockenfräsen - BAZ
Umfeld-Gruppenarbeit

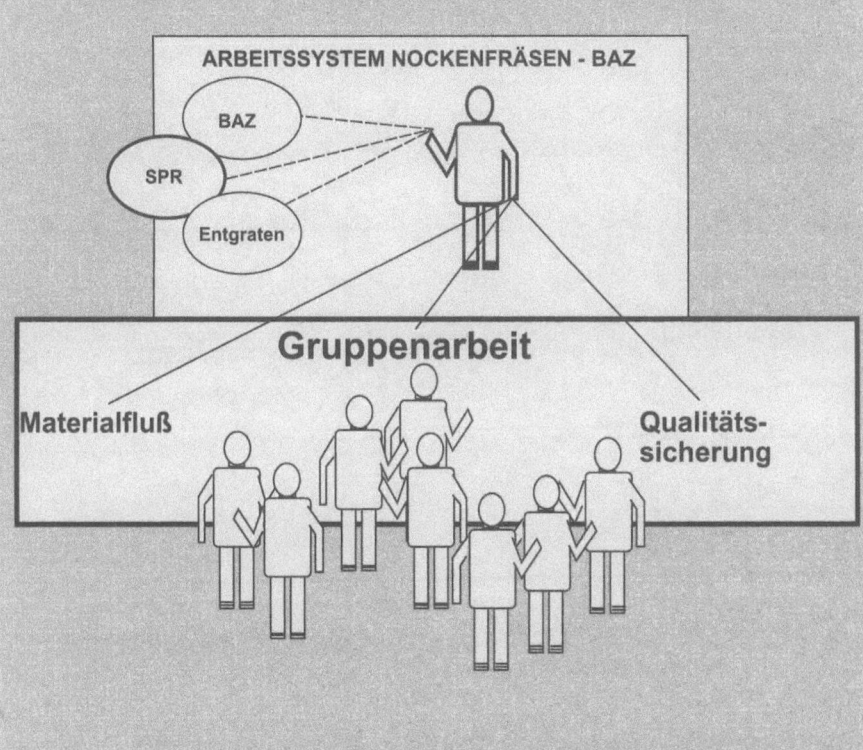

Arbeitssystem Nockenfräsen - BAZ
Umfeld-Gruppenarbeit
Materialfluß

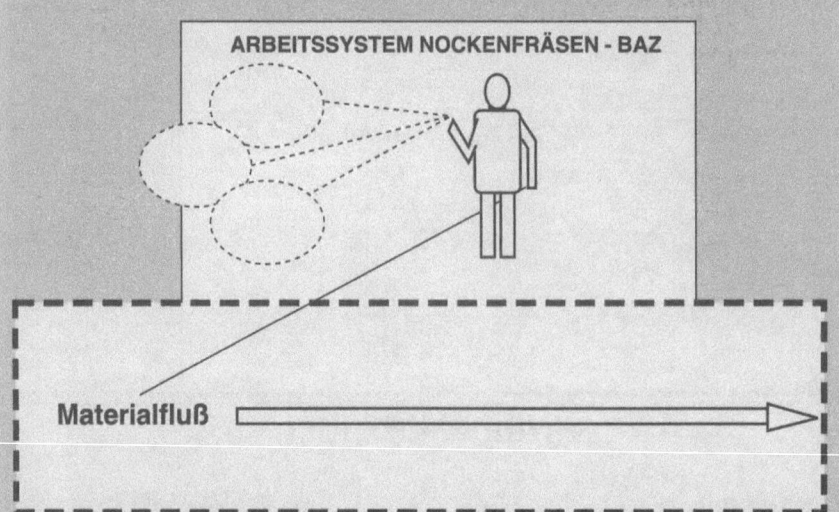

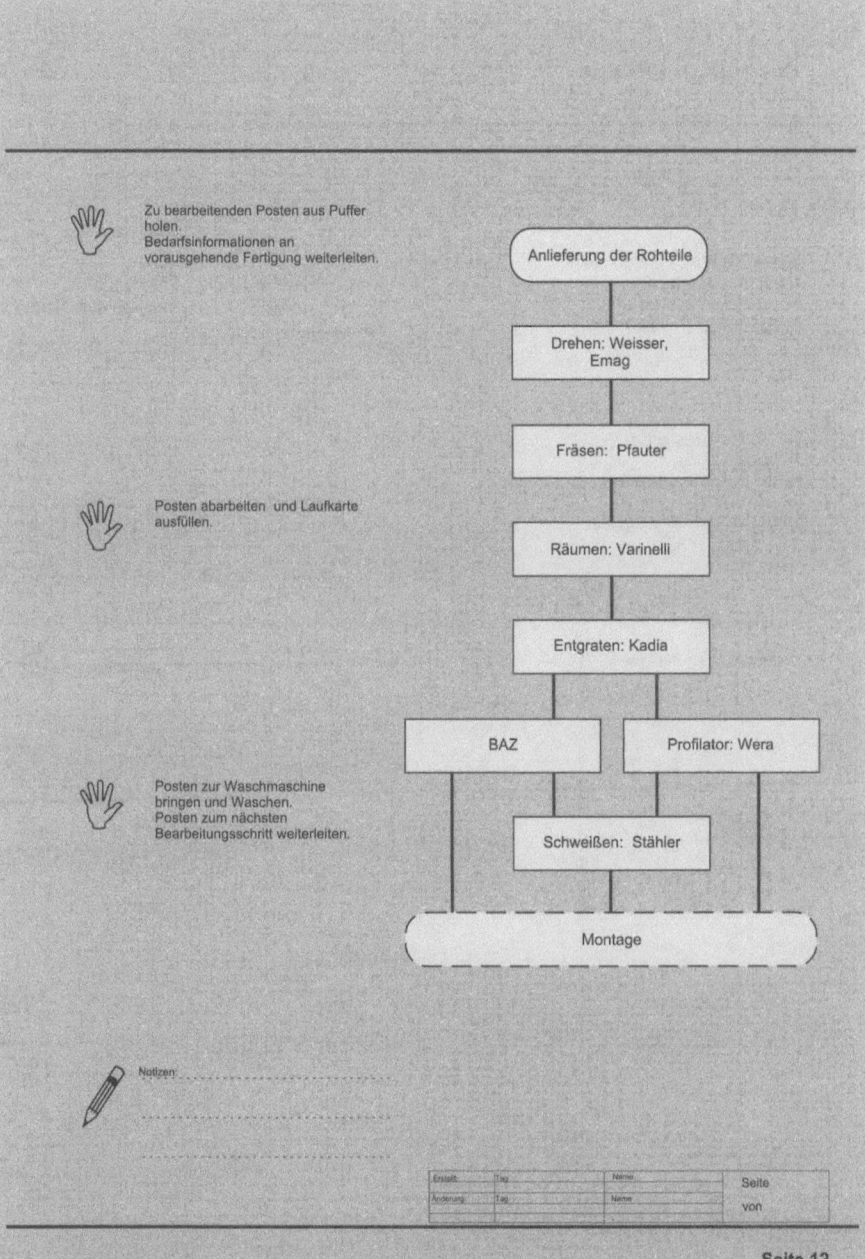

Gestaltungshinweise

Was ist zu tun?

In der Kopfzeile sind das Arbeitssystem, die Ablaufstufe und die Vorgangsstufe genannt.

Arbeitssystem Nockenfräsen - BAZ
Vorgangsstufen im störungsfreien Ablauf
Werkstücke aufspannen

Zur Einordnung der Tätigkeit in den Arbeitsablauf dienen graphische Strukturdarstellungen.

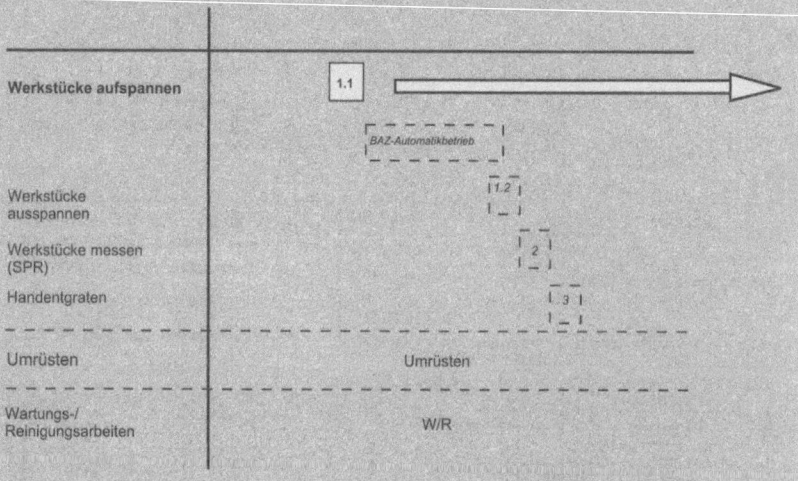

Werkstücke aufspannen   1.1

BAZ-Automatikbetrieb

Werkstücke ausspannen   1.2

Werkstücke messen (SPR)   2

Handentgraten   3

Umrüsten   Umrüsten

Wartungs-/ Reinigungsarbeiten   W/R

Welche Arbeitshandlungen sind auszuführen?

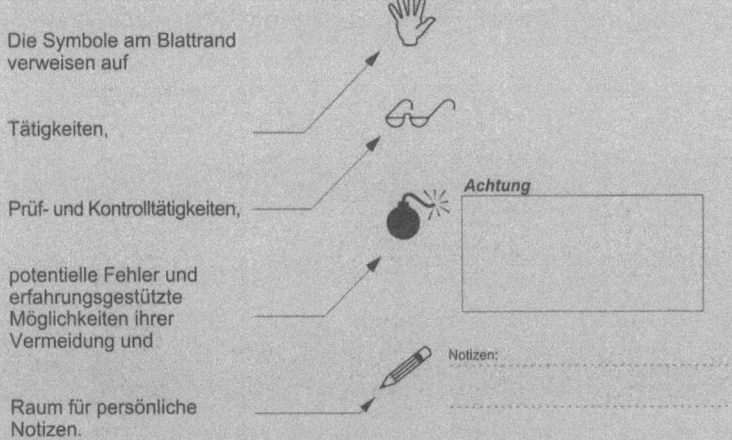

Die Symbole am Blattrand
verweisen auf

Tätigkeiten,

Prüf- und Kontrolltätigkeiten,

potentielle Fehler und
erfahrungsgestützte
Möglichkeiten ihrer
Vermeidung und

Raum für persönliche
Notizen.

Welche Bildinformationen sind erforderlich?

Bildinformationen erleichtern

- die Identifizierung einzelner Arbeits-
  gegenstände und -mittel und

- die Identifizierung von Arbeitshandlungen.

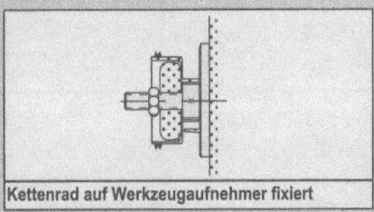

Kettenrad auf Werkzeugaufnehmer fixiert

Wann wurde aktualisiert?

Der Änderungsdienst erfordert
zwingend die Dokumentation
aktueller Korrekturen

Erstellt	Tag	Name	Seite
Änderung	Tag	Name	von

Seite 13

Tätigkeitsbegleitende Arbeitsanweisung

Kunden-Lieferanten-Beziehungen

der Maschinenbau GmbH

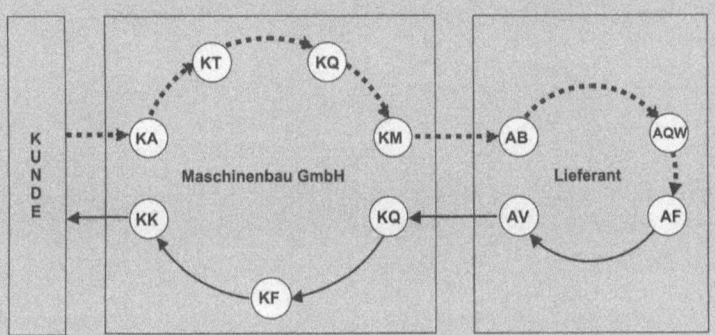

Überreicht an: ----------------------------

Erstellt am: ----------------------------

Geändert am: ----------------------------

Fraunhofer Institut
Produktionsanlagen und
Konstruktionstechnik

Inhaltsverzeichnis: Seite

Fraunhofer Institut
Produktionsanlagen und
Konstruktionstechnik

Abt. Arbeitswirtschaft
Gruppe Betriebliche Bildung

Dr. habil. K. Berger
cand. ing. St. Kollowa, Dipl.-Pol. K. Scheithauer   Tel.: (0 30) 39 00 62 67
Pascalstr. 8-9, 10587 Berlin   Fax: (0 30) 3 91 10 37

Nutzungs- und Pflegehinweise

Inhalt und Zweck:

Diese Arbeitsanweisung beschreibt die Vermeidung von Fehlern bei besonders kritischen Vorgangsstufen. Diese Abläufe wurden in der Projektgruppe vereinbart. Sie enthält Erfahrungen und Wissen Ihrer Arbeitskollegen sowie weiterer Mitarbeiter, die mit den Verbindungsstellen zwischen den Unternehmen der Wertschöpfungspartnerschaft zu tun haben.

Sie hilft Ihnen, den Produktaustausch nach den Wünschen Ihrer Kunden zu gestalten. Sie dient dem Lehrenden als Unterweisungsmittel und hilft dem Lernenden, Fehler zu vermeiden.

Nutzungshinweise:

Dies ist Ihre persönliche Arbeitsanweisung. Sie muß am Arbeitsplatz vorhanden sein. Jedes Arbeitsblatt besteht aus einer Doppelseite. Links wird die dargestellte Vorgangsstufe im Kommunikationsablauf hervorgehoben, rechts wird die Vermeidung möglicher Fehler dargestellt.

In den Arbeitsblättern können Sie persönliche Notizen vornehmen oder in den Darstellungen besonders wichtige Hinweise markieren. Die Arbeitsanweisung erfüllt ihren Zweck nur, wenn sie von Ihnen genutzt wird.

Pflegehinweise:

In folgenden Fällen ist die Arbeitsanweisung zu überarbeiten:

- Änderungen vereinbarter Abläufe,

- Verbesserungsvorschläge,

- Änderungen der Vereinbarungen in der Wertschöpfungspartnerschaft.

Sie sollten in diesen Fällen gemeinsam mit Ihren Kollegen und den Verantwortlichen in einem Gruppengespräch prüfen, ob einzelne Arbeitsblätter ergänzt oder verändert werden müssen. Dabei folgen Sie ebenfalls den Erläuterungen zur Gestaltung der Arbeitsblätter auf den letzten Seiten dieser Arbeitsanweisung.

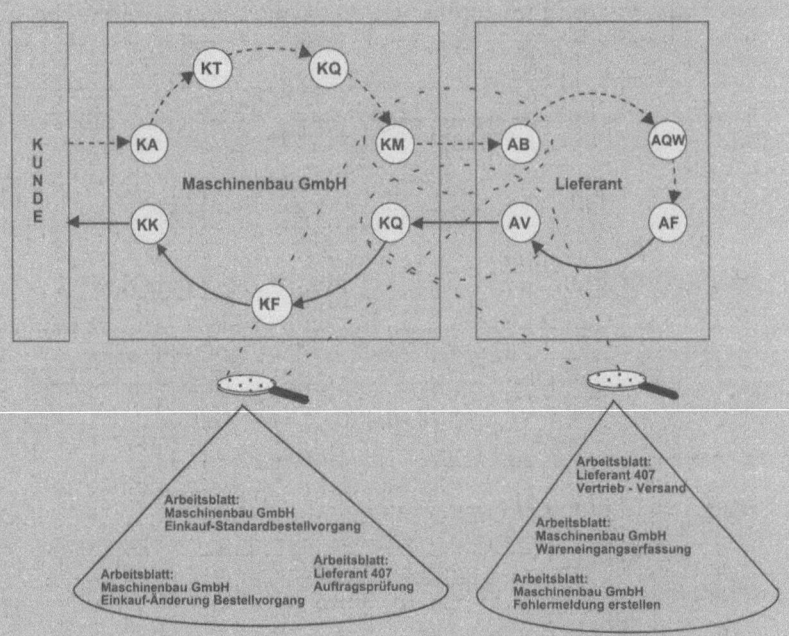

Kunden-Lieferanten-Beziehungen der Maschinenbau GmbH - Übersicht

Arbeitsblatt:
Maschinenbau GmbH
Einkauf-Standardbestellvorgang

Arbeitsblatt:
Lieferant 407
Auftragsprüfung

Arbeitsblatt:
Maschinenbau GmbH
Einkauf-Änderung Bestellvorgang

Arbeitsblatt:
Lieferant 407
Vertrieb - Versand

Arbeitsblatt:
Maschinenbau GmbH
Wareneingangserfassung

Arbeitsblatt:
Maschinenbau GmbH
Fehlermeldung erstellen

Maschinenbau GmbH

KA: Technische Auftragsabwicklung

KT: Konstruktion und Entwicklung

KQ: Qualitätswesen

KM: Materialwirtschaft/Einkauf

KF: Arbeitsvorbereitung, Fertigung/Montage

KK: Kfm. Abwicklung/Versand

Lieferant ZL-GmbH (Nr. 407)

AB: Auftragsbearbeitung

AQW: Qualitätswesen

AF: Fertigung

AV: Versand

Fehlerkritische Vorgangsstufen im Arbeitssystem Kunden-Lieferanten-Beziehungen

Ablaufstufe	Vorgangsstufe
Materialwirtschaft/Einkauf bei Maschinenbau GmbH	V.1 Lieferantenauswahl laut Verfahrensanweisung
	V.2 Versenden von Anfragen
	V.3 Zusammenstellen und Prüfen der Beschaffungsdokumente
	💣 **V.4 Generierung einer Bestellung**
	V.5 Verschicken der Bestellung
	💣 **V.6 Änderung einer Bestellung**
	V.7 Terminüberwachung
	V.8 Liste Lieferterminverschiebungen aktualisieren
Auftragsbearbeitung bei Lieferant 407	💣 **V.1 Auftragsprüfung**
	V.2 Information betroffener Fachabteilungen
	V.3 Auftragsbestätigung an Maschinenbau GmbH weiterleiten
	V.4 Rücksprachen mit Maschinenbau GmbH dokumentieren
	V.5 Bestellung an Arbeitsvorbereitung weiterleiten
Vertrieb bei Lieferant 407	💣 **V.1 Versand**
	V.2 Teilauslieferungen weiterbearbeiten
	V.3 Fachabteilungen und Kunden benachrichtigen
Qualitätswesen/Warenannahme	💣 **V.1 Wareneingangserfassung**
	V.2 Zuordnung eines Lagerplatzes
	V.3 Lieferschein und Warenbegleitschein an KQ weiterleiten
	V.4 Fehlermeldung erstellen
	V.5 Warnhinweis an Ware anbringen
	V.6 Ware einlagern oder stornieren

Fehlerkritische Vorgangsstufen im Arbeitssystem Kunden-Lieferanten-Beziehungen

Ablaufstufe	Vorgangsstufe
Materialwirtschaft/Einkauf bei Maschinenbau GmbH (KM)	V.1
	V.2
	V.3
	V.4 Generierung einer Bestellung
	V.5
	V.6 Änderung einer Bestellung
	V.7
	V.8
Auftragsbearbeitung bei Lieferant 407	V.1 Auftragsprüfung
	V.2
	V.3
	V.4
	V.5
Vertrieb bei Lieferant 407	V.1 Versand
	V.2
	V.3
Qualitätswesen/Warenannahme bei Maschinenbau GmbH	V.1 Wareneingangserfassung
	V.2
	V.3
	V.4 Fehlermeldung erstellen
	V.5
	V.6

Seite 6

Maschinenbau GmbH
Einkauf - Standard Bestellvorgang
V.4 Generierung einer Bestellung

Dokumente

BANF-Dateien
Liste zugelassener Lieferanten
Konstruktionszeichnungen
Rahmenverträge
Kundenspezifikation
Stücklisten
Prüfpläne
Kundenauftrag

Liste Ansprechpartner

Herr A
Tel: ...
Herr B
Tel: ...

Fax: ...

Standard-Bestellnummer:
Lieferant-Auftrag-Produkt-Version

407- ☐ - ☐ - ☐

A-Lieferanten für alle Spezifikationen vorhanden?

Wenn nein, Qualitätswesen Lieferanten zur Bewertung vorschlagen

Achtung

Kommerzielle Daten vollständig in Bestellunterlagen erfassen!

BANF entsperren

Bestellung mit SAP-System auslösen

Checkliste Bestell-Daten ☐

Standard-Nummer ☐

Termin ☐

Menge ☐

Preis ☐

Konstruktionszeichnung ☐

Ansprechpartner bei Maschinenbau ☐

Achtung

Liefertermin vereinbaren!

Auftragsbestätigung durch Lieferant einfordern!

Notizen ....

....

....

Erstellt:	Tag	Name	
Geändert:	Tag	Name	

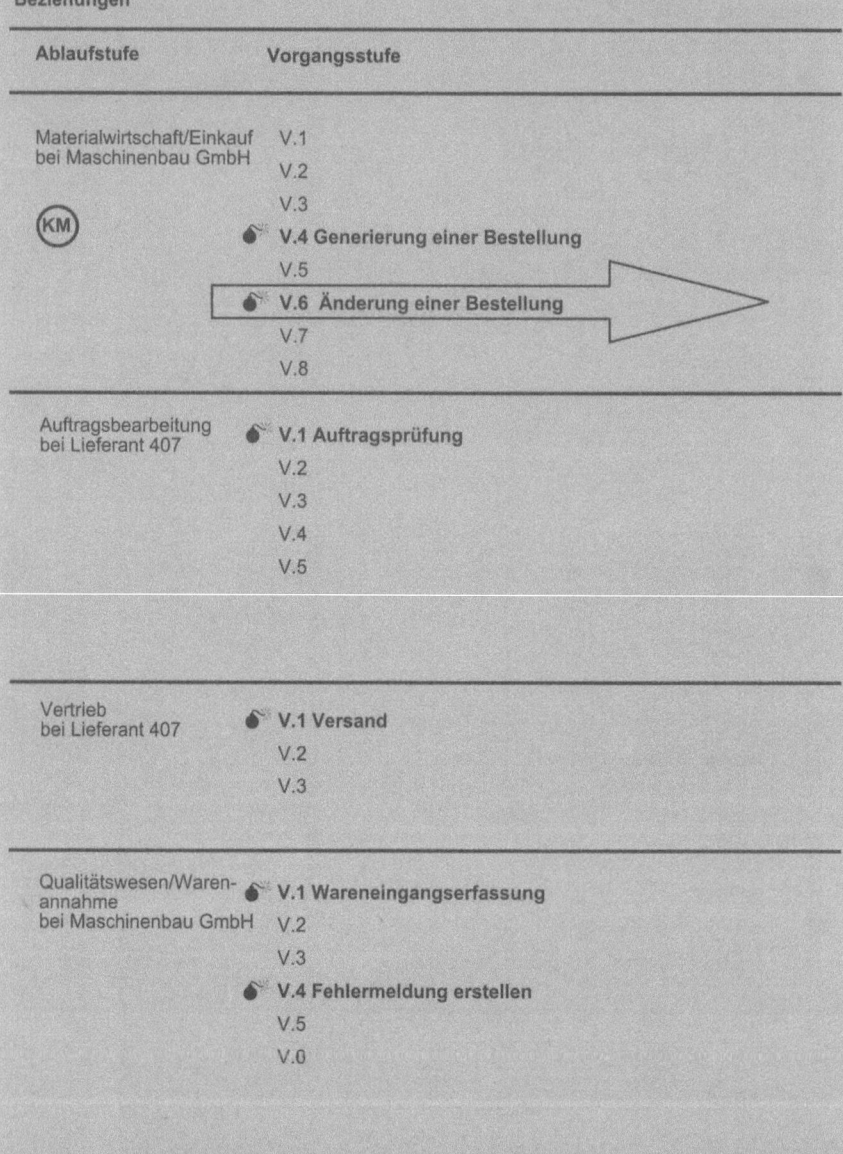

Fehlerkritische Vorgangsstufen im Arbeitssystem Kunden-Lieferanten-Beziehungen

Ablaufstufe	Vorgangsstufe
Materialwirtschaft/Einkauf bei Maschinenbau GmbH	V.1
	V.2
	V.3
(KM)	V.4 Generierung einer Bestellung
	V.5
	V.6 Änderung einer Bestellung
	V.7
	V.8
Auftragsbearbeitung bei Lieferant 407	V.1 Auftragsprüfung
	V.2
	V.3
	V.4
	V.5
Vertrieb bei Lieferant 407	V.1 Versand
	V.2
	V.3
Qualitätswesen/Warenannahme bei Maschinenbau GmbH	V.1 Wareneingangserfassung
	V.2
	V.3
	V.4 Fehlermeldung erstellen
	V.5
	V.0

Maschinenbau GmbH
Einkauf - Änderung Bestellvorgang
V.6 Änderung Bestellung

Dokumente

BANF-Dateien
Liste zugelassener Lieferanten
Konstruktionszeichnungen
Rahmenverträge
Kundenspezifikation
Stücklisten
Prüfpläne
Kundenauftrag

Liste Ansprechpartner
Herr A
Tel: ...
Herr B
Tel: ...

Fax: ...

Standard-Bestellnummer:
Lieferant-Auftrag-Produkt-Version

407- [   ] - [   ] - [   ]

Auslöser der Änderungen?
Art der Änderungen?
Preis? Termin? Menge? Spezifikationen?
Auswirkungen auf Bestellvorgang?

Achtung

*Information der Fachabteilungen laut
Checkliste durchführen!*

Lieferant ansprechen!

Bestelländerungen intern:
Arbeitsanweisung
KM-09.03
Bestelländerungen extern:
Arbeitsanweisung
KM-09.04
Ansprechpartner informieren
Termine neu festlegen

Checkliste

Information intern:

Kaufmännische Abteilung [ ]

Technische Abwicklung [ ]

Konstruktion [ ]

Fertigung [ ]

Qualitätswesen [ ]

Wareneingang [ ]

Information extern:

Ansprechpartner bei Lieferant [ ]

Notizen:
. . . .

. . . .

. . . .

Erstellt:	Tag	Name	
Geändert:	Tag	Name	

Seite 9

Fehlerkritische Vorgangsstufen im Arbeitssystem Kunden-Lieferanten-Beziehungen

Ablaufstufe	Vorgangsstufe
Materialwirtschaft/Einkauf bei Maschinenbau GmbH	V.1
	V.2
	V.3
	💣 **V.4 Generierung einer Bestellung**
	V.5
	💣 **V.6 Änderung einer Bestellung**
	V.7
	V.8
Auftragsbearbeitung bei Lieferant 407 (AB)	💣 **V.1 Auftragsprüfung**
	V.2
	V.3
	V.4
	V.5
Vertrieb bei Lieferant 407	💣 **V.1 Versand**
	V.2
	V.3
Qualitätswesen/Waren-annahme bei Maschinenbau GmbH	💣 **V.1 Wareneingangserfassung**
	V.2
	V.3
	💣 **V.4 Fehlermeldung erstellen**
	V.5
	V.6

Lieferant 407
Auftragsbearbeitung
V.1 Auftragsprüfung

Dokumente
Rahmenvertrag
Bestellung
Konstruktionszeichnungen
Kundenspezifikation
Stücklisten
Prüfpläne
Auftragsbestätigung des Kunden

Liste Ansprechpartner
Herr C
Tel: ...
Herr D
Tel: ...

Fax: ...

Standard-Bestellnummer:
Lieferant-Auftrag-Produkt-Version

407- [   ]-[   ]-[   ]

Standardbestellvorgang?

Bestellunterlagen vollständig?

Beigestellte Produkte vorhanden?

Änderung einer Bestellung?
Preis? Menge? Termine? Spezifikationen?

Achtung

Bei Eilaufträgen sofortige Rücksprache
mit Abteilung Arbeitsvorbereitung und mit
Geschäftsführung!

Unterlagen gemäß Arbeitsanweisung weiterleiten
Gegebenenfalls Rücksprache mit Maschinenbau
GmbH

Auftragsbestätigung an Maschinenbau GmbH
senden

Checkliste - Information

☐

Geschäftsführung ☐

Arbeitsvorbereitung ☐

Fertigung ☐

Qualitätsbeauftragter ☐

Ansprechpartner
bei Maschinenbau GmbH ☐

Notizen ....

....

....

Erstellt:	Tag	Name
Geändert:	Tag	Name

Seite 11

Fehlerkritische Vorgangsstufen im Arbeitssystem Kunden-Lieferanten-Beziehungen

Ablaufstufe	Vorgangsstufe
Materialwirtschaft/Einkauf bei Maschinenbau GmbH	V.1
	V.2
	V.3
	🔥 **V.4 Generierung einer Bestellung**
	V.5
	🔥 **V.6 Änderung einer Bestellung**
	V.7
	V.8
Auftragsbearbeitung bei Lieferant 407	🔥 **Auftragsprüfung**
	V.2
	V.3
	V.4
	V.5
Vertrieb bei Lieferant 407 (AV)	🔥 **V.1 Versand**
	V.2
	V.3
Qualitätswesen/Waren-annahme bei Maschinenbau GmbH	🔥 **V.1 Wareneingangserfassung**
	V.2
	V.3
	🔥 **V.4 Fehlermeldung erstellen**
	V.5
	V.6

Seite 12

Lieferant 407
Vertrieb
V1. Versand

Dokumente	Liste Ansprechpartner	Standard-Bestellnummer:
		Lieferant-Auftrag-Produkt-Version
Bestellung	Herr C	
Konstruktionszeichnungen	Tel: ...	407- [ ] - [ ] - [ ]
Kundenspezifikation	Herr D	
Stücklisten	Tel: ...	
Prüfpläne		
	Fax: ...	

Alle Positionen der Bestellung
vollständig?

Lieferbedingungen erfüllt?

Verpackung? Lieferzeiten?
Begleitpapiere?

Ergebnisse dokumentieren

Lieferscheindaten erfassen

Lieferschein ausstellen

Spedition beauftragen

Achtung

Bei Teilauslieferung alle Abweichungen erfassen
und laut Arbeitsanweisung betroffene
Abteilungen und Maschinenbau GmbH
informieren!

Merkblatt - Lieferdaten	☑
Transport	☐
Verpackung	☐
Lieferzeiten	☐
Begleitpapiere	☐
Spedition	☐
Ansprechpartner bei Maschinenbau GmbH	☐

Notizen

....

....

....

Erstellt:	Tag	Name	
Geändert:	Tag	Name	

Fehlerkritische Vorgangsstufen im Arbeitssystem Kunden-Lieferanten-Beziehungen

Ablaufstufe	Vorgangsstufe
Materialwirtschaft/Einkauf bei Maschinenbau GmbH	V.1
	V.2
	V.3
	🔴 **V.4 Generierung einer Bestellung**
	V.5
	🔴 **V.6 Änderung einer Bestellung**
	V.7
	V.8
Auftragsprüfung bei Lieferant 407	🔴 **V.1 Auftragsprüfung**
	V.2
	V.3
	V.4
	V.5
Vertrieb bei Lieferant 407	🔴 **V.1 Versand**
	V.2
	V.3
Qualitätswesen/Warenannahme bei Maschinenbau GmbH (KQ)	🔴 **V.1 Wareneingangserfassung**
	V.2
	V.3
	🔴 **V.4 Fehlermeldung erstellen**
	V.5
	V.6

Seite 14

Maschinenbau GmbH
Qualitätswesen/Warenannahme
V.1 Wareneingangserfassung

Dokumente	Liste Ansprechpartner	**Standard-Bestellnummer:**
Bestellung	Herr A	**Lieferant-Auftrag-Produkt-Version**
Konstruktionszeichnungen	Tel: ...	
Kundenspezifikation	Herr B	407- ☐ - ☐ - ☐
Stücklisten	Tel: ..	
Prüfpläne		
Auftragsbestätigung des Kunden	Fax: ...	
Begleitpapiere		
Prüfprotokolle		

Begleitpapiere vorhanden?

Lieferdaten vollständig und korrekt?

Checkliste - Lieferdaten   ✓

☑

Markierungskontrolle ☐

Verpackungskontrolle ☐

Achtung

Fehlermeldung ausfüllen und weiterleiten!
Mengenkontrolle ☐

Bei Mängeln Ansprechpartner bei Lieferant
Sichtkontrolle ☐
informieren!

Werkstoffkontrolle ☐

Funktionskontrolle ☐

Wareneingang buchen in
Maßkontrolle ☐

Bestandslisten

Warenbegleitschein ausstellen
Ansprechpartner
bei Maschinenbau GmbH ☐

Wareneingang - Prüfprotokoll

erstellen

Notizen ....

....

....

Erstellt:	Tag	Name
Geändert:	Tag	Name

Fehlerkritische Vorgangsstufen im Arbeitssystem Kunden-Lieferanten-

Ablaufstufe	Vorgangsstufe
Materialwirtschaft/Einkauf bei Maschinenbau GmbH	V.1
	V.2
	V.3
	⬤ V.4 Generierung einer Bestellung
	V.5
	⬤ V.6 Änderung einer Bestellung
	V.7
	V.8
Auftragsbearbeitung bei Lieferant 407	⬤ V.1 Auftragsprüfung
	V.2
	V.3
	V.4
	V.5
Vertrieb bei Lieferant 407	⬤ V.1 Versand
	V.2
	V.3
Qualitätswesen/Waren-annahme bei Maschinenbau GmbH	⬤ V.1 Wareneingangserfassung
	V.2
(KQ)	V.3
	⬤ V.4 Fehlermeldung erstellen
	V.5
	V.6

Mäschinenbau GmbH
Qualitätswesen/Warenannahme
V.1 Fehlermeldungen erstellen

Dokumente

Formular Fehlermeldungen
Bestellung
Konstruktionszeichnungen
Kundenspezifikation
Stücklisten
Prüfpläne
Begleitpapiere
Liste der Verteiler

Liste Ansprechpartner

Herr A
Tel: ...
Herr B
Tel: ...

Fax: ...

Standard-Bestellnummer:
Lieferant-Auftrag-Produkt-Version

407- [   ] - [   ] - [   ]

Art der zu erfassenden Fehler?
Menge?
Technische Spezifikation?
Termin?
Begleitdokumente?
Transport- und Verpackungsweise?

Achtung

Bei Mängeln Ansprechpartner bei Lieferant
informieren!

Fehlermeldung vollständig ausfüllen!

Fehlermeldung an Fachabteilungen und
Lieferant ZL-GmbH laut Verteiler!

Checkliste - Fehlererfassung   ✓

Auftragsnummer ☐

Lieferant ☐

Menge ☐

Anzahl Fehlteile ☐

Fehlerart ☐

Fehlerursache ☐

Kostenstelle ☐

Verteiler ☐

Ansprechpartner
bei Maschinenbau GmbH ☐

Notizen
....
....
....

Erstellt:	Tag	Name
Geändert:	Tag	Name

Seite 17

Hinweise zur Gestaltung von Arbeitsblättern

Was ist zu tun?

In der Kopfzeile sind das Unternehmen,
die Ablaufstufe und
die Vorgangsstufe
genannt.

> Maschinenbau GmbH
> Einkauf - Änderung Bestellvorgang
> V.6 Änderung Bestellung

Welche Angaben werden benötigt?

Die Dokumentenliste enthält alle für die
Fehlervermeidung relevanten Dokumente.

> **Dokumente**
>
> BANF-Dateien
> Liste zugelassener Lieferanten
> Konstruktionszeichnungen
> Rahmenverträge
> Kundenspezifikation
> Stücklisten
> Prüfpläne
> Kundenauftrag

Die Liste der Ansprechpartner enthält die
im Rahmen der Wertschöpfungspartnerschaft
zuständigen Ansprechpartner der Partnerfirmen
sowie deren Telefon- und Faxnummern.

> Liste Ansprechpartner
>
> Herr A
> Tel: ...
> Herr B
> Tel: ...
>
> Fax: ...

Vereinbarte, gemeinsame
Numerierung von Bestellvorgängen und
Arbeitsaufträgen.

> Standard-Bestellnummer:
> Lieferant-Auftrag-Produkt-Version
>
> 407- [   ] - [   ] - [   ]

Welche Arbeitshandlungen sind auszuführen?

Die Symbole am Blattrand
verweisen auf

Tätigkeiten,

Prüf- und Kontrolltätigkeiten,

Achtung

potentielle Fehler und
erfahrungsgestützte
Möglichkeiten ihrer
Vermeidung und

Notizen:

Raum für persönliche
Notizen.

Welche Daten oder Tätigkeiten sind zu berücksichtigen?

Checkliste - Lieferdaten

Checklisten zur Sicherung der Prozeßfähigkeit

Markierungskontrolle ☐

Verpackungskontrolle ☐

Mengenkontrolle ☐

Sichtkontrolle ☐

Werkstoffkontrolle ☐

Funktionskontrolle ☐

Maßkontrolle ☐

Ansprechpartner
bei Maschinenbau GmbH ☐

Seite 21

Sachverzeichnis

E

F

G

H

K

Literatur
Literaturverzeichnis

Andersson, J.: Entwicklung strategischer Allianzen für Klein- und
Mittelunternehmen (KMU) im Zulieferwesen.
In: Internationales Gewerbearchiv, 40(1992)4, S. 256–269

Atteslander, P.: Methoden der empirischen Sozialforschung.
Berlin 1995[8]

Backhaus, K.; Piltz, K.: Strategische Allianzen – eine neue Form
kooperativen Wettbewerbs? In: Schmalenbachs Zeitschrift für
betriebswirtschaftliche Forschung, (1990) Sonderheft 27,
S. 1–10

Berger, K.: IPK-Zwischenbericht zum Transfer von Qualitätswissen im Produktbereich elektromechanische Relais,
RELEC GmbH. Berlin 1994

Berger, K.; Brauer, J.-P.: Seminarangebot zum Thema Qualität –
noch konstruktiver nutzen. In: Qualität und Zuverlässigkeit,
40(1995)2, S. 188–191

Bleicher, K.: Zum Management zwischenbetrieblicher Kooperati-
on: Vom Joint Venture zur strategischen Allianz. In: Bühner, R.
(Hrsg.): Führungsorganisation und Technologiemanagement.
Festschrift für Friedrich Hoffmann zum 65. Geburtstag.
Berlin 1989

Bronder, C.; Pritzl, R.: Leitfaden für strategische Allianzen.
In: Harvard Business Manager, 13(1991)1, S. 44–53

Bronder, C.: Was einer Kooperation den Erfolg sichert. In:
Harvard Business Manager, 15(1993)1, S. 20–26

Bühner, R.: Der Mitarbeiter im Total Quality Management.
Stuttgart 1993

Bullinger, H.-J.; Thaler, K.: Vom Teilefertiger zum Wertschöpfungspartner. Strukturwandel in der Zulieferindustrie macht
übergreifende Konzepte erforderlich. In: Fortschrittliche
Betriebsführung und Industrial Engineering, 42(1993)1,
S. 24–27

Cooper, R.; Foster, M.: Sozio-technische Systeme. In: Gruppendynamik, 2(1971)4, S. 383–394

DIN – Deutsches Institut für Normung (Hrsg.): DIN EN ISO 8402,
Ausgabe August 1995. Berlin 1995

DIN – Deutsches Institut für Normung (Hrsg.): DIN EN ISO 9000:
Normen zum Qualitätsmanagement und zur Qualitätssiche-

rung/QM-Darlegung, Teil 1: Leitfaden zur Auswahl und
Anwendung. Ausgabe August 1994. Berlin 1994

DIN – Deutsches Institut für Normung (Hrsg.): DIN EN ISO
9001: Normen für Qualitätsmanagementsysteme, Modell zur
Qualitätssicherung/QM-Darlegung in Design, Entwicklung,
Produktion, Montage und Wartung. Berlin 1994

DIN – Deutsches Institut für Normung (Hrsg.): DIN EN ISO 9002:
Qualitätsmanagementsysteme: Modell zur Qualitätssicherung/
QM-Darlegung in Produktion, Montage und Wartung.
Berlin 1994

DIN – Deutsches Institut für Normung (Hrsg.): DIN ISO 10011:
Leitfaden für das Audit von Qualitätssicherungssystemen,
Teil 1: Auditdurchführung. Berlin 1990 (a)

DIN – Deutsches Institut für Normung (Hrsg.): DIN ISO 10011:
Leitfaden für das Audit von Qualitätssicherungssystemen,
Teil 2: Qualifikationskriterien für Qualitätsauditoren.
Berlin 1990 (b)

DIN – Deutsches Institut für Normung (Hrsg.): DIN ISO 10011:
Leitfaden für das Audit von Qualitätssicherungssystemen,
Teil 3: Management von Auditprogrammen. Berlin 1990 (c)

DIN – Deutsches Institut für Normung (Hrsg.): DIN 25448:
Ausfalleffektanalyse (Fehler-Möglichkeits- und-Einfluß-
Analyse). Ausgabe Mai 1990. Berlin 1990

Fraunhofer Institut für Arbeitswirtschaft und Organisation
(Hrsg.): Tätigkeitsbericht 1994. Stuttgart 1995

Fischer, T. M.: Sicherung unternehmerischer Wettbewerbsvorteile
durch Prozeß- und Schnittstellen-Management. In: Zeitschrift
Führung + Organisation, 62(1993)5, S. 312–318

Friedrich, St. A.: Mit Kernkompetenzen im Wettbewerb gewinnen. In: io Management Zeitschrift, 64(1995)4, S. 87–91

Friedrichs, J.: Methoden empirischer Sozialforschung.
Opladen 1985[13]

Fuchs-Frohnhofen, P.: Die Handlungsregulationstheorie als ein
Modell zum Arbeitshandeln. In: Aufbereitung handlungsori-
entierter und gruppenfähiger Maschinen- und Steuerungs-
konzepte. Berlin 1994

Groth, U.; Kammel, A.: Lean Management: langfristige Zusammenarbeit von Herstellern und Zulieferern. In: io Management Zeitschrift, 62(1993)10, S. 71–75

Grubitzsch, S.; Rexilius, G.: Psychologische Grundbegriffe;
Mensch und Gesellschaft in der Psychologie - Ein Handbuch.
Hamburg 1990

Götz, K.; Häfner, P.: Didaktische Organisation von Lehr- und
Lernprozessen. Ein Lehrbuch für Schule und Erwachsenenbil-
dung. Weinheim 1992[2]

Hacker, H.: Lehrplan. In: Lenzen, D. (Hrsg.): Pädagogische
Grundbegriffe, Bd. 2. Reinbek b. Hamburg 1989

Hacker, W.: Arbeitspsychologie. Berlin 1986

Hacker, W.: Expertenkönnen. Erkennen und Vermitteln.
Göttingen 1992

Hacker, W.; Skell, W.: Lernen in der Arbeit. Berlin u. a. 1993

Handy, C.: Trust and the Virtual Organization. In: Harvard Business Review, 73(1995)3, S. 40–50

Heim, W. : Outsourcing – wettbewerbsfähiger durch optimale Nutzung der Potentiale von Zulieferern. In: io Management Zeitschrift, 63(1994)7/8, S. 28–33

Helper, S.: How much has really changed between U.S. automakers and their suppliers? In: Sloan Management Review, 32(1991)4, S. 15–28

Henderson, J. C.: Plugging into strategic partnerships: The critical IS connection. In: Sloan Management Review, 31(1990)3, S. 7–18

Heursen, G.: Didaktik, allgemeine. In: Lenzen, D. (Hrsg.): Pädagogische Grundbegriffe, Bd. 1. Reinbek b. Hamburg 1989 (a)

Heursen, G.: Lernen, soziales. In: Lenzen, D. (Hrsg.): Pädagogische Grundbegriffe, Bd. 2. Reinbek b. Hamburg 1989 (b)

Hirano, H.: Poka-yoke – Verbesserung der Qualität durch Vermeiden von Fehlern. Landsberg/Lech 1992

Ingenkamp, K.: Leistungsbeurteilung – Leistungsversagen. In: Lenzen, D. (Hrsg.): Pädagogische Grundbegriffe, Bd. 2. Reinbek b. Hamburg 1989

Jäger, K.-W. (Hrsg.): CIM-Bauteile – Grundwissen für Anwendung und Ausbildung, Teil 1. Heidelberg 1990

Jagodejkin, R.: Prozeßorientierte Reorganisation. Berlin 1995

Johnston, R.; Lawrence, P. R.: Vertikale Integration II: Wertschöpfungs-Partnerschaften leisten mehr. In: Harvard Business Manager, 11(1989)1, S. 81–88

Kamiske, G. F. (Hrsg.): Forschergruppe 8 – Konzepte zur Umsetzung von Qualitätswissen, Bd. 2: Analyse des überbetrieblichen Qualitäts-Wissenstransfers. Berlin 1993

Kamiske, G. F.; Brauer, J.-P.: Qualitätsmanagement von A–Z. München u.a. 1995^2

Kamiske, G. F.; Brauer, J.-P.: ABC des Qualitätsmanagements. München u. a. 1996

Kamiske, G. F.; Berger, K.; Brauer; J.-P. u. a.: Qualitätsmanagement in der überbetrieblichen Umsetzung. Karlsruhe 1996^2

Kanter, R. M.: Unternehmenspartnerschaften: Langsam zueinander finden. In: Harvard Business Manager, 17(1995)2, S. 33–43

Kersten, G.: FMEA: Failure Mode and Effects Analysis. Vermeidung von Ausfällen durch systematische Analyse möglicher Fehler. Düsseldorf 1991

Kindler, P.: Die Aktiengesellschaft für den Mittelstand. Das Gesetz für kleine Aktiengesellschaften und zur Deregulierung des Aktienrechts. In: Neue Juristische Wochenschrift, 47(1994)47, S. 3041–3048

Kirstein, H.: Qualitätsfähigkeit von Prozessen im Produktionsablauf. In: Qualität und Zuverlässigkeit, 32(1987)3, S. 113–117

Klenk, R.; Lipp, W.; Neubarnd, P.: Bearbeitungszentren. In: Spur, G.; Stöferle, Th. (Hrsg.): Handbuch der Fertigungstechnik, Bd. 3.1: Spanen. München u.a. 1979

Klingberg, L.: Einführung in die allgemeine Didaktik. Berlin 1989^7

König, E.: Soziale Kompetenz. In: Gaugler, E.; Weber, W. (Hrsg.):
    Handwörterbuch des Personalwesens. Stuttgart 1992²

Kolleck, K. D.: Externes Audit zur Lieferantenbewertung.
    In: Qualität und Zuverlässigkeit, 39(1994)6, S. 636–646

Kollowa, S.: Gestaltung von Kunden-Lieferanten-Beziehungen als
    Wertschöpfungspartnerschaft am Beispiel eines mittelständi-
    schen Unternehmens. Berlin 1995

Kröck, A.; Schwab, H.: Concurrent Engineering bei der Produkt-
    entwicklung. In: Fortschrittliche Betriebsführung und
    Industrial Engineering, 44 (1995)3, S. 114–117

Krogoll, T.; Pohl, W.; Wanner, C.: CNC-Grundlagenausbildung mit
    dem Konzept CLAUS. Frankfurt/M. u. a. 1988

Kromrey, H.: Empirische Sozialforschung. Opladen 1991⁵

Laur-Ernst, U.: Lernziel Kooperativität – angesichts menschenlee-
    rer Fabriken? In: Berufsbildung in Wissenschaft und Praxis, 15
    (1986) 4, S. 103 ff.

Laur-Ernst, U.: Zusammenfassung der Diskussion. In: Bundesin-
    stitut für Berufsbildung (Hrsg.): Neue Fabrikstrukturen -
    veränderte Qualifikationen. Berlin 1990

Rühle von Lilienstern, H.: Kooperationen, zwischenbetriebliche.
    In: Kern, W. (Hrsg.): Handwörterbuch der Produktionswirt-
    schaft. Stuttgart 1984

Loos, U.: Zusammenarbeit von Hersteller und Zulieferer als
    stärkender Wettbewerbsfaktor. In: Tagungsband zum
    Münchener Kolloquium '94 am 24./25. Februar 1994.
    München 1994

Luczak, H.: Arbeitswissenschaft. Berlin, Heidelberg 1993

Malorny, C.; Kassebohm, K.: Von der Wareneingangskontrolle zur
    Qualitäts- und Wertschöpfungspartnerschaft. In: Die Betriebs-
    wirtschaft, 54(1994)4, S. 463–479

Martin, H.; Rose, H.: Erfahrungswissen sichern statt ausschalten.
    In: Technische Rundschau, 82 (1990)12, S. 34–41

Masing, W.: Fehlleistungsaufwand. In: Qualität und Zuverlässig-
    keit, 33(1988)1, S. 11–12

Müller, M. E.: Strategieansätze für Zulieferer. In: Die Unterneh-
    mung, 47(1993)3, S. 231–247

Pfeifer, T.: Qualitätsmanagement: Strategien, Methoden, Techni-
    ken. München 1993

Picot, A.: Ein neuer Ansatz zur Gestaltung der Leistungstiefe. In:
    Schmalenbachs Zeitschrift für betriebswirtschaftliche
    Forschung, 43(1991)4, S. 336–357

Porter, M. E.: Towards a Dynamic Theory of Strategy. In: Strategic
    Management Journal, 12 (1991), Sonderausgabe Winter 1991, S. 95–117

Prahalad, C. K.; Hamel, G.: The Core Competence of the Corpora-
    tion. In: Harvard Business Review, 68(1990)3, S. 79–91

REFA – Verband für Arbeitsstudien und Betriebsorganisation e. V.
    (Hrsg.): Methodenlehre des Arbeitsstudiums, Teil 1: Grundla-
    gen. München 1984⁷

REFA – Verband für Arbeitsstudien und Betriebsorganisation e.V.
    Methodenlehre des Arbeitsstudiums, Teil 6: Arbeitsunterwei-
    sung. München 1985⁷

REFA – Verband für Arbeitsstudien und Betriebsorganisation e.V. Methodenlehre der Betriebsorganisation, Arbeitspädagogik. München 1991

Rinne, H.; Mittag, H. J.: Statistische Methoden der Qualitätssicherung. München 1989

Rühle, R.: Kognitives Training in der Industrie. Berlin 1988

Sack, W.: SPC – Statistische Prozeßregelung in der Zerspantechnik. In: Werkstattblätter, Arbeitsblätter für Konstruktion, Arbeitsvorbereitung und Fertigung. Darmstadt 1992

Sarges, W.; Fricke, R. (Hrsg.): Psychologie für die Erwachsenenbildung/Weiterbildung. Göttingen 1986

Schubert, M.: FMEA – Fehlermöglichkeits- und Einflußanalyse. Leitfaden. Frankfurt am Main 1993

Sigle, H.: Strategische Allianzen bei Mannesmann. In: Schmalenbachs Zeitschrift für betriebswirtschaftliche Forschung, 46(1994)10, S. 871–884

Spur, G.; Mertins, K.: Die neue Fabrik. Berlin 1989

Spur, G. u. a.: Automatisierung und Wandel der betrieblichen Arbeitswelt. Berlin 1993

Spur, G.; Stöferle, T. (Hrsg.): Handbuch der Fertigungstechnik, Band 6: Fabrikbetrieb. München 1994

Steindorf, G.: Lernen und Wissen. Theorie des Wissens und der Wissensvermittlung. Bad Heilbrunn/Obb. 1985

Suter, A.: Kernfähigkeiten aktiv managen – strategisch und operativ. In: io Management Zeitschrift, 64(1995)4, S. 92–95

Tönshoff, H. K.; Barfels, L.: Zentralisierte Teilefertigung im Unternehmensverbund. In: Zeitschrift für wirtschaftliche Fertigung, 88(1993)9, S. 433–436

Trist, E.: Sozio-technische Systeme. In: Bennis, W. G. u. a. (Hrsg.): Änderung des Sozialverhaltens. Stuttgart 1975

Volpert, W.: Pädagogische Aspekte der Handlungsregulationstheorie. In: Betriebliches Handlungslernen und die Rolle des Ausbilders. Wetzlar 1985

Volpert, W.: Lernen und Aufgabenstellung am Arbeitsplatz. In: Zeitschrift für Sozialisationsforschung und Erziehungssoziologie, 7(1987)4, S. 242–252

Volpert, W.: Wie wir handeln – was wir können. Heidelberg 1992

Wildemann, H.: Entwicklungsstrategien für Zulieferunternehmen. In: Zeitschrift für Betriebswirtschaft, 62(1992)4, S. 391–413

Wildemann, H.: Unternehmensqualität: Einführung einer kontinuierlichen Qualitätsverbesserung. Forschungsbericht. München 1993

Wöhe, G.: Einführung in die Allgemeine Betriebswirtschaftslehre. München 1993[18]

Zimbardo, P. G.: Psychologie. Berlin 1993[4]

Zink, K. J.: Qualität als Managementaufgabe = Total Quality Management. Landsberg/Lech 1992[2]

Zink, K. J. (Hrsg.): Forschergruppe 8: Konzepte zur Umsetzung von Qualitätswissen, Bd. 3: Analyse des innerbetrieblichen QS-Wissenstransfers. Kaiserslautern 1993

J. Ensthaler, **A. Füßler**, **D. Nuissl**

Juristische Aspekte des Qualitätsmanagements

1997. XVI, 303 S. 30 Abb.
Geb. **DM 78,-**; öS 569,40; sFr 69,-
ISBN 3-540-61296-3

Die juristisch relevanten Themengebiete des Qualitätsmanagements werden praxisorientiert und auch für juristische Laien verständlich behandelt: Produkthaftung, Qualitätssicherungsvereinbarungen, Zertifizierung und Akkreditierung, Umwelt- und Arbeitsrecht. Das Buch ist klar strukturiert und enthält zahlreiche Übersichten, Fallbeispiele aus der Praxis und Checklisten.

T. Pfeifer, **D. Leutner** (Hrsg.)

Qualitätsmanagement multimedial vermitteln

Entwicklung, Gestaltung und Einsatz computerbasierter Lernmedien

1997. X, 219 S. 71 Abb., mit 2 3 1/2" Disketten. Geb.
DM 58,-; öS 423,40; sFr 51,50 ISBN 3-540-61295-5

Der Leitfaden stellt konkrete Methoden und Werkzeuge vor, um rechnergestützte Lernmedien systematisch zu entwickeln und zu gestalten. Die beschriebenen Vorgehensweisen, Anleitungen und Empfehlungen werden anhand von Praxisbeispielen veranschaulicht und durch Ablaufdiagramme, Checklisten und Disketten ergänzt.

 Springer

Springer-Verlag · Postfach 31 13 40 · D-10643 Berlin Bücherbestellung · Fax 0 30 / 82 787 - 3 01
Tel.: 030 / 82 787 - 0 · http://www.springer.de · e-mail: orders@springer.de

H. Schnauber, ; S. Grabowski, S. Schlaeger, J. Zülch

Total Quality Learning

Ein Leitfaden für lernende Unternehmen

1997. XVI, 222 S. 59 Abb.
Geb. **DM 58,-**; öS 423,40; sFr 51,50
ISBN 3-540-61408-7

Ein Buch für Unternehmen, die die Notwendigkeit einer ständigen Weiterentwicklung ihrer Organisation erkannt haben. Sie erhalten Werkzeuge für die Analyse, Gestaltung und Bewertung der innerbetrieblichen Prozesse. Die Team- und Arbeitsgruppenbildung wird vor dem Hintergrund zementierter Entscheidungsprozeduren entwickelt. Neben fachbezogenen Fragen des Qualitätsmanagements sprechen die Autoren viele Probleme des sozialen und methodischen Miteinanders an.

K.J. Zink, A. Schmidt, T. Bäuerle

Train-the-Trainer-Konzepte

Arbeitsmaterialien zur Vermittlung
von Qualitätswissen

1997. Etwa 370 S. 30 Abb., 1 Diskette
Geb. i. Vorb.
ISBN 3-540-61297-1

Kernpunkt des Train-the-Trainer-Konzepts ist der Einsatz von Führungskräften aller Hierarchieebenen als interne Trainer. Das Buch beschreibt die Grundlagen und Vorgehensweise zur Umsetzung des Konzeptes. Die erforderlichen Arbeitsmittel werden in Form von Fragebögen und Foliensätzen auf beigefügter Diskette bereitgestellt.

Springer

Springer-Verlag · Postfach 31 13 40 · D-10643 Berlin   ▶▶   Bücherbestellung   Fax 0 30 / 82 787 - 3 01
Tel.: 030 / 82 787 - 0 · http://www.springer.de   e-mail: orders@springer.de

If you have any concerns about our products,
you can contact us at:
ProductSafety@springernature.com

Apress Publishing ... London ...
EU authorised representative:
Springer Nature Customer Service Center GmbH
Europaplatz 3, 69115 Heidelberg, Germany
Printed on the ... Planet GmbH
zam Hamburg, Germany